Français B
Workbook
for the IB Diploma
1st Edition

MARIE-LAURE DELVALLÉE

Published by Pearson Education Limited, 80 Strand, London, WC2R 0RL.
https://www.pearson.com/international-schools

Text © Pearson Education Limited 2022

Development edited by Jenny Gwynne
Copy edited by Sarah Patey
Proofread by Jenny Gwynne and Sarah Patey
Designed by Pearson Education Limited
Typeset by Tech-Set Ltd
Picture research by Integra
Original illustrations © Pearson Education Limited
Cover photo at Liliana Rivas / Alamy Stock Photo

With thanks to Florence Bonneau

Cover design © Pearson Education Limited

The right of Marie-Laure Delvallée to be identified as the author of this work has been asserted by them in accordance with the Copyright, Designs and Patents Act 1988.

First published 2022

24 23 22
10 9 8 7 6 5 4 3 2 1

British Library Cataloguing in Publication Data
A catalogue record for this book is available from the British Library

ISBN 978 1 292 33116 4

Copyright notice
All rights reserved. No part of this publication may be reproduced in any form or by any means (including photocopying or storing it in any medium by electronic means and whether or not transiently or incidentally to some other use of this publication) without the written permission of the copyright owner, except in accordance with the provisions of the Copyright, Designs and Patents Act 1988 or under the terms of a licence issued by the Copyright Licensing Agency, 5th Floor, Shackleton House, 4 Battlebridge Lane, London, SE1 2HX (www.cla.co.uk). Applications for the copyright owner's written permission should be addressed to the publisher.

Printed in Slovakia by Neografia

Acknowledgements
Text extracts relating to the IB syllabus and assessment have been reproduced from IBO documents. Our thanks go to the International Baccalaureate for permission to reproduce its copyright.

This work has been developed independently from and is not endorsed by the International Baccalaureate (IB). International Baccalaureate® is a registered trademark of the International Baccalaureate Organization.

This work is produced by Pearson Education and is not endorsed by any trademark owner referenced in this publication.

The links to third-party websites (QR codes) provided were valid at the time of publication and were chosen as being appropriate for use as an education research tool. However, due to the dynamic nature of the Internet, some URLs may change, cease to exist, or inadvertently link to sites with content that could be considered offensive or inappropriate.

While Pearson Education regrets any inconvenience this may cause, it cannot accept responsibility for any such changes or unforeseeable errors.

(key : b-bottom ; c-center ; l-left ; r-right ; t-top)

Image credits :

123RF : Sam74100/123RF 102tl, Jozef Polc/123rf.com 157, Ian Allenden/123rf.com 159,Katarzyna Białasiewicz/123rf.com 175 cr,dracozlat/123rf.com 214 ; **Shutterstock :** Frantic00/Shutterstock 001, Radu Bercan/Shutterstock 004c, Nito/Shutterstock 004tr, Matyas Rehak/Shutterstock, 004bl, Powerofflowers/Shutterstock 004br, Pressmaster/Shutterstock 029, Juliaap/Shutterstock 053, Meunierd/Shutterstock 057, Muslianshah Masrie/Shutterstock 060, Issam alhafti/Shutterstock 068, Loic Salan/Shutterstock 070, Saidnuritetik/Shutterstock 080t, MADO FAKI/Shutterstock 080c, Michele Brusini/Shutterstock 080b, Noel V. Baebler/Shutterstock 094, Anastasia Galkina/Shutterstock 097, Oneinchpunch/Shutterstock 102tr, Odua Images/Shutterstock 102cl, Dotshock/Shutterstock 102bl, Luna4/Shutterstock 102cl, AJR_photo/Shutterstock 102bl, Wellphoto/Shutterstock 127bl, Adragan/Shutterstock 133, Jane Rix/Shutterstock 147, Pixelrain/Shutterstock 150, iofoto/Shutterstock 175tl, Evgeny Atamanenko/Shutterstock 175tr,sirtravelalot/Shutterstock 175bl,Eugenio Marongiu/Shutterstock 175 br,Ulrick-T/Shutterstock 180tl, Dutchmen Photography/Shutterstock 189, Meunierd/Shutterstock 193, Fotosr52/Shutterstock 195, takiwa/Shutterstock 215, Mikhail Semenov/Shutterstock 218, Sergii Sobolevskyi/Shutterstock 220, Parilov/Shutterstock 223, Keith Levit/Shutterstock 229 ; **Getty Images :** People Images/Getty Images 004tc, MUNIR UZ ZAMAN/Stringer/AFP/Getty Images 004cr, EMILE KOUTON/Stringer/AFP/Getty Images 004bc, PeopleImages 005l, Westend61/Getty Images 005r, Evgenyatamanenko/Getty Images 028, THOMAS SAMSON/AFP/Getty Images 040, Pookpiik/iStock/Getty Images Plus/Getty Images 011, 047, 062, 089, 118, 138, 162, 182, 203, 217,Mohammed Huwais/AFP via Getty Images 208 ; **Alamy Stock Photo :** Neil Baylis/Alamy Stock Photo 002bl, Pixel-shot/Alamy Stock Photo 002br, Myrleen Pearson/Alamy Stock Photo 024, Alan Gignoux/Alamy Stock Photo 075, Reuters/Alamy stock photo 127br ; **Gary Goodwin :** Gary Goodwin 47, 101, 123, 127, 134, 135, 143, 174 ; **Pearson Education :** Studio 8/Pearson Education Ltd 102bc ;Naki Kouyioumtzis/Pearson Education Ltd 175cl ; **Reporters Without Borders (RSF) :** Reporters Sans Frontières/Reporters Without Borders (RSF) 107, Reporters Sans Frontières/Reporters Without Borders (RSF) 108 ; **Cagle Cartoons :** © Frederick Deligne/Cagle Cartoons 174 ; **Ministère de l'Education Nationale :** Ministère de l'Education Nationale 180r

Text credits :

Collection Blanche, Gallimard : David Foenkinos, La délicatesse : roman, 2009, © Gallimard 3 ; **Fondation des Femmes :** Fondation des Femmes 4 ; **Bescherelle :** Bescherelle 8 ; **Gouvernement Guinéen TV :** Gouvernement Guinéen TV 12 ; **Gouvernement Guinéen TV :** Gouverne ment Guinéen TV 13 ; **Éditions du Seuil :** Noire n'est pas mon métier, Collectif, © Éditions du Seuil, 2018 15 ; **Nuit blanche :** ©Nuit blanche 19 ; **INCROYABLE HISTOIRE MAIS VRAIE :** INCROYABLE HISTOIRE MAIS VRAIE 33 ; **Joc Kiri :** Joc Kiri 37 ; **France Bleu / Radio France :** France Bleu 2021 39 ; SOCIETE DU FIGARO : © journaldesfemmes.fr / 09.01.2020 42 ; Éditions Le Nouvel Attila : Marx et la poupée by Maryam Madjidi (2017) 54 ; **Riding Zone :** Riding Zone 63 ; **Au Sénégal :** Au Sénégal 64 ; **UNESCO :** UNESCO 70 ; **Places des editeurs :** L'enfant noir, de Laye CAMARA © Plon, 1953 76 ; **Laurent Gaudé :** Regardez-les, Laurent Gaudé 82 ; Laurent Gaudé 83 ; **Le Monde / Laurent Samuel :** 7 idées reçues sur l'immigration et les immigrés en France -Samuel Laurent, Le Monde 06-08-2014 84 ; **Artemis Productions :** Un film de Philippe Lioret, une production Nord Ouest Films, Studio 37, Artemis Productions 84 ; **L'Express / Ludwig Gallet :** HÉBERGER UN MIGRANT À LA MAISON, EST-CE POSSIBLE ? L'Express, 4 septembre 2015 Par Ludwig Gallet 85 ; **AFP :** AFP 88 ; **Max Milo :** From 'Je suis venu, j'ai vu, je n'y crois plus' by Omar Ba, published by Max Milo , 2009 88 ; **INA : Ce soir (ou jamais !) France 2, 24 avril 2015 :** © INA réalisation Nicolas Ferraro, présentation Frédéric Taddéi 90 ; **RTL INFO BELGIUM S.A :** RTL INFO 110 ; **Groupe Flammarion :** Situations délicates by Serge Joncour, published by J'ai lu 115 ; **David Fayon :** David Fayon 116 ; **LIBRAIRIE ARTHEME FAYARD :** UNE BREVE HISTOIRE DE L'AVENIR By Jacques ATTALI © LIBRAIRIE ARTHEME FAYARD 2006 126 ; **Radio France Internationale (RFI) :** Radio France Internationale (RFI) 127 ; **GAIA et de l'Union des Médecins contre l'Expérimentation Animale :** Un film d'animation de GAIA et de l'Union des Médecins contre l'Expérimentation Animale 129 ; **Albin Michel :** ©Bernard Werber 2003, Nos amis les humains, Éditions Albin Michel (p22 à 25) 131 ; **20 MINUTES / Corentin Chauvel :** 20 MINUTES / Corentin Chauvel 134 ; **Assemblée Nationale :** © Assemblée Nationale 137 ; **Albin Michel :** From Antéchrista by Amélie Nothomb published by Albin Michel, 2011 150 ; **Slatkine & Cie :** From Rester fort by Emilie Monk published by Slatkine & Cie 2017 153 ; **Darna Television :** Darna Television 154 ; **Le Monde / Soren Seelow :** © Le Monde 157 ; **Université Laval :** Université Laval 163 ; **Editions Gallimard/Houghton Mifflin Harcourt :** Le Petit Prince by Antoine de St Exupéry, Editions Gallimard 170 ; **1 jour, 1 question :** C'est quoi la discrimination positive ? 179 ; Legifrance ; Open data : Legifrance, Licence Ouverte V 2.0 L'article 122-5 du code pénal français 184 ; **Grasset :** © Editions Grasset & Fasquelle 190 ; **Radio France Internationale (RFI) :** Radio France Internationale (RFI) 197 ; **Groupe Flammarion :** Les corps et les temps, Andrée Chedid © Flammarion 198 ; **Groupe Flammarion :** Claire Mazard, Une arme dans la tête, 2014, © Groupe Flammarion 200 ; 1 jour, 1 question 200 ; **Sony Music Publishing :** "Le Blues De L'Instituteur" Words and Music by Patrick Ferbac, Yannick Kerzanety and Fabien Marsaud © 2008, Reproduced by permission of Anouche Productions/Sony Music Publishing Ltd, London W1F 9LD 207 ; **CNRS :** Rapport FAO 2016,Banque mondiale,ONU ,UNESCO, RFI 214 ; **Lumni :** Lumni 217 ; **Le Gaspillage Alimentaire :** Le Gaspillage Alimentaire 217 ; **Ministère de la Transition écologique :** Ministère de la Transition écologique 220 ; **Calmann-Lévy, 2 May 2018 :** From Un arbre, un jour by Karine Lambert published by Calmann-Lévy, 2018 224 ; **DARGAUD :** Les vieux fourneaux, Tome 1, Lupano et Cauuet published by DARGAUD, 10 April 2014 231.

TABLE DES MATIÈRES

Introduction		iv
1	**Identités**	**1**
1.1	Identité et discrimination	2
1.2	Je suis responsable de mes choix	27
2	**Expériences**	**57**
2.1	Des choix qui guident ma vie	58
2.2	L'immigration en question	80
3	**Ingéniosité humaine**	**97**
3.1	Du papier au clavier… une société informée et connectée	98
3.2	Science sans conscience	126
4	**Organisation sociale**	**147**
4.1	Communauté, lien social et engagement	148
4.2	Des comportements trop souvent anti-sociaux	172
5	**Partage de la planète**	**193**
5.1	Un monde en guerre	194
5.2	Une planète en voie d'extinction ?	211
Réponses		**233**

Introduction

Bienvenue dans votre cahier d'exercices ! Ce cahier d'exercices n'est pas un manuel scolaire. Prévu pour être utilisé en parallèle avec n'importe quel manuel d'étude de la langue française à ce niveau, son but est de vous préparer le mieux possible aux différentes épreuves du Baccalauréat International et à répondre aux exigences du programme de l'examen B (le premier ayant eu lieu en mai 2020).

À ce titre, ce cahier d'exercices est divisé en cinq thèmes prescrits :

- **Identités**
- **Expériences**
- **Ingéniosité humaine**
- **Organisation sociale**
- **Partage de la planète**

Chaque sujet est divisé en deux sous-thèmes, chacun axé sur un thème principal (ex. 1.1 Identité et discrimination). Chaque sous-thème est ensuite divisé en sous-sections (ex. 1.1.1 Femmes du monde) et commence par une séance d'échauffement composée de plusieurs activités conçues pour vous aider à rafraîchir vos connaissances et à commencer à les approfondir.

Chaque sous-thème permet d'exercer les quatre **compétences linguistiques** requises : l'expression écrite (vers l'épreuve 1), la compréhension écrite et la compréhension orale (vers l'épreuve 2), ainsi que l'examen oral individuel, ceci tant du point de vue de l'apprentissage et de l'acquisition de la langue que des exigences du Baccalauréat International.

Ce cahier d'exercices n'est pas un livre de grammaire ; néanmoins, certains des principaux points de **grammaire** sont abordés sous forme de brefs rappels, accompagnés d'exercices qui vous aideront à revoir et à surmonter ces difficultés.

À la fin de chaque sous-thème, vous trouverez un récapitulatif du **vocabulaire** essentiel, ce qui vous permettra de vous constituer une banque du vocabulaire le plus utile, mais aussi de pratiquer certains mots ou expressions en contexte.

À la fin de chaque sous-thème, ce cahier d'exercice comprend également des exercices d'expression écrite et orale, afin de vous entraîner pour l'examen.

En plus des différents thèmes au programme, ce cahier d'exercices vous aidera à mieux comprendre les éléments qui forment la **compréhension conceptuelle** (public/contexte/ buts/sens et variation), en vous donnant des exemples des types de textes que vous devrez rédiger pour l'épreuve 1.

NS | NM

La plupart des activités et des exercices de ce cahier d'exercices peuvent être réalisés par les élèves de Niveau Moyen et Niveau Supérieur. Cependant, lorsque des activités ou des exercices, tels que ceux basés sur des extraits littéraires par exemple, sont spécifiquement conçus pour les élèves ayant opté pour le niveau supérieur, nous avons pris soin de l'indiquer.

Cependant, si vous êtes un élève de Niveau Moyen, rien ne vous empêche de réaliser les activités ou exercices spécifiquement orientés vers les élèves de Niveau Supérieur. Il n'y a rien de plus stimulant qu'un défi pour les preneurs de risques que vous êtes, chers élèves !

Ce cahier d'exercices est conçu pour être utilisé en classe ou à la maison, ou les deux. Vous pourrez répondre aux questions directement dans votre exemplaire, ce qui simplifiera votre processus d'apprentissage. Pour rédiger de longues réponses, vous aurez besoin de travailler sur des feuilles supplémentaires.

L'étude de chaque domaine thématique vise à vous permettre d'acquérir et de stimuler les quatre compétences linguistiques, identifiées par leurs icones distinctifs (lecture, écriture, écoute et expression orale), qui seront évaluées par le biais de différentes activités :

Aptitudes réceptives

- Des activités de **compréhension écrite**, en appliquant diverses techniques et méthodes, basés sur une variété de textes authentiques et d'actualité.

- Des activités de **compréhension orale** plus ou moins difficiles, vous permettant d'améliorer vos compétences d'écoute, basées sur des vidéos ou enregistrements sonores accessibles grâce à des codes QR. Vous aurez donc besoin de télécharger une application lecteur QR.

Compétences productives

- Des activités d'**expression écrite** basées sur le contenu des domaines thématiques, où l'accent est mis sur le type de texte approprié à chaque tâche. Il s'agira, selon l'identité du destinataire, de choisir le registre et le ton appropriés.

- Des activités permettant de vous entraîner pour l'examen **oral individuel**, par le biais d'images et de stimuli visuels et littéraires sur chacun des domaines thématiques, à travers la description et la discussion.

Compétences interactives

- Dans le cadre de la pratique orale, pour stimuler et enrichir la discussion qui fait suite à la présentation.

- Des mini-débats sont également proposés sur des points d'intérêt soulevés dans l'étude des différents domaines thématiques.

En outre, chaque chapitre comprend :

- **Grammaire en contexte** vous permet de faire le point sur une difficulté grammaticale, grâce à une brève explication ou à un rappel.

> **Grammaire en contexte : Les pronoms d'objet directs et indirects** ≫ p.55
>
> « Quand je **les** porte, je me sens démodée » (direct)
>
> « parce qu'ils **lui** achètent ses vêtements » (indirect)
>
> Un pronom remplace un nom.
>
> Un pronom se place toujours devant le verbe qui représente l'action.
>
> Un pronom est invariable (il ne change jamais).

- **V pour vocabulaire**. Ces points vous préparent à la lecture d'un texte ; certains vous encouragent à rechercher des définitions et à écrire des phrases vous permettant de pratiquer l'emploi de ces nouveaux mots et de mieux les mémoriser.

convaincre = persuader
contrecarrer un argument = donner un argument contraire / opposé

- Les points « **Conseil exam** » vous donnent un aperçu des différents types de questions qu'on peut vous poser lors de l'épreuve.

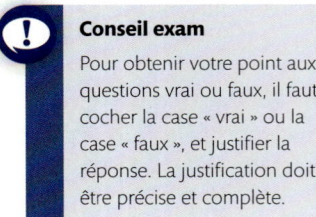

Conseil exam

Pour obtenir votre point aux questions vrai ou faux, il faut cocher la case « vrai » ou la case « faux », et justifier la réponse. La justification doit être précise et complète.

- **Point info**. Le rôle de ces encadrés est de vous apporter des informations supplémentaires sur des écrivains ou des personnes célèbres.

Point Info

Le film *Mon père est une femme de ménage* est l'adaptation du livre du même titre de Saphia Azzedine.

- **Pour aller plus loin**. Ces activités vous permettent d'améliorer certaines compétences, d'explorer un thème précis ou de réfléchir à des questions.

Pour aller plus loin

- Visitez le site de l'auteur pour en savoir plus
- Lisez une autre de ses œuvres :

Cris

Eldorado

Ouragan

La mort du roi Tsongor

- **Références à des épreuves des années passées** vous apportent des informations sur les questions posées lors des examens précédents.

Références

Anciennes épreuves de compréhension écrite pour vous entraîner :

Mai 2013 – Texte D – L'étage des soins prolongés (texte littéraire)

Mai 2015 – Texte E – Lettre ouverte d'A.R. (lettre)

Mai 2018 – Texte A – La malbouffe au Québec (article)

Ce cahier d'exercices étant conçu pour le Baccalauréat International, vous trouverez dans la marge des références aux éléments essentiels de la philosophie du Baccalauréat International :

- **Profil de l'apprenant**

Profil de l'apprenant
Équilibré

- **Théorie de connaissance**

  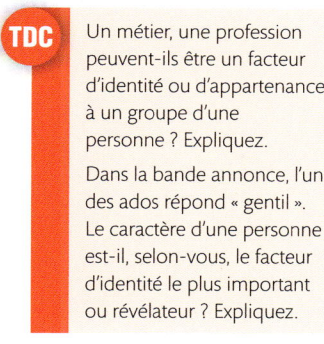

- **Approches de l'apprentissage**

Pour terminer

Ce cahier d'exercices ne peut pas être exhaustif – aucun manuel ou cahier d'exercices ne peut l'être. Nous espérons toutefois qu'il vous aidera à développer à la fois vos compétences et votre confiance en vous, ainsi qu'à apprécier vos études de français de l'IB et à vous sentir prêt pour l'examen.

Identités
1

1 Identités

1.1 Identité et discrimination

Séance échauffement

Activité 1 : Remue-méninges : une pensée pour les minorités !

Pour chacune des catégories de personnes listées ci-dessous, quels mots vous viennent à l'esprit ? Pour chaque catégorie, trouver deux verbes, deux noms et deux adjectifs.

femmes / filles	hommes / garçons
Exemple : (adjectifs) créatives, intelligentes	

handicapés physiques ou mentaux	immigrés

 À votre avis, qu'est-ce qui a influencé vos choix de mots ? Expliquez.

Activité 2 : Quand publicité rime avec clichés

1 Observez les deux publicités. Quels stéréotypes contribuent-elles à véhiculer sur les femmes ? Sur les hommes ?

1.1 Identité et discrimination

2 Imaginez que vous êtes responsable de la création d'une publicité.

  a Choisissez l'un des produits ci-dessous.

    ☐   **A** un lave-vaisselle
        B une voiture de sport
        C des produits alimentaires pour bébé
        D une perceuse électrique super puissante

  b Décidez si vous allez mettre en scène un homme ou femme. Expliquez votre choix.

  c Écrivez un court texte pour résumer votre pub. Expliquez vos choix.

  d Avez-vous choisi de jouer sur des stéréotypes ? Pourquoi ? Pourquoi pas ?

🎤 Activité 3 : Stéréotypes et préjugés

1 Quelle est votre boisson préférée ? Pourquoi ?

2 Discutez. Qu'évoquent pour vous les boissons suivantes ? Où et avec qui vous imaginez-vous prendre ces boissons ?

- un déca
- un café noir
- un café au lait
- un thé
- un chocolat chaud
- un jus de fruit
- un verre d'eau
- une boisson gazeuse énergisante

3 Choisissez trois des boissons listées ci-dessus. Quelles conclusions immédiates tirez-vous sur quelqu'un que vous rencontrez pour la première fois et qui commande ces boissons ? Pourquoi ?

4 Lisez le résumé suivant. Complétez le texte à l'aide de certaines des boissons listées dans la question 2. Expliquez pourquoi vous avez choisi certaines boissons par rapport à d'autres.

> « François pensa : si elle commande **[-1-]**, je me lève et je m'en vais. C'est la boisson la moins conviviale qui soit. **[-2-]**, ce n'est guère mieux. On sent qu'on va passer des dimanches après-midi à regarder la télévision. Ou pire : chez les beaux-parents. Finalement, il se dit qu'**[-3-]**, ça serait bien. Oui, **[-3-]**, c'est sympathique. C'est convivial et pas trop agressif. On sent la fille douce et équilibrée. Mais quel **[-3-]** ? Mieux vaut esquiver les grands classiques : évitons la pomme ou l'orange, trop vu. Il faut être un tout petit peu original, sans être toutefois excentrique. La papaye ou la goyave, ça fait peur. Le **[-3-]** d'abricot, c'est parfait. Si elle choisit ça, je l'épouse… »
>
> « La Délicatesse », David Foenkinos

Avez-vous déjà jugé quelqu'un sur ce qu'il buvait, ce qu'il mangeait, la manière dont il était habillé etc. ? Partagez votre réponse avec le reste de la classe.

TDC

1 La première impression que l'on a d'une personne est-elle essentielle au développement d'une relation potentielle ? Expliquez.

2 Pensez-vous que nous nous laissons influencer dans nos jugements et rapports avec les autres ? Si oui, quels sont les facteurs les plus courants qui, selon vous, nous influencent ?

3 Les stéréotypes sociaux influencent-ils nos relations avec les autres ? Donnez des exemples pour illustrer votre propos.

4 Y a-t-il une part de vraie dans les stéréotypes ? Justifiez.

1 Identités

Approches de l'apprentissage
Compétences de communication et collaboration

Profil de l'apprenant
Équilibré

🎤 Activité 4 : Mini-débat

1. Regardez le clip réalisé par la Fondation des Femmes intitulé : Tu seras un homme mon fils.
2. Discutez avec le reste de la classe.
   - Quels stéréotypes sur les hommes sont présentés de façon déguisée dans ce clip ?
   - Quel message ce clip tente-t-il de véhiculer ?
   - Ce clip est-il efficace selon vous ? Pourquoi ?
3. Avec un(e) camarade, faites une liste des clichés et / ou stéréotypes sur les femmes.
4. Rédigez le script du scénario d'un clip qui s'intitulera : Tu seras une femme ma fille.
   - Filmez-le.
   - Présentez-le au reste de la classe.
   - Votez pour le clip le plus efficace et / ou le plus drôle.

1.1.1 Femmes du monde

Réalités différentes, contextes différents… et pourtant un même combat pour l'égalité

Avec un(e) partenaire, observez les photos ci-dessous et discutez. À quelles difficultés / réalités les femmes peuvent-elles être confrontées en fonction des différents contextes géographiques, culturels, religieux ou sociaux ? Partagez vos idées avec le reste de la classe.

1.1 Identité et discrimination

Le combat pour l'égalité hommes / femmes

Voici la chronologie des droits octroyés aux femmes en France.

Reliez chaque date au droit qui lui correspond. Exemple : 1924 – f

1924	a	Les femmes obtiennent le **droit de vote**.
1944	b	Adoption de la loi sur la **parité**.
1946	c	Le **viol** est qualifié de **crime** par la loi.
1965	d	La **mixité** dans l'**enseignement** est généralisée.
1967	e	**Pénalisation** des **violences sexuelles** et du **harcèlement** sexuel sur le **lieu de travail**.
1968		
1970	f	Le **baccalauréat** est ouvert aux femmes.
1972	g	Mise en place de la loi sur l'**égalité des salaires** femmes / hommes.
1975	h	**IVG** devient légal.
1975	i	La vente des **contraceptifs** est légalisée.
1980	j	18 ans (au lieu de 15 ans) devient l'**âge légal du mariage des femmes** dans le but de **lutter** contre les **mariages forcés**.
1983		
1992	k	Le concept du **divorce** par « **consentement mutuel** » est adopté.
2000	l	Inscription du principe d'**égalité absolue** entre les femmes et les hommes dans la **constitution**.
2001		
2006	m	Le mari n'est plus « chef de famille ». Les femmes peuvent désormais **travailler** et **ouvrir un compte bancaire** sans l'autorisation de leur mari.
2019		
	n	Le concept « d'autorité paternelle » est abandonné au profit de celui « d'**autorité parentale** ».
	o	Possibilité de donner aux enfants **le nom** du père, ou celui de la mère, ou les deux accolés.
	p	Reconnaissance du principe de « **à travail égal, salaire égal** ».
	q	Mise en place de la loi sur l'**égalité professionnelle hommes / femmes**.

Approches de l'apprentissage
Compétences de recherche

 IVG = interruption (f) volontaire de grossesse = avortement (m)

Cette chronologie vous choque-t-elle ? Expliquez.

Et si on inversait les rôles ?

 Avec un(e) camarade. Observez ces images.

Que vous inspirent-elles ?

Quels sont les rôles traditionnels qui sont imputés à l'homme ? À la femme ?

Quels avantages l'émancipation féminine a-t-elle apportés aux femmes ?

1 Identités

Quelles sont les difficultés, les obstacles auxquels une femme émancipée est confrontée aujourd'hui ?

Est-il souhaitable que la distribution de ces rôles change dans la société actuelle ?

La femme pourra-t-elle jamais être l'égale de l'homme ?

Justifiez vos réponses.

Vers l'Épreuve 2 : Compréhension écrite

Témoignages

Père au foyer : « Ma femme m'a laissé la place »

Jean-Marie, 54 ans, père de trois enfants de 25, 19 et 11 ans

Au départ, je travaillais dans l'hôtellerie. Lorsque nous avons eu notre deuxième enfant, il y aura bientôt vingt ans, j'étais à la recherche d'un emploi. Ayant eu quelques promotions, mon épouse était enfin bien rémunérée. Nous avons donc décidé ensemble que je resterais à la maison pour élever notre petite fille. Je n'ai jamais postulé pour un nouveau travail. Pourtant, à ce moment-là, être père au foyer n'était pas dans l'air du temps. En effet, ce rôle n'était pas pris au sérieux. On était perçu comme un homme faible, paresseux, qui se faisait entretenir par sa femme et passait ses journées devant la télé. Mes beaux-parents, aux valeurs plutôt traditionnelles, se montraient d'ailleurs peu compréhensifs.

Même si j'avais choisi de remplir ce rôle, ce ne fut pas évident, j'avais l'impression d'être peu productif. Cependant, j'ai rapidement retrouvé une certaine harmonie et je me suis adapté. J'ai entrepris de rénover notre maison, ce qui nous a évité d'emprunter de l'argent. Ces tâches plus pénibles, plus « masculines » m'ont permis de m'épanouir, de ne pas ressentir une quelconque dette morale envers mon épouse. De plus, en m'investissant pleinement dans l'éducation des enfants, j'ai dû faire preuve d'imagination pour bien répondre à leurs nombreuses questions et leur apprendre à respecter l'autorité, parentale ou autre. Pour moi, le rôle de père consiste à transmettre une conception saine de la vie. On s'assure que l'enfant grandit bien, évolue socialement, et deviendra un adulte indépendant et responsable. De plus, ce choix m'a probablement permis d'être plus proche de mes filles aujourd'hui.

Père au foyer : « C'est un vrai métier, dont je suis plutôt fier »

Sébastien, 36 ans, père de deux enfants de 7 et 5 ans

Étant le benjamin d'une famille nombreuse, j'ai vécu entouré de petits neveux dès l'âge de 7 ans. En grandissant, comme j'adorais toujours les enfants, j'ai rêvé d'être enseignant. Mon désir de devenir père au foyer a germé alors que nous attendions notre premier bébé. Bien qu'on mette constamment en avant l'instinct maternel, l'instinct paternel peut être tout aussi puissant et il serait en fait plus juste de parler d'instinct parental.

Je ne comprends pas pourquoi les travaux ménagers reviendraient automatiquement aux mamans. Il en va de même pour l'éducation des enfants. On ne peut qualifier cela de pénible, c'est au contraire tellement gratifiant. Aimer ses enfants, c'est d'ailleurs les éduquer. Je me sens privilégié de les voir grandir. De plus, si mon épouse rapporte l'argent du foyer, j'ai l'impression de le mériter autant qu'elle. À la maison, il y a toujours quelque chose à faire, mais je ne trouve pas ces tâches ingrates. Nous avons, en quelque sorte, signé un contrat et nous devons le respecter. C'est moi qui ai choisi de devenir père au foyer. Cela simplifie les choses et nous permet de mettre de l'argent de côté. Il est bien triste de constater que les mères au foyer souffrent d'une image négative. Par contre, les pères au foyer passent pour des pionniers, ce rôle les valorisant. La maîtresse d'école annonce désormais « l'heure des parents », à la fin de la journée scolaire, quand les enfants doivent ranger leurs affaires et mettre leur manteau, au lieu de « l'heure des mamans ».

1.1 Identité et discrimination

Questions de compréhension

En vous basant sur le premier témoignage, répondez aux questions suivantes.

1 Pourquoi Jean-Marie a-t-il fait le choix d'arrêter de travailler ? _____

_____

Associez chaque mot de la colonne de gauche à son synonyme de la colonne de droite. Attention : il y a des options inutiles.

2 élever (ligne 6) ☐	a	libres
	b	autonome
3 paresseux (ligne 8) ☐	c	intolérable
	d	m'occuper de
4 traditionnelles (ligne 10) ☐	e	se développe
	f	conservatrices
5 rénover (ligne 13) ☐	g	prendre
	h	retaper
6 grandit (ligne 19) ☐	i	émerger
7 indépendant (ligne 19) ☐	j	fainéant

> **Approches de l'apprentissage**
>
> Compétences de pensée.
> Utilisez la grammaire pour vous aider. Un nom avec un nom, un adjectif au féminin avec un adjectif au féminin etc.

8 Quelle expression de la première partie signifie « pas à la mode » ? _____

9 Pourquoi Jean-Marie a-t-il apprécié de faire des travaux dans sa maison ? _____

_____

Répondez aux questions ci-dessous en vous basant sur le deuxième témoignage.

10 Quel mot signifie « est né » ? _____

Vrai ou faux ? Justifiez vos réponses.

11 Sébastien a envisagé de devenir professeur.   V ☐   F ☐

Justification _____

12 Sébastien n'aime pas se charger de l'éducation de ses enfants.   V ☐   F ☐

Justification _____

13 Sébastien se sent dévalorisé par rapport à sa femme car il ne gagne pas d'argent.   V ☐   F ☐

Justification _____

14 Il pense que la nouveauté d'être père au foyer confère à ce rôle une image positive.   V ☐   F ☐

Justification _____

1 Identités

🔍 Grammaire en contexte : Le présent   » p.26

Verbes en -er

La formule :

infinitif moins -er + terminaisons du présent

chanter → chant- → tu chantes

ATTENTION !

- Verbes en **-ger** (manger / partager / déranger / nager / voyager etc.) à la forme *nous*
  manger → nous mang**e**ons
- Certains verbes comme *acheter* prennent un accent grave aux formes je / tu / il / elle / on / ils / elles pour des raisons de prononciation : j'ach**è**te
- Certains verbes comme app**e**ler ou encore j**e**ter doublent la consonne avant la terminaison aux formes je / tu / il / elle / on / ils / elles
  Tu t'appe**ll**es comment ? / Ils je**tt**ent leurs papiers à la poubelle.
- Une exception à apprendre par cœur : aller (je vais / tu vas / il va / nous allons / vous allez / ils vont)

Les autres verbes

Il n'existe pas vraiment de règle pour les autres verbes, même s'il est possible de regrouper plusieurs verbes ensemble. Il faut donc apprendre les formes des verbes au présent. Il faut trouver un livre de grammaire et apprendre les verbes au fur et à mesure que vous les rencontrez.

Des exemples de verbes qu'il est possible de regrouper :

finir – choisir – rougir – grossir – maigrir – agir – réagir

prendre – apprendre – comprendre – surprendre – reprendre

venir – tenir – retenir – soutenir – revenir – devenir

vendre – rendre – suspendre

sortir – partir – dormir

ouvrir – offrir

Quelques verbes essentiels à connaître

avoir – être – faire – vouloir – pouvoir

devoir – savoir – écrire – lire – conduire

boire – éteindre – voir – pleuvoir – dire

connaître – résoudre – falloir – valoir

À vous…

Testez-vous sur le présent de ces verbes. Vérifiez à l'aide d'un livre de grammaire ou en vous rendant sur le site bescherelle.com (site qu'il est d'ailleurs vivement conseillé d'utiliser lorsque vous faites vos devoirs !) et établissez une liste du présent de ces verbes.

1.1 Identité et discrimination

Vers l'Épreuve 2 : Compréhension orale

Allez rechercher sur l'internet la bande annonce du film intitulé *Mon père est une femme de ménage*. Visionnez-la et répondez aux questions.

1 Cochez dans la liste les métiers qui sont mentionnés. Attention, la liste des métiers ne suit pas l'ordre du texte.

Mon père est…

pilote	☐	coiffeur	☐
pharmacien	☐	photographe	☐
garagiste	☐	vétérinaire	☐
chef	☐	architecte	☐
médecin	☐	cosmonaute	☐
militaire	☐	femme de ménage	☐
astronaute	☐	chef d'entreprise	☐
magasinier	☐	camionneur	☐
secrétaire	☐	pompier	☐
restaurateur	☐	avocat	☐
chirurgien	☐	homme politique	☐

2 Avec un(e) camarade, faites une liste de cinq métiers qui vous paraissent typiquement (et peut-être même exclusivement) masculins (exercés par des hommes), et une liste de cinq métiers qui vous paraissent typiquement féminins. Expliquez vos choix.

V
mon darron (fam) = mon père
un taf (fam) = un travail, un emploi, un boulot, un job, un métier, une profession
pourri (fam dans ce contexte) = nul

TDC
Un métier, une profession peuvent-ils être un facteur d'identité ou d'appartenance à un groupe d'une personne ? Expliquez.

Dans la bande annonce, l'un des ados répond « gentil ». Le caractère d'une personne est-il, selon-vous, le facteur d'identité le plus important ou révélateur ? Expliquez.

9

1 Identités

Vers l'Épreuve 1 : Expression écrite

Point Info

Le film *Mon père est une femme de ménage* est l'adaptation du livre du même titre de Saphia Azzedine.

La revue des Cinéphiles

MON PÈRE EST UNE FEMME DE MÉNAGE

France – avril 2011

Genre : comédie dramatique

Réalisateur : Saphia Azzedine

Acteurs : François Cluzet, Jérémie Duvall, Nanou Garcia, Alison Wheeler

Durée : 1h20

Synopsis

Polo, 16 ans, est un ado complexé. Il vit avec sa sœur, qui rêve de devenir Miss, et ses parents – une mère alitée et un père… femme de ménage. Comme tout adolescent de son âge, Polo se cherche. Pour Polo qui considérait son père comme un dieu étant enfant, comment, au passage de l'adolescence, ne pas avoir honte, et comment ne pas mépriser ce père qui exerce une profession traditionnellement réservée aux femmes ? Pourquoi son père a-t-il choisi d'exercer ce métier qui ne rentre pas dans la norme professionnelle fixée par la société ? Certaines professions seraient-elles exclusivement réservées à une tranche de la population ? Existe-t-il des métiers plus honorables que d'autres ? Voilà les questions qui hantent notre jeune héros.

Avec l'adaptation à l'écran de son roman éponyme, Sophia Azzédine nous livre un récit simple et émouvant sur les liens familiaux, porté par un duo d'acteurs impressionnants et convaincants dans leurs rôles respectifs.

François Cluzet est époustouflant dans ce rôle de père peu cultivé qui essaie de vivre sa vie au mieux et d'assumer son rôle de père censé faire vivre sa famille et qui n'aspire qu'à une chose : que son fils ait un meilleur avenir que lui. Le jeune Jérémie Duvall, qui campe le personnage de Polo, est la révélation de l'année. Un talent à suivre.

En bref…

Chronique à la fois tendre et lucide, *Mon père est une femme de ménage*, au travers de personnages profondément humains et imparfaits, parvient à nous toucher. Comédie à la fois sociale et dramatique aux dialogues percutants et cyniques. Une chose est sure : ce film ne vous laissera pas indifférent.

Un film à voir absolument.

1.1 Identité et discrimination

Compréhension conceptuelle

De quel type de texte s'agit-il ? _____

Remplissez le tableau de compréhension conceptuelle ci-dessous. Justifiez dans la colonne de droite à l'aide du texte.

Destinataire ? C'est pour qui ?		
Contexte ? Situation		
But ? C'est pourquoi		
Sens ? Comment ?		

Manipulation du texte :

Variation : imaginez que vous écrivez une lettre à la réalisatrice pour lui exprimer votre opinion sur le film. Réécrivez un paragraphe du texte. Quels changements, quelles variations observez-vous ? Quels choix avez-vous faits ? Pourquoi ?

_____
_____
_____
_____

Faites une liste de tous les éléments du film sur lesquels une opinion est exprimée.

Exemple : un récit simple et émouvant

_____
_____
_____
_____

Portrait Robot

Nom : Critique

Signes particuliers :

✓ Titre
✓ Nom de l'auteur / du réalisateur
✓ Introduction / résumé de l'intrigue / de la situation.
✓ Expression d'opinions
✓ Conclusions

Autres caractéristiques :

✓ Structurée (connecteurs logiques)
✓ Registre formel ou semi-formel en fonction du destinataire
✓ Utilisation de procédés stylistiques adaptés au but / au destinataire et au contexte

NB : il est possible que la critique prenne la forme d'une lettre ou d'un courriel. On pourrait vous demander de critiquer l'organisation d'un concert, d'un voyage par une agence de voyages, d'un événement sportif, d'une célébration particulière, etc.

La critique n'est pas limitée à la critique cinématographie ou littéraire.

1 Identités

> **Pour aller plus loin**
>
> Relisez la critique du film *Mon père est une femme de ménage* page 10.
> 1. Faites une liste des éléments de forme présents dans cet exemple.
> 2. Faites une liste des connecteurs employés pour structurer la critique.
> 3. Faites une liste des procédés rhétoriques utilisés pour exprimer des opinions de façon convaincante.
>
> Pour vous entraîner, rédigez la critique d'un film francophone que vous avez vu, ou celle d'un livre francophone que vous avez lu.

1.1.2 Zoom sur la Guinée

Une journée pour célébrer les femmes

Étudiez ce graphique. Quel message essaie-t-on de faire passer ? Expliquez.

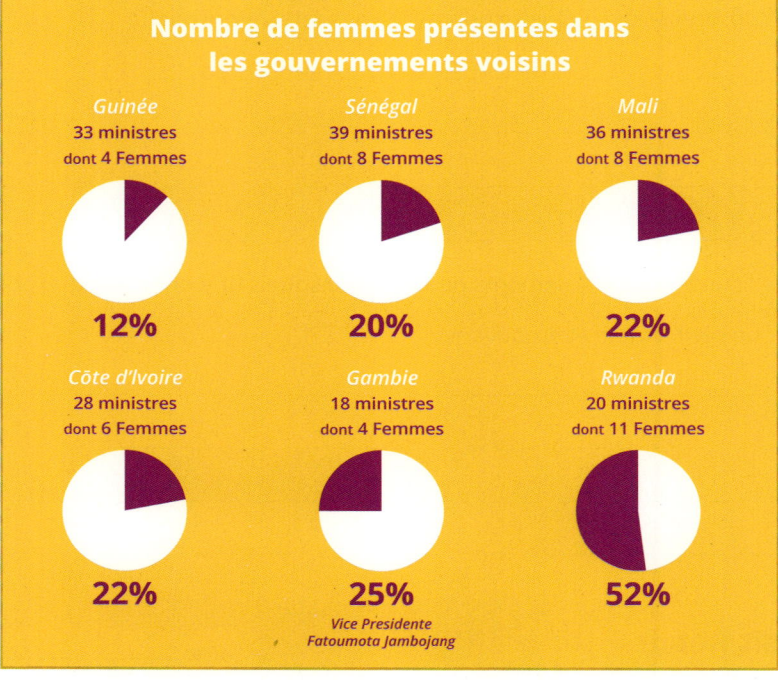

Écoutez les témoignages de femmes guinéennes qui donnent leur opinion sur la Journée Internationale des femmes célébrée tous les 8 mars.

D'abord, écoutez le témoignage de Aissatou Hawa Kaba Bah qui est gendarme en Guinée.

Complétez les phrases avec un maximum de trois mots par phrase.

1. Le 8 mars représente une date _____ pour les femmes.
2. L'origine de cette journée est une _____ aux USA.
3. Le but est de réclamer l' _____ entre hommes et femmes.
4. Il y a maintenant dans plusieurs pays des femmes qui occupent de grands postes de _____.
5. Au sein de la gendarmerie, plusieurs femmes occupent le poste de _____.
6. Message pour les femmes au sein de la gendarmerie : c'est la _____ qui permettra aux femmes d'atteindre leurs objectifs.

1.1 Identité et discrimination

 Écoutez le témoignage d'Oumou Camara, Ministre des Travaux Publics en 2017.

Choisissez la bonne réponse :

7 La journée internationale des femmes représente une journée de :
- A légèreté.
- B fierté.
- C féminité.

8 Certaines femmes ingénieurs montrent que :
- A ce métier est principalement réserve aux hommes.
- B elles ont eu de la chance d'accéder à ce poste.
- C tout ce que l'homme peut faire, la femme en est capable aussi.

9 Oumou demande aux femmes d'être...
- A travailleuses dans leur domaine respectif.
- B combatives dans leur domaine respectif.
- C persévérantes dans leur domaine respectif.

10 C'est la première fois que la Guinée a :
- A autant d'hommes que de femmes dans son gouvernement.
- B sept femmes dans son gouvernement.
- C plus d'hommes que de femmes dans son gouvernement.

Vers l'Épreuve 2 : Compréhension écrite

Les Nana Benz : des femmes qui font bouger l'économie de leur pays et de l'Afrique

Ce n'est pas une surprise, l'Afrique est le continent qui a enregistré ces dernières années un taux de croissance supérieur à la normale. Plus surprenant peut-être est le fait que cette croissance est portée par des femmes dans certains pays ; les premières femmes milliardaires d'Afrique.

Les Nana Benz : qui sont-elles ?

Au Togo, on appelle les femmes qui ont centré leur activité commerciale autour de la création et vente de pagnes les Nana Benz. Leur activité commerciale, après une courte période de crise dans les années 90 et un coup dur suite à l'incendie du marche de Lomé en 2013, est repartie de plus belle, grâce à la créativité de ces femmes devenues de véritables chefs d'entreprise. À la fois créatrices de mode et femmes d'affaires, les Nana Benz jouent un rôle fondamental dans la vie sociale et économique du pays.

Il suffit d'aller se promener sur les marchés de Lomé, la capitale du Togo, pour se rendre compte que le commerce du pagne y est très populaire. Partout, ce sont des kilomètres de tissus de toutes les couleurs qui s'étalent et attirent l'attention des touristes comme des autochtones. Les principales actrices de ce commerce : les femmes.

Approches de l'apprentissage

Compétences d'autogestion et de recherche

Allez recherchez le vocabulaire et les expressions que vous ne connaissez pas (Ex : autochtones) et apprenez-les.

1 Identités

Pourquoi les "Nana Benz" ?

Le surnom de "Nana Benz" octroyé à ces femmes qui nouent les billets provenant de leurs ventes à leurs pagnes, remonte aux années 1970. À cette époque, les premières Nana Benz, fortes de leur succès, se plaisaient à afficher leur fortune récemment acquise en circulant dans la ville dans des Mercedes Benz flambant neuves. Aujourd'hui, les generations de Nana Benz se succèdent les unes aux autres. Les jeunes ont pris le relai de leurs ainées et sont désormais des commerçantes reconnues. Les plus créatrices et ambitieuses sont devenues milliardaires à en juger par l'acquisition de biens immobiliers et l'envoi de leur progéniture dans des grandes écoles européennes.

Des femmes innovantes et engagées qui représentent aujourd'hui l'avenir de l'Afrique. Mais attention, gardez-vous bien d'employer le surnom de "Nana Benz" devant ces nouvelles générations ! La banalisation des Mercedes a rendu ce sobriquet insupportable à certaines de ces femmes qui ont renoncé à cette identité autrefois pourtant très prisée.

Questions de compréhension

Répondez aux questions en vous basant sur le paragraphe d'introduction et la première partie du texte.

1   Quel mot signifie « augmentation » ? _____

2   Quel mot désigne la robe traditionnelle portée par les femmes au Togo ? _____

3   Citez deux exemples de difficultés subies. _____

4   Citez une des raisons qui a permis aux Nana Benz d'être riches aujourd'hui.

Répondez aux questions en vous basant sur la deuxième partie du texte.

5   Quelle expression signifie que les vendeuses de tissus gagnent de l'argent au marché ?

6   Pourquoi les vendeuses de tissus sont-elles appelées les « Nana Benz » ?

7   Cochez les trois phrases qui sont vraies.

   a   Ces femmes innovantes et ambitieuses viennent de lancer leur commerces de tissus. ☐

   b   Le commerce sur les marchés de Lomé est toujours très lucratif. ☐

   c   La nouvelle génération de Nana Benz fait plus de commerce en Europe qu'en Afrique. ☐

   d   Les nouvelles vendeuses utilisent l'éducation qu'elles ont reçue pour faire fructifier leurs affaires. ☐

   e   Les femmes sont désormais le moteur de l'économie togolaise. ☐

   f   Le succès des nouvelles Nana Benz repose sur la magie noire et autres pratiques occultes. ☐

8   Pourquoi est-il conseillé de ne pas employer le surnom de « Nana Benz » devant ces femmes chef d'entreprises ?

TDC

Tous les 8 mars, la journée internationale de la femme est célébrée dans le monde.

A-t-on besoin d'une journée particulière pour célébrer les femmes ? Pourquoi cette journée ? Réagissez et expliquez.

Les hommes qui décident de devenir père au foyer ne risquent-ils pas de perdre leur identité ? Réagissez et justifiez.

1.1 Identité et discrimination

1.1.3 Minorités : des groupes parfois discriminés

Lisez cet extrait du témoignage de l'actrice et chanteuse Nadège Beausson-Diagne publié dans le livre intitulé *Noire n'est pas mon métier*.

> ### « Vous allez bien ensemble avec la bamboula »
>
> J'ai tout entendu lors des castings :
>
> « Trop noir pour une métisse ! »
>
> « Pas assez africaine pour une africaine ! »
>
> « Heureusement que vous avez les traits fins, je veux dire pas négroïde, enfin vous faites pas trop noire ça va ! »
>
> « Vous parlez africain ? »
>
> « Pour une noire, vous êtes vraiment intelligente, vous auriez mérité d'être blanche ! »
>
> (…)
>
> « Ben non… vous ne pouvez pas être le personnage, c'est une avocate… Elle s'appelle Sandrine… Elle est pas… enfin vous voyez, quoi ! Elle est blanche ! »

1 Quelles réactions vous paraissent à caractère raciste ? Que sous-entendent-elles ? Expliquez.

_____
_____
_____
_____
_____

2 Quelles autres minorités ethniques sont souvent discriminées ? Comment cette discrimination peut-elle se traduire dans la vie quotidienne ? Expliquez.

_____
_____
_____
_____
_____
_____

3 Est-il possible de totalement éradiquer la discrimination qui repose sur des facteurs tels que la nationalité ? La couleur de peau ? Le genre ? Le handicap ? La religion ? Les préférences sexuelles d'une personne ?

_____
_____
_____
_____
_____

1 Identités

Discrimination : Études de cas

 Chacune des personnes suivantes va être victime de discrimination à cause de la couleur de leur peau, d'une particularité physique etc.

Avec un(e) camarade, décidez pour chaque situation quel pourrait être le problème et pourquoi. Identifiez également le facteur de discrimination.

Personne(s)	Problème	Facteur de discrimination
Exemple : **Marc** • Veut devenir propriétaire de sa maison • Fait une demande de prêt auprès de sa banque • Déclare qu'il est diabétique	Prêt refusé sans raison. La vraie raison du refus est que le diabète est une maladie qui pourrait avoir une incidence sur la capacité de la personne à travailler, et donc à gagner de l'argent, et donc à rembourser un prêt. La banque n'est pas prête à prendre ce risque.	La maladie
Isabelle • Se déplace en fauteuil roulant • Assez autonome • Sa mère essaie de l'inscrire dans un nouveau lycée		
Leila • Musulmane pratiquante • A fait le choix de porter le foulard • Décide de passer son permis de conduire • Se rend donc dans une auto-ecole		
Mathias • 25 ans • Atteint de trisomie • Décide d'organiser une fête d'anniversaire à la piscine • A invité tous ses amis qui fréquentent son établissement scolaire spécialisé		
Benoit, Cyrille et Mohammed • Amis depuis l'enfance • Inséparables • Veulent sortir en boîte de nuit ce week-end		

1.1 Identité et discrimination

Julie • Esthéticienne • Petite et rondelette • Enthousiaste • Se présente à un entretien d'embauche pour travailler dans un salon de beauté		
Marcel • 55 ans • Récemment licencié de son poste d'ingénieur suite à la fermeture de l'usine où il travaillait • Très expérimenté dans son domaine • Se présente à un entretien d'embauche		

1.1.4 Langage, langue et identité

TDC Y a-t-il une différence entre une langue et le langage ? Expliquez et justifiez.

Dans son livre intitulé *Les Mots des riches et les mots des pauvres*, Jean-Louis Fournier joue avec les mots et expressions utilisés par une personne en fonction de son appartenance à une catégorie sociale : les riches ou les pauvres.

Voici quelques exemples de différences présentées, avec humour, par l'auteur :

Mots employés per les riches	Mots employés par les pauvres
chambre d'amis	canapé convertible
première classe	seconde classe
souliers vernis	godasses

une godasse (fam) = une chaussure

Pouvez-vous remplir le tableau pour ces autres exemples ?

1 _____	pâté de foie
gagner	2 _____
Mercedes noire	3 _____
4 _____	pinard / vin ordinaire
pull en cachemire	5 _____

le pinard (fam) = vin bon marché / de qualité inférieure

Les mots que nous choisissons d'utiliser ont-ils le pouvoir de trahir notre identité ou certaines facettes de notre identité ? Expliquez.

_____
_____
_____

1 Identités

Vers L'Épreuve 2 : Compréhension écrite

NM

Point Info

Stella Baruk : Iranienne qui a grandi en Syrie et au Liban. Sa langue maternelle est le français. Elle est l'auteure de plusieurs livres en langue française.

Mon pays, c'est la langue
Une histoire d'amour racontée par Stella Baruk

A

Je suis née en Iran d'un père turc et d'une mère palestinienne. Mes parents étaient professeurs des écoles et avaient suivi leur formation en France. Ils avaient ensuite été nommés dans une petite ville appelée Yezd. J'ai des souvenirs merveilleux de ce village au milieu de nulle part d'où l'on pouvait entendre les récitations des fables de La Fontaine.

B

Quand on est expatrié dans un autre pays, une autre langue, une autre culture, il est souvent difficile de se sentir appartenir à ce pays, cette langue et cette culture. Ma famille (mes parents, mon frère et moi-même) s'est longtemps sentie déracinée. Après avoir quitté l'Iran, c'est en Syrie, puis au Liban que nous nous sommes installés. Les liens que nous pouvions réussir à former sur place n'étaient qu'éphémères. C'est pourquoi je considère que mon pays, c'est ma langue. Seul le français a su et pu me conférer une identité. Le français est resté ma constance, mon point de repère quel que soit le pays où nous nous trouvions.

C

Si bien sûr ! Lorsque j'avais 10 ans, une petite fille m'a dit que je n'étais pas française, cela m'a beaucoup marquée. Mon monde s'écroulait d'un coup. D'un point de vue administratif, c'était correct car je n'avais officiellement pas la nationalité française. Toutefois, la langue française était pour moi mon identité, donc j'étais française ! Qui d'autre aurais-je pu être ? Paradoxalement, cette langue française qui n'était pas la leur à l'origine, il me semblait que mes parents aussi l'avaient adoptée comme leur langue et qu'elle représentait aussi désormais une part forte de leur identité. Ils me l'ont donc transmise avec intensité et amour et en ont fait pour moi, ma langue maternelle. C'était d'ailleurs la seule langue que nous parlions à la maison.

– Cet amour est donc resté à l'âge adulte ?

Oui – il restera avec moi jusqu'à la fin de mes jours. J'ai d'ailleurs choisi de m'installer en France à la fin des années 50. Au début, les gens se retournaient dans les magasins en m'entendant parler. Je parlais français mais je ne parlais pas le français de France. Il m'a donc fallu apprendre un nouveau français truffé de « bof » et toute sortes d'approximation. Le mien de français était rigoureux, plus classique jusque-là.

D

La relation que j'ai entretenu tout au long de ma vie avec la langue française est à l'origine de la problématique de mon travail. La raison pour laquelle je me suis penchée sur la langue mathématique à laquelle j'ai consacré 14 ans de ma vie, et dont l'aboutissement est la rédaction d'un dictionnaire de mathématiques, c'est bien mon amour pour le français.

Propos recueillis par **Élodie Dufour**

D'après : *Mon Pays, c'est la langue* – article parue dans *La vie* le 16 mars 2006

TDC

Tout comme Stella Baruk, l'écrivain français Jean-Marie Gustave Le Clézio, prix Nobel de littérature 2008, écrit : « La langue française est mon seul pays, le seul lieu où j'habite ».

Comment une langue peut-elle être « le pays » d'une personne ? Expliquez. (Vous pouvez aussi rédiger une réponse de 300 mots environ sous la forme d'une dissertation).

Questions de compréhension

En vous basant sur le texte, répondez aux questions suivantes.

Associez chaque question à la réponse qui lui convient.

1 N'avez-vous jamais eu de moments de doute ? ☐

18

1.1 Identité et discrimination

2 Comment la langue française a-t-elle influencé votre travail ? ☐

3 D'où venez-vous ? ☐

4 Vous sentiez-vous appartenir à la communauté iranienne ? ☐

Répondez aux questions en vous basant sur les deux premiers paragraphes.

5 Quel métier exerçaient les parents de Stella ? _____

6 Quel adjectif signifie « passagers » ? _____

7 D'après Stella, qu'est-ce que la langue française lui a donné ? _____

Répondez en vous basant sur le troisième paragraphe.

8 À qui ou à quoi se réfère « l » dans la phrase « mes parents aussi l'avaient adoptée » ? (ligne 5) _____

Répondez aux questions en vous basant sur le quatrième paragraphe.

9 À qui ou à quoi se réfère « il » dans la phrase « il restera avec moi jusqu'à la fin de mes jours » ? (ligne 1) _____

10 Pourquoi Stella a-t-elle dû réapprendre le français en France ?

Vers L'Épreuve 2 : Compréhension écrite

Lisez cet extrait tiré de la nouvelle intitulée *Pur polyester* de Lori Saint-Martin. NS

Point Info

Lori Saint-Martin – Professeur de littérature à Montréal et auteure

Un jour d'automne, on nous demande à nous tous de voter pour dire si nous voulons quitter le Canada. Nous semblons avoir dit « oui », puis le « non » monte comme une vague de fond, et puis finalement, c'est « non » du bout, mais vraiment du bout des lèvres, à peine.

Alors c'est les larmes à la télé, les drapeaux bleus et blancs si beaux, bien mieux que ceux avec la feuille d'érable. La tête d'enterrement du chef de gouvernement. Dès qu'il ouvre la bouche on est estomaqués. L'argent et le vote ethnique. L'argent, connais pas. Le vote ethnique je connais, c'est maman-papa et la mère de Rosa et les parents de ma tante, ceux de An-Li qui se fait appeler Diana et tous les autres, ay Dios. Il continue de parler, le Monsieur au visage rond et triste, il dit « nous », nous avons perdu, nous gagnerons la prochaine fois, les jeunes sont avec nous. Leur « nous » abolit notre « nous », fais de nous des « eux autres », des méchants. Leur « nous » me brise le cœur, me dit qu'on ne sera jamais chez nous, ici. Pourtant si j'avais eu l'âge de voter, ça aurait été oui. 5

 10

– C'est gens-là sont froids comme leur pays, dit papa, ils nous détestent, ils ne veulent pas nous connaître. Jamais on n'aurait dû venir ici. À l'entendre je comprends que notre « nous » n'est pas mieux, qu'il les exclut aussi. Je voudrais un nouveau mot, un mot qui unit, qui rassemble, pour pas qu'il y ait la guerre de nouveau du nous et du eux. 15

Je sens caché en moi – dans mon sang ? Dans mes os ? – une voix qui me vient de loin, une voix très jeune et très vieille à la fois, une voix de grand-mère peut-être, une voix de femme en tout cas qui chante des berceuses, des lunes et des gitanes et des cavaliers dans la plaine. Je sens aussi en moi l'amour du froid, de la neige, de l'espace et des recommencements. Il y a le pays du sens, et le pays du temps, celui où on vit, où on grandit. Ce qui transite par la chair et les os, ce qui se mesure en années, en habitudes, en désir d'être, un jour, chez soi pour de vrai. 20

Mais parents ont voulu, à coup d'efforts, me donner les clés de ce pays à eux fermé. Voulu que la langue de ce pays coule de source dans ma bouche, que je sois chez moi là où ils ne seront jamais chez eux. Je suis avec eux, je suis toute seule, je suis avec les gens d'ici, de mon pas-tout-à-fait-mais-presque pays. Entre deux, sur la brèche, en train, peut-être, de devenir – mais le devient-on jamais ? – Québécoise. 25

 ay Dios [espagnol] = ah mon dieu

19

1 Identités

Questions de compréhension

1 Que pouvez-vous déduire de la narratrice et de ses parents d'après cet extrait ? Justifiez vos réponses.

- Dans quel pays se trouve-t-elle ? _____
- De quelle origine est-elle ? _____
- Quel est le contexte de cette situation ?

_____
_____
_____
_____

2 Pourquoi est-ce « les larmes à la telé » ? (ligne 4)

_____
_____

3 « ils nous détestent » (ligne 12). Qui est-ce « ils » ?

_____

4 « je comprends que notre « nous » n'est pas mieux, qu'il les exclut aussi ». Expliquez.

_____
_____
_____

5 Trouvez un exemple dans le texte qui montre que la narratrice a une double identité.

_____
_____

6 « mais le devient-on jamais ? – Québécoise. » Expliquez.

_____
_____
_____

> **TDC**
>
> « Choisir à l'âge adulte, de son propre chef, de façon individuelle pour ne pas dire capricieuse, de quitter son pays et de convier le reste de son existence dans une culture et une langue jusque-là étrangère, c'est accepter de s'installer à tout jamais dans l'imitation, faire semblant, le théâtre. »
>
> (Nancy Houston *Nord Perdu*).
>
> Expliquez.
>
> Partagez-vous cette opinion ? Est-il vraiment impossible d'intégrer pleinement une culture qui n'est pas la nôtre ? Si oui, quels sont les obstacles à cette « intégration » les plus insurmontables d'après vous ? Expliquez.

Vocabulaire

1 Se construire un lexique

Français	Votre langue maternelle
une minorité (ethnique)	
le genre	
la race	
un facteur de discrimination	
une différence	
la couleur de peau	
le handicap physique ou mental	
être enceinte	
la nationalité	

1.1 Identité et discrimination

l'origine	
perdre ses racines	
être déraciné	
se sentir en marge de	
être marginalisé	
l'identité nationale	
un emblème national	
l'hymne nationale	
la patrie	
l'égalité	
la devise d'un pays	
appartenir	
être discriminé	
être persécuté	
l'injustice	
la représentation des minorités dans la publicité	
un stéréotype	
véhiculer	
la langue maternelle	
parler une langue couramment	
l'acculturation	
l'intégration	

2 Vocabulaire en contexte

Complétez les phrases ci-dessous avec des mots (ou des dérivés) qui se trouvent dans la liste de vocabulaire.

1 Les autres l'excluent toujours de leurs jeux parce qu'elle vient d'une communauté différente.

   Elle se sent _____ .

2 Les soldats partent en guerre pour défendre la _____ .

3 La _____ (à la télé et dans les magazines) véhiculent encore

   beaucoup trop de _____

4 Ses employeurs ne l'ont pas promue au poste qu'elle méritait parce qu'elle était

   _____ . C'est vraiment _____ !
   Les femmes sont encore trop souvent discriminées dans le monde du travail aujourd'hui.

Vers l'Épreuve 1 : Expression écrite

NM 250–400 mots

NS 450–600 mots

Vous venez de voir une publicité à la télé dans laquelle des stéréotypes étaient véhiculés. Vous êtes outré(e). Vous décidez de faire part de vos sentiments envers cette publicité au réalisateur / à la réalisatrice. Rédigez un texte dans lequel vous expliquez ce qui vous a choqué(e), exprimez votre désaccord et suggérez comment le message publicitaire aurait pu être transmis sans véhiculer de stéréotypes.

21

1 Identités

Choisissez l'un des types de textes ci-dessous :

| critique | blog | lettre |

Étape 1 : Pour vous aider à préparer

Compréhension conceptuelle	
Destinataire – C'est pour qui ?	
Contexte – Situation / registre	
Le but – Pourquoi ?	
Le sens – Comment ? Des exemples ?	
Variation ?	

Types de textes	
À quelle catégorie de textes (**personnels ? professionnels ? textes des médias de masse ?**) chacun des trois types de textes proposés appartient-il ?	
D'après le contexte, le but et le destinataire, quel **type de texte** sera le plus **efficace** ? Justifiez votre réponse.	

Étape 2 : Brouillon d'idées

Dressez une liste de stéréotypes qui pourraient être véhiculés dans une publicité.

_____

_____

_____

_____

_____

Pour chaque situation / stéréotype, associez un exemple qui permettrait de stopper l'abus de stéréotypes.

Situation / stéréotype	Pour arrêter
Publicité pour une machine à laver – Stéréotype véhiculé : c'est une femme qui met le linge dans la machine	Pourquoi ne pas mettre en scène un homme puisque les tâches ménagères sont souvent partagées entre l'homme et la femme de nos jours ?

1.1 Identité et discrimination

Étape 3 : Rédigez votre texte

Étape 4 : Fiche d'auto-évaluation

Points à vérifier		Exemples
Critère A (langue /12)		
Relecture grammaire : temps des verbes, accords, pronoms etc.		
Ai-je varié mon vocabulaire ?		
Critère B (message /12)		
Mes idées sont : pertinentes et adaptées à la tâche ?		
variées ?		
développées ?		
justifiées ?		
Critère C (compréhension conceptuelle et format /6)		
Prise en compte du **destinataire** ?		
Prise en compte du **contexte** ?		
But(s) atteint(s) ?		
Procédés utilisés pour : atteindre mon but et pour respecter mon contexte et mon audience		
Toutes les **conventions** de forme du texte choisi sont remplies ?		

Étape 5 : Réflexions finales

Reprenez votre devoir une fois corrigé et noté.

Points positifs dans mon devoir

Points à améliorer

Objectifs à atteindre lors du prochain devoir

1 Identités

Vers l'examen oral individuel

NM

Des pistes pour parler de cette photo...

a Que se passe-t-il sur cette photo ? C'est où ? C'est quand ?

_____

_____

b Décrivez la scène.

_____

_____

c Quelles émotions / réflexions suscite-elle en vous ?

_____

_____

d Problématique ?

_____

_____

e Exprimez des opinions sur ce sujet.

_____

_____

Pour l'examen oral individuel (NM) vous aurez 15 minutes de temps de préparation.

Trois parties :

Première partie : 3–4 minutes de présentation du stimulus visuel (Critère B1)

Deuxième partie : 4–5 minutes de questions / discussion sur la présentation (Critères B2 et C)

N'oubliez pas de faire des « comparaisons » avec votre culture dans la première partie.

Troisième partie : 5–6 minutes de discussion sur au moins un des autres thèmes prescrits que vous avez abordés en classe (Critères B2 et C2)

1.1 Identité et discrimination

Vers l'examen oral individuel

NS

Relisez L'extrait tiré de *Pur Polyester* de Lori St Martin (page 19).

Avant de préparer la présentation de l'extrait, posez-vous les questions suivantes.

Dans l'extrait,…

1 C'est qui ?	Comment je le sais ?
2 C'est où ?	Comment je le sais ?
3 C'est quand ?	Comment je le sais ?
4 C'est quoi ?	Comment je le sais ?

5 Quel est le thème principal ? Comment est-il traité dans l'extrait ?

_____

_____

6 Quel est / quels sont les sous-thème(s) ? Comment sont-ils traités ?

_____

_____

_____

Conseil exam

Votre présentation doit être centrée sur l'extrait, mais n'oubliez pas d'introduire l'auteur et l'extrait.

Votre présentation doit être structurée, logique et claire, et s'appuyer sur l'extrait.

Pour l'examen oral individuel (NS) vous aurez 20 minutes de temps de préparation.

Trois parties :

Première partie : 3–4 minutes de présentation de l'extrait (Critère B1)

Deuxième partie : 4–5 minutes de questions / discussion sur l'extrait, le livre, les thèmes (Critères B2 et C)

Troisième partie : 5–6 minutes de discussion sur au moins un des autres thèmes prescrits que vous avez abordés en classe (Critères B2 et C)

1 Identités

🔍 Grammaire en contexte : Les verbes au présent   » p.8

Un exercice pour mettre la grammaire de ce chapitre en action. Conjuguez les verbes au présent.

1. Le dimanche, chez mes grands-parents, les repas de famille _____ (*finir*) toujours tard. On _____ (*parler*) de l'enfance de mes grands-parents avant leur exil.

2. Est-ce que tu _____ (*connaître*) la femme voilée à qui on a interdit l'entrée à la mairie ?

3. Quand ils _____ (*aller*) au Québec voir leurs cousins, les enfants _____ (*écrire*) une lettre à leurs parents tous les jours. Ils _____ (*trouver*) l'accent québécois amusant.

4. Le gouvernement _____ (*devoir*) interdire la diffusion de publicités qui _____ (*véhiculer*) des stéréotypes. J'_____ (*interdire*) d'ailleurs à mes enfants de les regarder.

5. Nous _____ (*boire*) toujours du vin avec le repas quand nous allons au restaurant en famille. C'est une tradition dans ce pays.

Références

Anciennes épreuves de compréhension écrite pour vous entraîner :

Mai 2017 – NS – Texte E – Déclaration pour l'usage de la langue française au Québec (article)

Mai 2016 – NS – Texte B – Maintenant que je suis français, je rentre dans mon pays d'origine. (article)

Mai 2014 – NS – Texte D – Contrôle d'identité discriminatoires (article)

Mai 2017 – NM – Texte B – Hommes, femmes, tous égaux ? (proposition)

Mai 2016 – NM – Texte C – Avantages et désavantages du multilinguisme au niveau d'une communauté (article)

1.2 Je suis responsable de mes choix

Séance échauffement

Activité 1 : Le vocabulaire de la santé – Remue-méninges

a Pour chaque catégorie, réfléchissez à au moins cinq mots (noms / verbes / adjectifs etc.) que vous connaissez déjà.

La santé physique	La santé mentale
Exemple : se casser la jambe	Exemple : le stress

Se soigner	Les comportements addictifs et dépendances
Exemple : le médecin	Exemple : être dépendant à une substance

b Mettez vos mots en commun avec le reste de la classe pour enrichir votre vocabulaire.

Activité 2 : Un sondage

Réalisez un sondage dans la classe pour découvrir ce que vos camarades font pour garder la forme. Présentez les résultats de votre sondage d'une manière créative au reste de la classe (Exemple : une présentation orale, un poster etc.).

Activité 3 : Mettre sa santé en péril dans la quête du corps parfait

Question du jour…

Pourquoi est-ce que la chirurgie esthétique attire de plus en plus les ados ? Y voient-ils une réponse à des complexes ou de vraies disgrâces physiques ou ne s'agit-il que de troubles identitaires, d'obsession de l'image ou est-ce seulement un phénomène de mode ? La chirurgie esthétique peut-elle vraiment être une solution à leur mal-être ? À quel âge y ont-ils recours ? Et pourquoi donc ?

1 Identités

passer sous le bistouri
(fam) = se faire opérer

Avec un(e) camarade, faites une liste des raisons qui pourraient pousser un(e) ado à vouloir avoir recours à la chirurgie esthétique.

Pour chaque raison avancée, essayez de trouver un contre-argument que vous pourriez donner à un(e) ami(e) pour le / la dissuader de passer sous le bistouri.

_____
_____
_____
_____
_____

Activité 4 : Mini débat

1 Regardez la photo ci-contre.

Cochez la phrase qui représente le mieux ce que vous pensez en regardant cette photo et expliquez votre choix au reste de la classe.

☐ Cette photo me met hors de moi…		
☐ Je la trouve inquiétante…		_____
☐ Je la trouve normale…	parce que	_____
☐ Je la trouve ironique…		_____
☐ J'y suis indifférent(e)…		

Approches de l'apprentissage

Compétences de recherche, de communication et collaboration

2 Avec un(e) camarade, faites une liste des comportements qui sont mauvais pour la santé, et une liste de comportements qui sont bénéfiques pour la santé.

Bon	Mauvais
Exemples : manger au moins 5 fruits et légumes par jour	rester avachi(e) pendant des heures devant un écran sans bouger
_____	_____
_____	_____
_____	_____
_____	_____
_____	_____

3 Dans le cadre de votre programme CAS, réalisez avec un(e) camarade un clip de 3 minutes maximum qui sera diffusé dans les écoles primaires de votre ville. Le but de ce clip est d'informer les enfants sur les dangers liés à une mauvaise alimentation et à un manque d'activité physique. Vous leur suggérerez également des activités simples et concrètes pour les aider à garder la forme au quotidien.

1.2 Je suis responsable de mes choix

1.2.1 La santé avant tout

Le stress

1. Qu'est-ce qui vous stresse ? Expliquez.
2. Que faites-vous quand vous êtes stressé(e) ?

COMMENT GÉRER LE STRESS DES EXAMENS ?

La période précédant les examens est source de stress. Il arrive progressivement et insidieusement pour les enfants comme pour les parents.

Pour certains c'est un plus, un état à la fois de crainte et de motivation qui d'une certaine façon, les aide à réviser et réussir l'examen alors que pour d'autres, c'est un vrai handicap qui se manifeste par des difficultés à se concentrer et, si mal géré, une perte complète de moyens devant la feuille blanche ou un jury. Alors quels conseils donner pour éviter que le stress soit une barrière à la réussite ?

D'abord, pourquoi tant de stress avant un examen ?

Ressentir stress et anxiété avant les examens est normal et très commun. Une certaine tension nerveuse peut parfois accroître les chances de réussite parce qu'elle peut engendrer de l'efficacité. Par contre, quand elle est trop élevée, elle paralyse la personne, qui perd alors tous ses moyens. Le candidat peut alors même échouer en connaissant parfaitement ses cours. (*1*) l'examen est réussi, la reconnaissance sociale qui en découle peut être cruciale pour certaines personnes. Mais il ne faut pas que le stress que cela implique les empêche de pouvoir réfléchir le jour J. (*2*) le taux de stress varie selon l'importance que l'examen a pour le candidat. Il peut être très fort, ce qui peut stimuler les capacités intellectuelles et optimiser les chances de réussites, ou faible, voire nul si le résultat compte peu pour la personne. Il est (*3*) vital de trouver le juste milieu. (*4*), l'entourage est très important. Les parents doivent soutenir l'étudiant sans lui mettre la pression car s'il a trop peur d'échouer et de décevoir, son stress augmentera. (*5*) si aucun stress n'est ressenti, il faut se demander pourquoi. Est-ce par manque d'intérêt ? A-t-on bien choisi son cursus ? Faut-il faire un bilan, peser le pour et le contre des débouchés qu'offrent ses examens ?

Il faut aussi ne pas trop en faire ; si on ne sort pas le nez des livres tout le temps des révisions et (*6*) l'examen, on risque de saturer mentalement et de stresser parce qu'on n'arrive plus à assimiler quoique ce soit. Pour arriver l'esprit clair le jour J, il est crucial de s'accorder des moments de détente (*7*) la veille des examens ; aller au cinéma, faire une sortie, se libérer la tête, quoi ! Il faut aussi avoir une bonne hygiène de vie : (*8*), manger équilibré et assez léger, bien dormir et faire du sport est important. Cela aide à être en pleine possession de ses moyens et une bonne façon d'optimiser ses chances. (*9*) vraiment le stress est trop grand, l'étudiant peut avoir recours à des méthodes de relaxation comme la sophrologie ou le yoga, qui apprennent à bien respirer et apaisent le corps et l'esprit. Au final, on peut voir ce passage obligé et crucial de la vie comme une occasion d'apprendre à canaliser l'énergie et le stress (*10*) ils deviennent des stimulants pour la réussite.

1 Identités

3 Lisez le texte « Comment gérer le stress des examens ? ». Faites une liste de toutes les conséquences positives et négatives que le stress peut avoir sur vous.

Conséquences positives	Conséquences négatives
Exemple : le stress peut aider à motiver	le stress peut être un réel handicap pour quelqu'un

4 Relisez le texte et faites une liste de tous les conseils concrets qui sont avancés dans le texte.

5 Choisissez les deux conseils qui pourraient être les plus efficaces pour vous. Justifiez vos choix.

6 Relisez le texte et complétez la grille de vocabulaire ci-dessous.

Nom	Verbe	Adjectif	Contraire (s'il existe)	Traduction
	gérer		la perte de contrôle	
la perte				
	réussir			
	ressentir			
l'éfficacité				
	échouer			
une connaissance				
	réfléchir			
		faible		
	apaiser			

1.2 Je suis responsable de mes choix

7 Après avoir réfléchi aux connecteurs logiques mentionnés dans le tableau ci-dessous, replacez-les dans le texte.

Connecteur logiques	Numéro dans le texte	Chronologie ? Conséquence ? Cause ? But ? Opposition ? Doute ? Justification ? Explication ?	Information(s) complémentaire(s)	Traduction dans votre langue
Exemple : *lorsque*	(1)	*chronologie*	*s'utilise devant un nom*	
en outre				
avant				
donc				
si				
afin qu'				
au contraire				
ainsi				
d'autant plus				
en premier lieu				

L'importance du sommeil sur la santé

Conseils pour trouver le sommeil

Pour mieux dormir

Il vous faut une chambre où vous dormez seulement et un lit aussi juste pour dormir, donc n'y mangez pas (pas de plateau-repas), n'y jouez pas, n'y regardez pas la télé ou l'ordinateur.

Dans la journée, vous pouvez travailler, vous isoler ou recevoir vos ami(e)s dans votre chambre, mais le soir, elle doit être réservée au repos et à la tranquillité, et la nuit, au sommeil.

Si vous ne dormez pas toute une nuit

Bien sûr cela affectera sérieusement votre forme du lendemain… Pour récupérer, faites une sieste de 20 à 30 minutes maximum en début d'après-midi. Ne faites pas la sieste en fin d'après-midi sinon vous n'arriverez pas à vous endormir le soir.

À faire…

- Faites vos devoirs en rentrant des cours.
- Choisissez une activité calme après 22 h : par exemple lisez ou écoutez de la musique.
- Baissez l'intensité de la lumière de votre chambre le soir.
- Levez-vous et couchez-vous à heures régulières.
- Pratiquez du sport régulièrement.

Approches de l'apprentissage

Compétences de recherche et d'auto-gestion

1 Identités

À ne pas faire…

- Ne faites pas vos devoirs tard le soir.
- Ne fixez pas d'écrans (ordinateur, télé, jeux vidéos) après le dîner, car la lumière des écrans est stimulante.
- Ne décalez pas trop vos horaires le week-end.
- Ne faites pas la grasse matinée après 11 h.
- Évitez de consommer trop de boissons gazeuses ou de café.

Si votre sommeil est décalé (coucher et lever tardifs)

Faites de temps en temps une nuit blanche pour créer une dette de sommeil ; le soir d'après, vous devriez pouvoir vous endormir plus tôt, mais, bien sûr, ne dormez pas pendant la journée qui suit la nuit blanche. Sinon, couchez-vous progressivement plus tard ou levez-vous progressivement plus tôt sur plusieurs jours (de 3 heures en 3 heures).

Profil de l'apprenant

Informé, Équilibré, Réfléchi

Allez rechercher les liens entre le stress et le sommeil, puis présentez le résultat de vos recherches au reste de la classe. Utilisez aussi des structures variées pour faire des recommandations / donner des conseils.

Compréhension conceptuelle

Identifiez et justifiez à l'aide du texte :

le destinataire	
le contexte	
le/les but(s)	
le type de texte	

🔍 Grammaire en contexte : L'impératif　　》p.56

Temps utilisé pour donner des conseils, faire des suggestions ou donner des ordres directement à quelqu'un.

On prend la forme *tu*, *nous* ou *vous* du verbe au présent.

ATTENTION : le **s** de la forme *tu* disparaît pour les verbes en **-er**

　　Exemples : tu chantes → **chante**

nous chantons → **chantons**

vous chantez → **chantez**

nous finissons → **finissons**

vous ne prenez pas → **ne prenez pas**

32

1.2 Je suis responsable de mes choix

Verbes réfléchis

Exemple : se laver : *lave-toi / lavons-nous / lavez-vous*

mais...

ne te lave pas / ne nous lavons pas / ne vous lavez pas

Trois exceptions

avoir : *aie / ayons / ayez*

être : *sois / soyons / soyez*

savoir : *sache / sachons / sachez*

1.2.2 Des choix personnels

Identité et choix alimentaires

Vers l'Épreuve 2 : Compréhension orale

Écoutez le témoignage de Margaux intitulé « On se moquait de moi parce que j'étais grosse, mais je suis devenue mannequin ».

Questions de compréhension

Écoutez deux fois le témoignage (jusqu'à 3 min 07).

Choisissez les cinq affirmations vraies.

a Margaux a encore des problèmes à cause de son poids aujourd'hui.
b Elle a suivi beaucoup de régimes.
c Personne d'autre dans la famille de Margaux n'est gros.
d Les médecins ont découvert que Margaux souffrait d'une maladie.
e Les enfants injuriaient Margaux.
f Margaux a réussi à obtenir le respect par le biais de la violence.
g Grâce à ses prouesses sportives et sa taille, Margaux a réussi à se faire respecter.
h L'intégration de Margaux avant le lycée a été rapide.
i Au lycée, Margaux n'était pas bien acceptée.
j Les garçons n'abordaient jamais Margaux.

Écoutez deux fois le témoignage (de 3 min 07 jusque la fin).

Complétez les phrases suivantes avec un maximum de **trois** mots.

1 Une des cousines de Margaux voulait devenir _____.
2 Margaux l'a accompagnée à _____.
3 Quand elle était à l'agence, Margaux a fait _____.
4 Après quelques mois, elle a réussi à décrocher _____.
5 Sa photo a été affichée dans le _____.
6 Sa _____ s'est améliorée rapidement.
7 Tout ce que Margaux voulait maintenant était se faire _____.

TDC Doit-on forcer nos enfants à suivre nos choix alimentaires (végétarien / végétalien etc.) ou les exposer à toutes sortes de nourriture ? Discutez.

1 Identités

Afin de lutter contre l'obésité des adolescents, il existe maintenant un nouveau jeu vidéo

Zamzee est un tout nouveau jeu censé lutter contre l'**obésité infantile**. Ce jeu, lancé par l'association à but non lucratif *HopeLab*, est accessible gratuitement grâce à une simple inscription, mais le capteur d'activité à placer sur la hanche pour suivre les mouvements est vendu séparément au prix moyen de 50 dollars.

Pour faire du sport tout en s'amusant, *Zamzee* mise sur des biens virtuels que l'adolescent se verra attribuer via un système de points et sur le partage des données avec les amis de son réseau social. Afin de lancer ce nouveau jeu, l'association l'a testé auprès de 350 adolescents. Leur activité physique aurait alors augmenté de 30%.

Pour le site spécialisé *Medgadget*, « Même si l'idée d'un système de récompense n'est pas vraiment nouvelle pour ce type d'appareils, c'est le fait qu'il s'adresse aux enfants qui le rend plutôt intéressant (…) C'est un projet fascinant et nous suivrons son développement de près ».

Discutez.

1. Lisez l'article sur le jeu vidéo Zamzee. Avec un(e) camarade, faites une liste des causes de l'obésité aujourd'hui.

2. Que pensez-vous de l'utilisation de jeux vidéo pour combattre l'obésité infantile ?

3. Avec un(e) camarade, préparez le texte d'une proposition qui vise à proposer des solutions concrètes pour réduire l'obésité infantile. Cette proposition est destinée aux représentants du ministère de la santé. Vous essayez de les convaincre de libérer des fonds pour financer vos idées.

Pour aller plus loin

Le reste de la classe jouera le rôle de ces représentants qui vous poseront des questions ; soyez prêts/prêtes à y répondre et à défendre vos idées.

1.2 Je suis responsable de mes choix

Identité et choix vestimentaires

Vers l'Épreuve 2 : Compréhension écrite

www.maviesupercompliquéed'ado.be

12 juillet 2018

Salut à tous,

J'espère que pour vous ça va mieux que moi aujourd'hui. Aujourd'hui je me suis encore disputée avec mes vieux à cause de mes fringues. J'ai osé demander à ma mère la permission d'acheter une mini-jupe à la mode pour aller à une soirée. Elle est tout de suite montée sur ses grands chevaux en argumentant que j'étais trop jeune pour porter des mini-jupes, et encore plus pour choisir mes propres vêtements. Elle ne m'a même pas laissé m'exprimer. J'en ai vraiment marre de leur comportement et j'ai hâte d'être enfin majeure pour pouvoir enfin vivre MA vie !!

Mais j'ai 16 ans !! Et ça fait 16 ans que mes parents choisissent mes vêtements pour moi ! Je n'ai aucun droit de regard sur ce que je porte ! Ils m'ont toujours acheté des vêtements de marque (je ne peux pas me plaindre de ce côté-là), mais c'est toujours le même style de petite fille sage et bien rangée. Dans mon armoire, je dois avoir une bonne dizaine de chemisiers du même style et de pantalons bleus ou beiges. Quand je les porte, je me sens démodée et ringarde. Mes amis ne me font jamais de commentaires et je ne suis pas la cible de railleries au bahut, mais je suis mal à l'aise. J'ai envie de pouvoir m'exprimer et m'affirmer. Je veux pouvoir décider de ce que je veux porter ou pas. J'ai l'impression d'être enfermée dans une image et une personnalité qui ne me correspondent pas du tout ! Mes parents me volent une partie de mon identité. La mode c'est un code et un langage et mes parents m'en privent. Je ne sais vraiment pas quoi faire car je n'ai pas assez d'argent pour me permettre de m'acheter mes propres vêtements. De toute façon, même si j'avais les moyens de m'acheter ce que je veux, mes parents ne me laisseraient jamais porter ce que j'achète et ils me confisqueraient mes vêtements. La seule solution serait de me changer après avoir quitté la maison et porter les vêtements que je veux en cachette ! Mais ça serait mentir à mes parents et ça, ça n'est pas moi non plus !

À l'aide !

Est-ce que quelqu'un aurait des conseils à me donner pour m'aider à convaincre mes parents de me laisser enfin m'habiller selon mes goûts ?

Je suis impatiente de vous lire !

Merci à tous !

À bientôt

Justine

Questions de compréhension

Répondez aux questions suivantes ou choisissez l'option qui correspond à la réponse correcte.

1 Ce texte est :

- [ ] **A** une page du journal intime d'une adolescente désespérée par le comportement de ses parents
- [ ] **B** le témoignage d'une adolescente sur le comportement de ses parents parue dans un magazine
- [ ] **C** une entrée de blog rédigée par une adolescente pour se plaindre se ses parents
- [ ] **D** la lettre d'une adolescente à ses parents pour leur exprimer ce qu'elle ressent

1 Identités

2 Cette adolescente est :

- **A** stressée
- **B** triste
- **C** anxieuse
- **D** exaspérée

> **Conseil exam**
>
> Les mots ont souvent plusieurs sens et changent donc parfois de sens en fonction du contexte. Évitez de tirer des conclusions trop hâtives et de vous jeter sur une réponse en pensant connaître le sens d'un mot. N'omettez jamais de vérifier vos choix en replaçant les mots dans l'extrait.
>
> N'oubliez pas de vous servir de la grammaire pour vous aider à éliminer certaines options (un verbe pour un verbe/un adjectif au féminin pour un adjectif).

3 Reliez chacun des mots de la colonne de gauche à son équivalent dans la colonne de droite.

Attention : il y a plus de mots proposés que de réponses possibles.

- **a** mes vieux (ligne 4)
- **b** j'ai hâte de (ligne 9)
- **c** railleries (ligne 17)
- **d** cible (ligne 16)
- **e** bahut (ligne 17)
- **f** en cachette (ligne 27)

1. en secret
2. lycée
3. but
4. moqueries
5. je suis déterminée à
6. centre pour les jeunes
7. mes ancêtres
8. mes parents
9. point de mire
10. préoccupe
11. je suis impatiente de
12. compliments

4 Quel mot du début du texte signifie « vêtements » ? _____

5 À qui ou à quoi se réfère « les » dans « quand je *les* porte » ? (ligne 15) _____

6 À qui ou à quoi se réfère « en » dans « mes parents m'*en* privent » ? (ligne 21) _____

7 Parmi les phrases suivantes, seules **deux** sont conformes aux idées exprimées dans cet extrait. Lesquelles ? _____

- **a** Justine n'est pas une bonne élève.
- **b** Justine est reconnaissante envers ses parents parce qu'ils lui achètent ses vêtements.
- **c** Justine est en colère parce qu'elle n'est pas libre de choisir ses propres tenues vestimentaires.
- **d** Les parents de Justine ne lui font jamais de remarques sur ce qu'elle porte.
- **e** Justine ne veut pas résoudre le problème en achetant ses propres vêtements derrière le dos de ses parents.

Grammaire en contexte : Les pronoms d'objet directs et indirects ≫ p.55

« Quand je **les** porte, je me sens démodée » (direct)

« parce qu'ils **lui** achètent ses vêtements » (indirect)

Un pronom remplace un nom.

Un pronom se place toujours devant le verbe qui représente l'action.

Un pronom est invariable (il ne change jamais).

1.2 Je suis responsable de mes choix

Pronoms objets directs

| me | te | le / la / l' | nous | vous | les |

Exemple :

Je range **mes fringues** dans le placard. Je **les** range dans le placard.

Pronoms d'objets indirects

| me | te | lui | nous | vous | leur |

Utilisés lorsqu'il y a une préposition entre le verbe et l'objet.

Exemple : J'achète un pantalon **à ma fille**. Je **lui** achète un pantalon.

Ordre des pronoms

Lorsque, dans la même phrase, un pronom d'objet direct et un pronom d'objet indirect sont utilisés, l'ordre est le suivant :

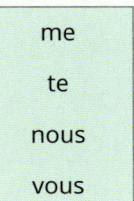

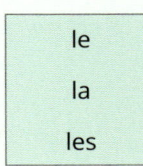

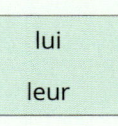

| sujet | me / te / nous / vous | le / la / les | lui / leur | verbe |

Exemples :

Il me le prête. (il me prête un pull)

Nous vous les recommandons. (nous vous recommandons ces magasins de vêtements)

Elle le leur a offert. (elle a offert le cadeau à ses amis)

Avec un verbe au passé composé

Au passé composé avec avoir, lorsque le complément d'objet direct est placé devant le verbe, le participe passé s'accorde en genre et en nombre avec ce complément d'objet direct.

Exemple :

Ils ont revendu **leurs anciens vêtements** aux clients du marché aux puces.

Ils **les** ont rendu**s** aux clients du marché aux puces.

Ils les leur ont rendu**s**.

Vers l'Épreuve 2 : Compréhension orale

Regardez la vidéo : « J'ai été harcelée à l'école pour la façon dont je m'habille ».

En regardant la vidéo, prenez des notes qui pourront vous permettre de répondre aux questions suivantes :

- C'est qui ? _____
- C'est où ? _____
- Quelles difficultés rencontre Valérie pendant la journée ? _____

1 Identités

- Pourquoi ? _____
- Que fait-elle le soir ? _____
- De qui les autres sont-ils admiratifs ? _____
- Pourquoi la situation pourrait-elle être qualifiée d'ironique ? _____
- Comment réussit-elle à faire cesser les moqueries ? _____

Après avoir relevé toutes les informations ci-dessus, écrivez un résumé de la situation racontée par Valérie.

_____
_____
_____
_____
_____

Quelle morale pouvez-vous retirer de ce témoignage ? Justifiez.

_____
_____
_____
_____

1.2.3 Des choix ou habitudes excessives

Sondage : Mes habitudes, mes choix

Choisissez l'un des comportements, ou l'une des substances addictives listées ci-dessous :
- les sucreries (chocolats / bonbons / biscuits etc.)
- le café
- les réseaux sociaux
- les jeux vidéo
- les programmes de téléréalité
- la nourriture des restaurants fast-food
- les boissons énergisantes

Posez les questions suivantes (voir la page 39) autour de vous. Interrogez au moins 10 personnes (jeunes et adultes).

Présentez vos conclusions au reste de la classe.

Grammaire en contexte : Les structures en si

Si présent / futur simple

Si j'arrête de fumer, j'économiserai de l'argent

Si imparfait / conditionnel présent

Si ses parents ne fumaient pas, il serait moins influencé.

Si plus-que-parfait / conditionnel passé

Si elle n'avait pas allumé sa première cigarette à l'âge de 13 ans, elle n'aurait pas développé un cancer du poumon 30 ans plus tard.

1.2 Je suis responsable de mes choix

Ces questions exemples concernent le café. Adaptez vos questions selon le comportement que vous avez choisi.

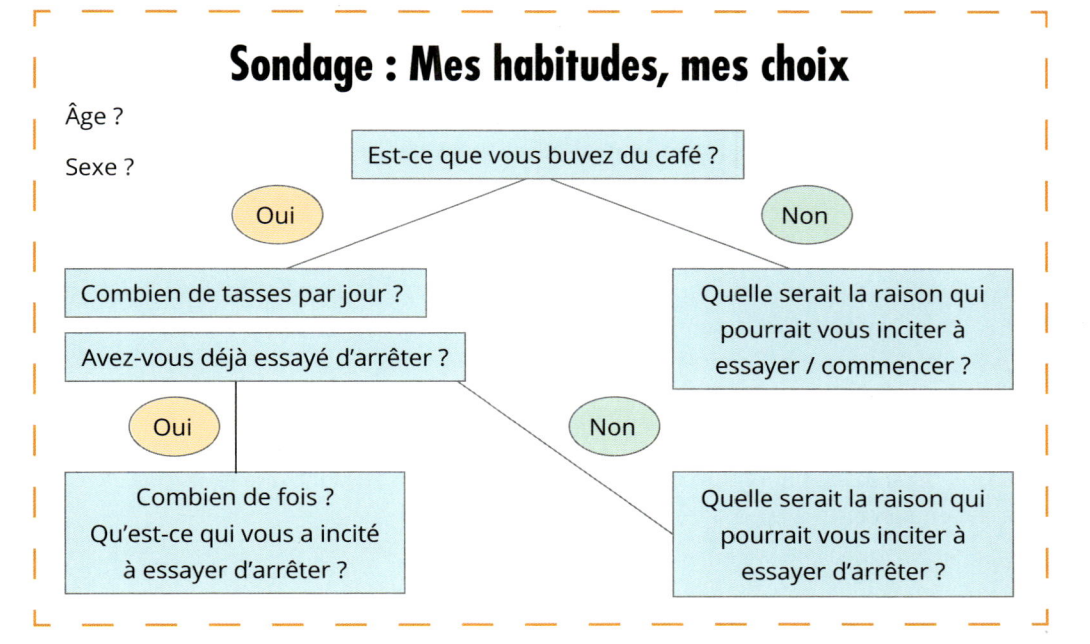

Sondage : Mes habitudes, mes choix

Âge ?
Sexe ?

- Est-ce que vous buvez du café ?
  - Oui
    - Combien de tasses par jour ?
    - Avez-vous déjà essayé d'arrêter ?
      - Oui : Combien de fois ? Qu'est-ce qui vous a incité à essayer d'arrêter ?
      - Non : Quelle serait la raison qui pourrait vous inciter à essayer d'arrêter ?
  - Non : Quelle serait la raison qui pourrait vous inciter à essayer / commencer ?

Les comportements addictifs à la loupe

Vers l'Épreuve 2 : Compréhension orale

Êtes-vous un(e) « accro du boulot » ?

Écoutez l'interview d'un psychologue qui parle de la dépendance au travail, et répondez aux questions ci-dessous.

1. Pourquoi les amis de Laurent pensent qu'il est « accro au travail » ?

2. Citez l'un des quantifiants qui peut vous aider à savoir si vous êtes accro au travail ou pas.

3. Pour quoi le travail est-il important selon le psychologue ?

4. Comment le psychologue conseille-t-il d'être, surtout si on aime son travail ?

5. D'après le psychologue, qu'est-il important d'être avec soi-même ?

6. Citez l'une des raisons avancées par le psychologue qui pourrait justifier, ou expliquer, la dépendance au travail.

7. Qu'est-ce qui peut entraîner un changement par rapport à cette dépendance ?

39

1 Identités

8 Toujours d'après le psychologue, quelles peuvent être les conséquences de cette dépendance ?

Réflexion

Voici quelques exemples de dépendances qu'il est possible de développer :

- la nourriture
- les jeux vidéo
- le portable
- le sport

Discutez avec un(e) partenaire.

1 Peut-on vivre sans passion d'après vous ?

2 On parle parfois de « passion destructrice ». Qu'est-ce qui d'après vous peut rendre une passion destructrice ?

1 En discutant avec un(e) partenaire, ajoutez au moins trois autres exemples à cette liste. Expliquez pourquoi vous pensez qu'il est possible de développer une dépendance aux produits / substances / concepts etc. que vous avez listés.

2 Réagissez à cette affirmation sous la forme d'une mini dissertation de 250 à 300 mots.

> Une passion est par nature excessive et toute passion est donc une forme de dépendance.

La recherche du corps parfait : une question de génération ?

Effectuez des recherches sur internet pour trouver les informations suivantes :

- Les chiffres de la chirurgie esthétique aujourd'hui
- Les pays les plus demandeurs
- Le pourcentage de femmes par rapport au pourcentage d'hommes qui ont recours à la chirurgie esthétique
- Les raisons les plus courantes qui poussent une personne à passer sous le bistouri
- Les interventions les plus pratiquées.

Comparez vos réponses avec celles de vos camarades et discutez.

Approches de l'apprentissage

Compétences de recherche

passer sous le bistouri (fam) = fait référence à la pratique d'une intervention chirurgicale / d'une opération

Vers l'Épreuve 2 : Compréhension écrite

Trouvez sur Internet les paroles de la chanson intitulée « Victime de la mode » de MC Solaar. Lisez le texte et répondez aux questions suivantes.

1 Pourquoi Dominique fait-elle tant d'efforts pour garder la ligne ?

2 Citez une méthode à laquelle Dominique a recours pour arriver à ses fins et atteindre son but.

3 À qui veut-elle ressembler ?

4 Les méthodes employées sont-elles une réussite ? Expliquez.

5 Quelle est la morale de cette chanson ?

Point Info

MC Solaar est rappeur français.

40

1.2 Je suis responsable de mes choix

URGENT : Les jeunes et la chirurgie esthétique

En vue d'un documentaire télé, nous recherchons des gens qui pourraient témoigner sur le sujet : « Les jeunes et la chirurgie esthétique. »

Par exemple :

- Vous voulez vous faire opérer parce qu'une partie de votre corps vous complexe (seins, oreilles, nez etc.)
- À 21 ans, vous avez déjà subi plusieurs opérations ou interventions esthétiques (prothèses mammaires, botox etc.).
- Vous avez l'intention d'aller vous faire opérer à l'étranger, que ce soit seul(e) ou accompagné(e).
- Parent d'un(e) ado, vous soutenez votre fils ou votre fille dans son projet de chirurgie esthétique.
- N'ayant pas atteint la majorité, vous essayez de convaincre vos parents pour qu'ils acceptent votre opération.
- Tout juste majeur(e), vous projetez déjà de vous faire refaire les parties de votre corps que vous n'aimez pas.

Lisez l'annonce ci-dessus d'un casting pour un documentaire TV. Travaillez en groupe. Adoptez chacun l'un ou plusieurs des rôles suggérés dans l'annonce de ce casting et réalisez un mini documentaire.

Voici quelques exemples d'arguments. Décidez qui des personnes listées dans la liste pour le casting pourraient utiliser ces arguments. Développez-les ensuite dans vos témoignages.

1. Son nez l'a toujours complexée. Je pense qu'avoir recours à la chirurgie esthétique l'aiderait à retrouver sa confiance en elle.

2. Ça sera ma troisième intervention en deux ans. C'est un peu comme une drogue. Je suis devenue presque accro.

3. J'aimerais me refaire faire le nez et les seins, mais pour l'instant, mes parents s'opposent à ma demande sous prétexte que je suis encore trop jeune.

4. J'aimerais tellement pouvoir me faire refaire la poitrine car je la trouve trop petite mais c'est une opération qui coûte très cher.

5. L'opération que j'aimerais subir coûte trop cher ici et je pense qu'en allant au Brésil, même avec le prix des billets d'avion et du séjour, j'arriverai à économiser de l'argent.

NB : Vous pouvez également décider d'ajouter des rôles (par exemple une personne contre/un médecin, etc.).

1 Identités

Vers l'Épreuve 2 : Compréhension écrite

Les millénniaux accros à la médecine et à la chirurgie esthétique

Faire appel à ces techniques de pointe est devenu une affaire banale, sans tabou, pour cette génération fortement encouragée par les réseaux sociaux, à la recherche de lèvres pulpeuses, de formes re-sculptées et d'une peau raffermie.

1 En quête de perfection et de volume

De nos jours, ces instituts spécialisés accueillent deux fois plus de trentenaires que de cinquantenaires. Les chiffres sont clairs. Sans vraiment se soucier du coût, les millénniaux n'hésitent pas à opter pour la chirurgie esthétique, et ce plus que d'autres générations.

Au départ, ces patients désiraient simplement préserver leur jeunesse, retarder les effets du vieillissement, éviter rides et ridules, mais à cette époque les réseaux sociaux, la télé-réalité et les influenceurs n'existaient pas. À présent, on va beaucoup plus loin : faux seins, fausses fesses, fausses lèvres… On ne promeut plus le naturel mais l'artificiel.

Cependant, les candidats et candidates d'aujourd'hui se caractérisent par leurs désirs. Certain(e)s souhaitent se faire une beauté et transformer leur visage grâce à des injections imperceptibles et ultra-discrètes dans le but de trouver une apparence idéale. D'autres, à la recherche de volume, exigent un traitement plus radical à base de produits spécialisés. Ces jeunes sont très influencé(e)s par les célébrités qui ne savent pas où ni quand s'arrêter et en redemandent, en toute confiance, sans craindre la catastrophe. En effet, si la chirurgie esthétique peut être bénéfique quand elle se fait réparatrice ou gomme un défaut insurmontable, elle peut également être à l'origine de terribles ratés, quand naît la dépendance.

2 Les réseaux sociaux, la source d'inspiration top des millénniaux

Les célébrités et influenceurs seraient 5 fois plus convaincants que les grandes marques. Instagram et Youtube sont devenus les plateformes des stars des réseaux. Elles y vantent leurs différentes opérations, ce qui pousse les millénniaux à traiter ces actes comme des passages obligatoires, dans le but de ressembler à leurs idoles et de suivre les exigences de la beauté actuelle. (Pourtant, n'a-t-on pas toujours dit que la beauté était relative ? La beauté retouchée et fabriquée à grands coups de bistouri est-elle admirable ?)

3 Des chirurgiens et médecins de plus en plus connectés

Devenus de vrais outils de communication pour ces spécialistes ainsi que ces marques, les réseaux sociaux permettent aux influenceuses de guider les candidat(e)s vers les comptes de ces experts en cosmétique. Après avoir analysé leurs photos, étudié les techniques proposées, ces jeunes en quête de beauté les contactent directement par message privé pour fixer un rendez-vous, les appels téléphoniques ou e-mails étant désormais dépassés. Il semble que les consultations esthétiques virtuelles soient l'avenir, les professionnels avouant apprécier ces moyens de communication modernes qui facilitent les échanges.

Il est également possible que la pandémie et la multiplication des contacts par visioconférence poussent de plus en plus de jeunes, hommes et femmes, à se tourner vers la chirurgie, dans le but d'améliorer tout d'abord leur apparence à l'écran, puisque l'on peut plus facilement que d'habitude se rétablir depuis la discrétion de son domicile.

1.2 Je suis responsable de mes choix

Questions de compréhension

Répondez aux questions suivantes.

En vous basant sur l'introduction, choisissez la bonne réponse.

1. « Faire appel à ces techniques de pointe est devenu une affaire banale chez les millénniaux » signifie que…

   - A les millénniaux trouvent la chirurgie esthétique insignifiante.
   - B les millénniaux n'aiment pas la chirurgie esthétique.
   - C les millénniaux sont habitués à la chirurgie esthétique.
   - D les millénniaux trouvent la chirurgie esthétique indispensable.

En vous basant sur la première partie du texte, répondez aux questions suivantes.

Vrai ou faux ? Justifiez vos réponses.

2. Les interventions de chirurgie esthétique sont trop onéreuses pour les millénniaux. Justification _____   V F

3. C'était principalement les personnes plus âgées qui faisaient appel à la chirurgie esthétique avant.   V F
   Justification _____

4. Les patientes de la génération Y veulent toutes la même chose.   V F
   Justification _____

En vous basant sur la deuxième partie du texte, répondez à la question.

5. À qui ou à quoi se réfère « y » dans la phrase « elles y vantent leurs différentes opérations » (ligne 24) ?
   _____

En vous basant sur la troisième partie, répondez aux questions.

6. À qui ou à quoi se réfère « les » dans la phrase « ces jeunes en quête de beauté les contactent directement » (ligne 33) ?_____

7. Que permettent les réseaux sociaux ?_____

8. Selon le texte, quel est un effet possible de la pandémie ?_____

> **TDC**
>
> Dans le texte précédent, on parle des « millénniaux » et de la génération Y.
>
> Les sociologues distinguent la société du 21ème siècle en quatre types de générations :
>
> les **Baby-boomers**, personnes nées entre 1946 et 1965,
>
> la **génération X**, personnes nées entre 1965 et 1980,
>
> la **génération Y**, nés entre 1980 et 2000,
>
> la **génération Z**, née à partir de l'an 2000.
>
> Lisez les informations suivantes.

43

1 Identités

Lisez les informations contenues dans le visuel ci-dessous.

LA GÉNÉRATION X

Constituée de personnes nées entre 1960 et 1980, la « génération du baby-bust » atteint aujourd'hui la cinquantaine. Elle se place dans une transition sociale, obligée de faire les plus gros sacrifices pour équilibrer les régimes sociaux, en particulier les retraites, et souffrant le plus de la perte ou du changement d'emploi.

+
- expérimentés professionnellement
- fidèles à leurs engagements
- respectueux de la structure traditionnelle de l'entreprise
- capables de redéfinir leur zone de confort
- pourvus d'excellentes capacités d'organisation
- susceptibles d'adopter les nouveaux modèles économiques
- patients et persévérants

−
- plutôt réservés
- insuffisamment ouverts
- peu chevronnés en TIC (technologies de l'information et de la communication)

LA GÉNÉRATION Y

Née entre 1980 et 1995, elle est marquée par l'avènement du monde digital. L'informatique fait partie intégrante de sa vie ordinaire puisqu'Internet a vu le jour en 1995. Victime de la crise économique, elle n'est pas disposée à accepter tous les compromis. Ayant atteint l'âge d'avoir des enfants et de trouver du travail en pleine période critique, ces individus seraient généralement

+
- adaptables, favorables au changement
- très indépendants
- capables d'apprendre très rapidement
- désireux de créer leur société (les startups les font rêver)
- forts en informatique
- enclins à partager leurs idées et leurs connaissances

−
- peu attachés à la hiérarchie
- difficiles à gérer
- individualistes et obsédés par la manière dont on les voit
- peu attirés par l'engagement collectif
- prêts à coopérer à condition que l'autre coopère également
- peu disposés à faire des sacrifices

LA GÉNÉRATION Z

Nés après 1995 alors que le numérique était déjà bien installé dans notre société, ces jeunes bénéficient d'une perspective globale. Parmi eux, 70% iraient volontiers travailler à l'étranger. On les considère plutôt comme :

+
- détenteurs d'un sens inné des valeurs
- ouverts sur le monde
- aptes à définir clairement leurs idées ou intentions
- ambitieux et dynamiques
- séduits par les réseaux
- autodidactes
- capables d'accepter leurs erreurs, sans faire de complexes

−
- méfiants envers les employeurs
- facilement agacés
- difficiles à contenter
- distraits

Discutez avec un(e) camarade.

1. Les caractéristiques attribuées à la génération de vos parents leur correspondent-elles selon vous ? Et celles attribuées à votre génération ? Expliquez.

2. Quels sont les facteurs qui selon vous influencent une génération ? Expliquez.

3. Est-il possible d'échapper à ces influences ? Expliquez.

1.2 Je suis responsable de mes choix

Vers l'Épreuve 1 : Expression écrite

Lettre à l'ado que j'ai été

Salut toi,

Comment vas-tu ?

Ça va te sembler bizarre, mais si tu lis cette lettre aujourd'hui, c'est parce que j'ai décidé de faire un bond de 10 ans en arrière…10 ans… ! Tant de choses se sont passées en 10 ans… J'ai rencontré l'âme sœur et fondé une famille ; moi qui m'étais juré de rester célibataire toute ma vie ! Je ne suis pas devenu astronaute mais en revanche j'exerce toujours ma passion pour le basket. Pas encore trop vieux pour marquer des paniers :)

Bref, j'ai décidé de t'écrire cette lettre pour te donner quelques conseils maintenant que j'ai un peu de recul.

Tu as toujours eu du mal à t'accepter. Tu te trouvais trop grand, trop maigre, trop laid. Tu prenais toute remarque pour une critique. Tu te souviens de tous les styles vestimentaires que tu as essayés ? Ta période Punk et ta période Goth ? Tout ça pour faire comme les copains et te sentir intégré à un groupe. Papa et maman s'inquiétaient. Toi, tu te cherchais. Tu étais mal dans ta peau et essayais de te forger une identité. Alors un conseil : apprends à t'accepter tel que tu es ! Les autres, mêmes certains de tes proches, feront toujours des reproches ; c'est la nature humaine. Mais les personnes qui comptent, les vrais amis, t'aimeront toujours pour toi-même, alors inutile d'angoisser et de gâcher tes années d'insouciance.

Tu as aussi souvent hésité à te lancer dans des projets (même en classe tu étais réticent à prendre la parole au cas où tu ferais une erreur) par manque de confiance en toi. Aujourd'hui je sais que plus tu persévères et essaies, plus tu prends de risques, plus tu prends confiance en toi. J'aurais tellement aimé pouvoir te dire, quand tu avais 15 ans, que ce sont les erreurs et les échecs qui te font avancer et grandir, alors n'aie pas peur de te jeter à l'eau ! Ose prendre des risques. Ose t'affirmer. Ose vivre ta vie.

Choisis tes amis judicieusement. Toutes ces heures perdues pendu à ton téléphone à envoyer des messages à tes nombreux « amis » sur les réseaux sociaux en valaient-elles vraiment la peine ? Tu te souviens qu'à cette période tu as laissé tomber des deux meilleurs amis d'enfance Nico et Saïd (tu as même posté en ligne quelques messages blessants à leur égard) pour rejoindre la bande des mecs « cool » et populaires du lycée ? ! Où sont-ils aujourd'hui ces mecs si « cool » et populaires ? Si seulement tu avais pu être honnête avec toi-même à l'époque ! Les vrais amis sont importants, crois-moi. Dans ta vie d'adulte, les personnes sur qui tu peux vraiment compter en cas de galère se font très rares. Si seulement tu avais su, tu aurais fait des meilleurs choix…

Respecte plus tes parents aussi. Je sais que tu les trouvais envahissants et vieux jeu à l'époque, mais ils ne voulaient que ton bien. Aujourd'hui, ils sont toujours là pour toi quand tu en as besoin. Et maintenant que toi aussi tu es parent, tu comprends beaucoup mieux pourquoi ils agissaient comme ils le faisaient.

Surtout… reste fidèle à toi-même, garde le sens des perspectives et respecte-toi ainsi que les autres. Tu verras : dans 10 ans tu seras fier de toi et du chemin accompli. Les drames de ton adolescence ne seront au pire qu'un mauvais souvenir, au mieux les défis qui auront fait de toi l'adulte que tu es devenu aujourd'hui.

Je t'embrasse

Ludo

1 Identités

Conseil exam

À l'oral comme à l'écrit, il faut toujours justifier ses idées / opinions / arguments.

Compréhension conceptuelle

De quel type de texte s'agit-il ?

Remplissez le tableau de compréhension conceptuelle ci-dessous. Justifiez à l'aide du texte dans la colonne de droite.

Destinataire ? C'est pour qui ?	
Contexte ? Situation	
But ? C'est pourquoi	
Sens ? Comment ?	

Manipulation du texte :

Variation : imaginez que cette lettre soit rédigée par une ado à une adulte. Quels éléments changeriez-vous ? Pourquoi ? Réécrivez plusieurs phrases à partir de « Tu as toujours eu du mal à t'accepter. » Quels changements, quelles variations observez-vous ? Quels choix avez-vous faits ? Pourquoi ?

_____
_____
_____
_____
_____
_____

Faites une liste des caractéristiques de l'ado qu'a été Bérangère qui sont avancées dans la lettre et justifiez.

Exemple : Caractéristique : une adolescente conformiste
Justification : sans signe extérieur de rebéllion

_____
_____
_____

Quel message l'auteure essaie-t-elle de faire passer à l'ado qu'elle a été ? Justifiez.

_____
_____
_____
_____

46

1.2 Je suis responsable de mes choix

Portrait Robot

Nom : Lettre informelle

Signes particuliers :

✓ Date

✓ Formule d'appel (Cher/Chère etc.)

✓ Formule de politesse (Cordialement, a bientôt, bisous etc.)

✓ Signature (prénom)

✓ Adresses (optionnelles)

Pour un courriel, même présentation, mais pas de date, et entête d'un courriel :

De :

À :

Sujet :

Autres caractéristiques :

✓ Structurée (connecteurs logiques)

✓ Registre informel ou semi-formel selon l'audience et le contexte

✓ Utilisation de procédés stylistiques adaptés au but / au destinataire et au contexte

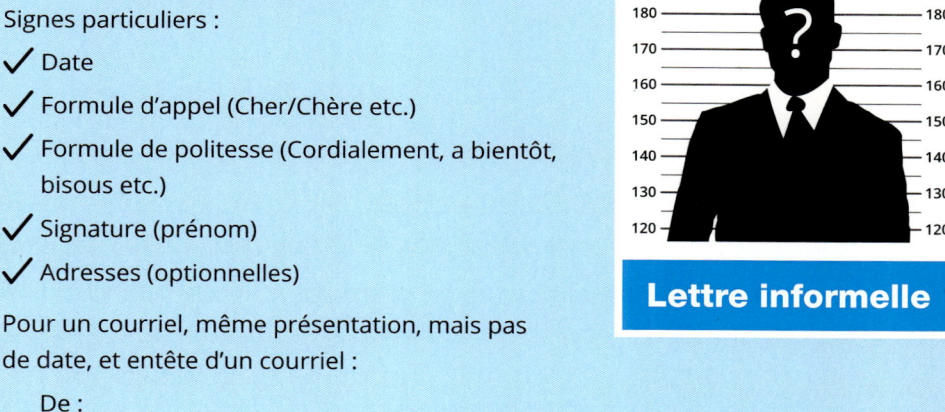

Lettre informelle

Vers l'Épreuve 1 : Expression écrite

NM 250–400 mots

NS 450–600 mots

Vos parents refusent de vous laisser vous habiller comme vous le désirez. Vous êtes frustré(e) car vous trouvez que leurs restrictions vous empêchent d'exprimer pleinement votre personnalité. Vous décidez de leur écrire une lettre pour leur faire part de votre frustration, leur faire comprendre votre besoin d'espace et les inciter à changer leur approche envers vous.

Conseil exam

Remplissez une grille de compréhension conceptuelle avant de vous lancer ! (Voir page 46.)

Que vous inspire cette bande dessinée ?

D'après vous, est-il normal une vos parents « stressent » pour vous ?

Pensez-vous que les règles que vous imposent vos parents limitent l'expression de votre personnalité et donc de votre identité, ou vous permettent-elles de vous forger votre identité ? Justifiez.

1 Identités

Vocabulaire

1 Se construire un lexique

Point Info
Le service des urgences s'appelle le SAMU en France

Français	Votre langue maternelle
La santé	
être / tomber malade	
se sentir mal	
vomir	
avoir mal à la / au / aux	
faire un malaise	
attraper un rhume / la grippe / un virus	
tousser	
le médecin / le docteur	
le cabinet du docteur	
une ordonnance	
un médicament	
suivre un traitement / être sous traitement	
efficace / inefficace	
faire une prise de sang	
une pharmacie	
un infirmier	
une ambulance	
l'hôpital / être admis à l'hôpital	
le service des urgences	
un chirurgien	
avoir son brevet de secouriste	
porter assistance aux personnes en danger	
soigner	
guérir	
souffrir d'une maladie incurable	
développer des symptômes	
un pronostic vital engagé	
la santé mentale	
le stress	
consulter un psychologue	
une greffe	
un don d'organes	
un rejet	
Les troubles alimentaires	
prendre / perdre du poids	
grossir / maigrir	
l'obésité	
l'anorexie	
une balance	
se peser	
suivre un régime	
se mettre au régime	
manger équilibré	
être végétarien	

1.2 Je suis responsable de mes choix

une carence alimentaire	
s'alimenter / se nourrir	
bouger	
rester en forme	
avoir faim	
être affamé	
grignoter	
Les dépendances	
être dépendant à	
être accro à	
une substance addictive	
une cigarette / une clope (*fam*)	
un mégot	
la cigarette électronique	
un poumon	
toxique	
nocif	
fumer	
vapoter	
la fumée	
le tabagisme	
l'alcool	
se soûler	
être ivre / soûl / bourré (*fam*)	
être enivré	
se prendre une cuite	
avoir la gueule de bois	
la biture express	
être sous l'emprise de	
perdre ses moyens	
le foie	
un alcoolique	
un pilier de bar	
un toxicomane	
se piquer	
renifler	
planer	
une accoutumance	
la légalisation	
le sevrage	
une saisie	
un revendeur de drogues	
un calmant	

2 Vocabulaire en contexte

Complétez les phrases ci-dessous avec des mots (ou des dérivés) qui se trouvent dans la liste de vocabulaire.

1 Il ne peut pas s'empêcher de manger. Il a tout le temps

_____ .

1 Identités

Il _____ sans arrêt entre les repas. Pas étonnant qu'il _____.

2 Elle est _____ jeux vidéo.

Elle passe ses soirées le nez collé à son écran à jouer.

3 Il n'y a malheureusement aucun _____ pour le soigner. Il est atteint d'une maladie _____.

4 J'ai tous les _____ d'un rhume : j'éternue et j'ai le nez qui coule. Je commence aussi à _____.

Il va falloir que je prenne du sirop.

5 J'ai passé mon _____ l'année dernière.

Apprendre les premiers gestes me semble essentiel pour pouvoir porter secours a quelqu'un en cas d'accident. Les minutes avant l'arrivée _____ _____ sont parfois cruciales.

Vers l'Épreuve 1 : Expression écrite

NM 250–400 mots

NS 450–600 mots

Vous êtes le parent d'un(e) jeune qui est mal dans sa peau et qui est toujours stressé(e). Vous êtes inquiet / inquiète. Vous décidez de lui parler. Écrivez un texte dans lequel vous exprimez vos sentiments et avancez quelques conseils.

Choisissez l'un des types de textes ci-dessous :

blog	courriel	interview

Étape 1 : Pour vous aider à préparer

Compréhension conceptuelle	
Destinataire – C'est pour qui ?	
Contexte – Situation / registre	
Le but – Pourquoi ?	
Le sens – Comment ? Des exemples ?	
Variation ?	

Types de textes	
À quelle catégorie de textes (**personnels ? professionnels ? textes des médias de masse ?**) chacun des trois types de textes proposés appartient-il ?	
D'après le contexte / le but et le destinataire, quel **type de texte** sera le plus **efficace** ? Justifiez votre réponse.	

50

1.2 Je suis responsable de mes choix

Étape 2 : Brouillon d'idées

Dressez une liste des émotions qu'un parent peut ressentir face à la souffrance ce son enfant.

Exemple : inquiet – votre enfant perd beaucoup de poids et met sa vie en danger.

_____
_____
_____
_____
_____
_____

Dressez une liste des conseils que vous pourriez donner à un autre parent, et une liste de conseils que vous pourriez donner à des ados qui souffrent de stress et se sentent mal dans leur peau.

Situation	Conseil au(x) parent(s)	Conseil à l'ado
Exemple : Votre ado se renferme sur lui-même et ne communique plus avec vous.	Agissez dès que vous remarquez un changement de comportement.	Ne vous renfermez pas sur vous-même. Parlez à une personne de confiance.

Étape 3 : Rédigez votre texte

1 Identités

Étape 4 : Fiche d'auto-évaluation

Points à vérifier		Exemples
Critère A (langue /12)		
Relecture grammaire : temps des verbes, accords, pronoms etc. Ai-je varié mon vocabulaire ?		
Critère B (message /12)		
Mes idées sont : pertinentes et adaptées à la tâche ? variées ? développées ? justifiées ?		
Critère C (compréhension conceptuelle et format /6)		
Prise en compte du **destinataire** ?		
Prise en compte du **contexte** ?		
But(s) atteint(s) ?		
Procédés utilisés pour : atteindre mon but et pour respecter mon contexte et mon audience		
Toutes les **conventions** de forme du texte choisis sont remplies ?		

Étape 5 : Réflexions finales

Reprenez votre devoir une fois corrigé et noté.

Points positifs dans mon devoir

Points à améliorer

Objectifs à atteindre lors du prochain devoir

1.2 Je suis responsable de mes choix

Vers l'examen oral individuel

Des pistes pour parler de cette photo...

NM

a Que se passe-t-il sur cette photo ? C'est où ? C'est quand ?

_____
_____
_____

b Décrivez la personne.

_____
_____
_____

c Quelle(s) impression(s) vous donne-t-elle ?

_____
_____
_____

d Problématique ?

_____
_____
_____

e Quelles émotions / réflexions cette scène suscite-elle en vous ?

_____
_____
_____

Conseil exam

Pour les trois parties de l'examen oral individuel (NM), voir page 24.

1 Identités

🎤 Vers l'examen oral individuel

NS

Lisez l'extrait ci-dessous tiré du livre intitulé *Marx et la poupée* de Maryam Madjidi.

> Moi, je ne mange pas.
>
> Je hais la cantine. Je hais cette concentration d'enfants dans un même lieu. Je hais cette promiscuité au moment du repas. Je hais leurs chahutages et leurs cris. Je hais la façon de manger. Je hais les repas qu'on nous sert, parfois ils n'ont aucune saveur, parfois ils sont juste dégoûtants. Je veux la cuisine de ma mère et de ma grand-mère. Je veux des plats iraniens, je veux du riz basmati. Je ne toucherai pas à ce gros riz aux gouttes d'eau, dur et sec. Ce qui me répugne le plus, c'est la viande. Elle est à peine cuisinée et cuite. Un gros morceau de viande qui baigne dans son sang. On me la jette comme ça dans l'assiette. La première fois que j'ai vu ça j'ai eu si peur. Je suis donc tombée chez les barbares. Ou alors elle est pleine de gras, comme dans ce plat avec des carottes à moitié cuites, le bœuf bourguignon, le plat que j'ai le plus détesté. Dans la cuisine iranienne, on découpe la viande soigneusement en petits morceaux, on la fait mijoter dans une sauce avec des légumes, des épices et des herbes, ou bien on la mixe avec des oignons et on la cuisine souvent sous forme de kebab sur un barbecue. Elle est délicieuse et fond sous la langue. Elle est relevée. On a passé du temps pour lui donner cette saveur.
>
> Et puis c'est long la cantine. D'abord les entrées puis les plats puis les laitages et enfin le dessert. Chaque étape me paraît interminable. Quelle mascarade pour pas grand-chose. Quand ma mère cuisine, c'est un seul plat accompagné de yaourt ou de salade, c'est délicieux et je suis pleinement rassasiée jusqu'au prochain repas. C'est bon, rapide et efficace. (…)
>
> J'ai décidé de ne pas manger. Voilà, une sorte de grève de la faim. Grève pour protester. Je ne toucherai pas à mon assiette, tant pis si je meurs. Les dames de service, comme on les appelle, insiste pour que je mange, mais je refuse catégoriquement. Les autres enfants me regardent et se disent des choses à l'oreille, ils font des messes basses à mon propos, les lâches. Qu'ils parlent, ça m'est égal. Je ne mangerai pas ici.

Avant de préparer la présentation de l'extrait, posez-vous les questions suivantes.

Dans l'extrait,…

Lisez l'extrait ci-dessous tiré du livre intitulé *Marx et la poupée* de Maryam Madjidi.

1 C'est qui ?	Comment je le sais ?
2 C'est où ?	Comment je le sais ?
3 C'est quand ?	Comment je le sais ?

1.2 Je suis responsable de mes choix

4 C'est quoi ?	Comment je le sais ?

5 Quel est le thème principal ? Comment est-il traité dans l'extrait ?
_____
_____

6 Quel est / quels sont les sous-thème(s) ? Comment sont-ils traités ?
_____
_____
_____
_____
_____

> **Conseil exam**
>
> Votre présentation doit être centrée sur l'extrait, mais n'oubliez pas d'introduire l'auteur et l'extrait.
>
> Votre présentation doit être structurée, logique et claire, et s'appuyer sur l'extrait.

> **Conseil exam**
>
> Pour les trois parties de l'examen oral individuel (NS), voir page 25.

Grammaire en contexte : Les pronoms » p.36

Remplacez les mots soulignés par le pronom approprié.

Il faut réécrire les phrases en entier.

1 Nous avons préparé <u>les gâteaux</u> hier.
_____

2 Il passe <u>ses soirées</u> derrière son écran d'ordinateur enfermé dans sa chambre.
_____

3 Il achetait <u>les boissons énergisantes au supermarché du coin</u> deux fois par semaine.
_____

4 Nous avons regardé <u>la télé</u> tard hier soir. Résultat, je n'ai pas réussi à m'endormir tout de suite.
_____

5 Nous ne connaissons pas <u>la vérité sur ce scandale</u>.
_____

6 Je ne pourrai jamais parler <u>de mes problèmes à ma mère</u>. Ça serait beaucoup trop embarrassant.
_____

7 J'ai préparé <u>les repas</u> pour mes parents la semaine dernière.
_____

8 Je n'ai jamais conseillé <u>à mes amies</u> de se coucher tard.
_____

1 Identités

9 Il faut que je parle <u>à mon amie</u> pour aider <u>mon amie</u> à gérer <u>son stress</u>.
_____

10 J'ai retrouvé <u>les cannettes de boissons énergisantes</u> sur le balcon de la chambre de mon fils.
_____

🔍 Grammaire en contexte : L'impératif   » p.32

Conjuguez les verbes à l'impératif.

1 _____ (*arrêter*) de grignoter sans arrêt, tu ne vas plus manger ce soir.

2 _____ (*être*) organisés si vous voulez éviter le stress.

3 _____ (*boire*) de l'eau régulièrement, cela vous permettra de rester concentré.

4 _____ (*prendre*) une pause. Ça fait plus de deux heures que nous avons le nez collé sur l'écran.

5 _____ (*se laver*) toujours les mains avant de passer à table. C'est plus hygiénique et ça fera plaisir à ta mère.

6 _____ (*faire*) du sport régulièrement pour vous sentir en pleine forme.

7 _____ (*avoir*) une alimentation équilibrée ; vous vous sentirez mieux.

8 _____ (*s'habiller*) comme tu en as envie ; tu te sentiras mieux dans ta peau.

9 _____ (*ne pas envoyer*) de messages privés aux chirurgiens esthétiques qui font de la pub sur les réseaux sociaux ; tu vas te faire arnaquer.

10 _____ (*lire*) toujours les informations qui sont fournies sur les boites de médicaments.

Références

Anciennes épreuves de compréhension écrite pour vous entraîner :

Mai 2013 – Texte D – L'étage des soins prolongés (texte littéraire)

Mai 2015 – Texte E – Lettre ouverte d'A.R. (lettre)

Mai 2018 – Texte A – La malbouffe au Québec (article)

Expériences 2

2 Expériences

2.1 Des choix qui guident ma vie

Séance échauffement

Activité 1 : L'expérience des mots

1 Retrouvez les mots dans la grille.

r	r	e	y	a	s	s	e	v	n	f	c
é	e	r	u	t	l	u	c	a	é	o	h
c	r	t	e	h	r	n	c	c	t	s	o
i	g	r	n	h	r	o	a	a	i	r	i
t	i	e	i	e	u	i	f	n	n	i	x
s	m	a	e	t	m	t	t	c	u	s	r
t	m	a	u	v	a	i	s	e	t	i	e
n	i	m	t	s	i	d	r	s	r	o	g
e	e	n	n	o	b	a	t	é	o	l	r
m	i	o	t	r	e	r	o	l	p	x	e
o	v	e	é	g	a	t	r	a	p	x	t
m	n	r	s	s	e	g	a	y	o	v	e

essayer   loisirs
mauvaise   culture
bonne   tradition
rite   explorer
vacances   vie
voyages   moments
récits   opportunité
coutume   choix
immigrer   regret
expérimenter   partagée

2 a Quelle a été jusqu'à présent la meilleure expérience de votre vie ? Expliquez.

_____
_____
_____
_____

b Quelle a été la pire ? Pourquoi ?

_____
_____
_____
_____

c Regrettez-vous de ne pas avoir saisi une opportunité qui s'offrait à vous ? Pourquoi ? Expliquez.

_____
_____
_____
_____
_____

TDC On dit souvent que les expériences sont formatrices. Toutes les expériences, même les plus difficiles ou négatives, sont-elles vraiment utiles ?

2.1 Des choix qui guident ma vie

Activité 2 : Une enquête sur les loisirs de vos camarades

Créez votre enquête. Quels en sont les buts ? Qu'essayez-vous de déterminer ?
Soyez créatif / original.

_____
_____
_____
_____
_____
_____

TDC
1. Pensez-vous que nous vivons dans « la société des loisirs » ?
2. Est-il possible, d'après vous, de consacrer trop de temps aux loisirs ou de vivre sans loisirs ? Justifiez.

Activité 3 : Top chrono !

Divisez la classe en deux côtés opposés. Chaque côté choisit un des loisirs dans chaque paire. Vous avez deux minutes pour défendre votre loisir et ainsi de suite jusqu'à ce que vous ayez épuisé tous les loisirs de la liste.

| lecture |
| livre papier |
| collectionner des timbres |
| jouer aux échecs |
| faire du parapente |
| aller au ciné |
| faire du ski |
| faire de la voile |
| faire de la danse |
| photographie |
| cours de cuisine |
| sortir en boîte |
| judo |
| course à pied |

ou

| jeux vidéos |
| livre électronique |
| collectionner des cartes postales |
| jouer au foot |
| faire du skate |
| regarder la télé |
| faire du surf |
| faire de l'équitation |
| faire du théâtre |
| peinture |
| visite d'un musée |
| aller à l'opéra |
| boxe |
| balade |

Activité 4 : Mini débat

Dans la classe, choisissez chacun un loisir différent (et pourquoi pas insolite ?) et préparez un mini discours pour le présenter et l'expliquer à vos camarades et essayer de les convaincre d'adhérer à votre choix de loisirs. Votez pour la personne la plus convaincante.

Ou si vous préférez : avec un(e) camarade, choisissez l'une des expériences ci-dessous. Expliquez pourquoi vous avez choisi telle ou telle expérience plutôt qu'une autre.

| loisirs | passions | art et culture | voyages | traditions | célébrations |

Approches de l'apprentissage

Compétences de recherche, de communication et collaboration

2 Expériences

---

tarnir = salir = abîmer

se doper (le dopage) = prendre des drogues ou médicaments pour améliorer de façon artificielle sa performance dans une discipline sportive

endiguer = freiner, arrêter, stopper

Profil de l'apprenant

Équilibré, Intègre, Réfléchi

2.1.1 Le sport : une véritable expérience !

1 Discutez avec un(e) camarade.

- **a** Quel est votre sport préféré ?
- **b** Combien de fois par semaine pratiquez-vous un sport ?
- **c** Si vous pouviez choisir un nouveau sport, lequel choisiriez-vous et pourquoi ?
- **d** Est-il possible de faire trop de sport ?
- **e** Pensez-vous que l'argent tarnit l'image du sport ?
- **f** Ne trouvez-vous pas aberrant qu'un sportif soit parfois payé beaucoup plus qu'un chirurgien qui sauve des vies ?
- **g** Le sport féminin est encore assez peu populaire. Que pourrait-on faire pour inciter plus de personnes à assister à des matchs de foot ou de rugby féminins ?
- **h** Le dopage tue l'image du sport. Quelles solutions pratiques pourrait-on mettre en place pour endiguer le problème du dopage dans le sport ?

2 Comment réagissez-vous à cette photo ? Quel adjectif choisiriez-vous pour décrire ce que vous ressentez ? Choisissez un adjectif de la liste et expliquez.

intrigué(e)   excité(e)   indigné(e)   indifférent(e)   apeuré(e)   terrifié(e)   fier / fière   agacé(e)   amusé(e)

_____
_____
_____
_____

3 Vocabulaire : quel est l'intrus ? Justifiez.

le slackline	le saut à l'élastique
le double dutch	la formule 1
l'apnée	le base jumping ou free fly
le ski freeride	le parkour
l'escalade sur glace	le saut à ski

_____
_____
_____

2.1 Des choix qui guident ma vie

4 Les phobies : reliez chaque terme scientifique à la phobie qui lui correspond.

ablutophobie	peur de l'acné
acnophobie	peur / angoisse de se retrouver séparé de son téléphone portable
acousticophobie	peur de se baigner
amaxophobie	peur de la poussière
musophobie	peur des mots trop longs
dentophobie	peur du bruit
pyrophobie	peur des endroits clos / fermés
claustrophobie	peur des souris
nomophobie	peur de conduire une voiture
amatophobie	peur du dentiste
hippotomonstrosesquippedaliophobie	peur du feu

Vers l'Épreuve 2 : Compréhension écrite

S'adonner à des sports extrêmes, pourquoi ?

Le saut à l'élastique, tout comme le parachute, me terrifie. Juste imaginer sauter suffit à me faire cauchemarder ! Peut-être suis-je lâche ? Ou simplement, est-ce que je n'aime pas affronter mes peurs ? Mais s'agit-il bien de courage ? N'est-ce pas juste que certaines personnes sont plus attirées par les sports qui leur donnent des émotions fortes, comme sauter en parachute ou à l'élastique ou encore surfer sur des vagues immenses.

Pour certains, les fortes poussées d'adrénaline que ces sports provoquent sont vécues comme étant géniales alors que pour d'autres juste le fait d'imaginer ces sensations est horrible. Apparemment, ces derniers seraient plus sensibles aux émotions que la plupart du commun des mortels. En fait, leur hypersensibilité émotionnelle leur rendrait intolérables les émotions fortes des sports dits extrêmes. Si ces activités à frissons ne vous attirent pas, c'est donc peut-être que vous avez bien assez d'émotions dans votre quotidien. Il est vraisemblable que vous sachiez mieux apprécier les petits plaisirs ou que vous soyez plus sensibles aux choses en général. C'est bien cette sensibilité qui fait que vous vous sentez exister et on peut se sentir vivant, sans avoir à rechercher des situations rocambolesques !

2 Expériences

> Être constamment à la recherche d'émotions extrêmes peut même être comparé à l'utilisation d'une drogue. Comme certains sportifs particulièrement « accros », on ne se sent alors vraiment vivant que quand on a des « shoot » d'adrénaline. Si c'est le cas, on risque de passer à côté de la vraie vie !
>
> Ne vous inquiétez donc pas si vous êtes très sensible. Vous vous laissez pénétrer par la vraie vie et vous ressentez sûrement plus de sensations au quotidien qu'un alpiniste en train d'escalader un pan de montagne au dessus du vide et, de risquer sa vie !

Questions de compréhension

En vous basant sur le premier paragraphe, répondez aux questions ci-dessous.

1 Donnez la preuve que l'aversion du journaliste aux sports extrêmes l'empêche de dormir paisiblement. _____

2 Quel mot signifie « peureux » ? _____

3 Quel mot signifie « combattre » ? _____

Répondez aux questions en vous basant sur le deuxième paragraphe.

4 D'après le texte, pourquoi certaines personnes s'adonnent-elles aux sports extrêmes ?
_____

5 Pourquoi certaines personnes fuient-elles les sensations fortes ?
_____

6 Qu'est-ce qui donne des sensations à ces personnes ? _____

7 Quel mot signifie « extravagant » ? _____

Répondez en vous basant sur les deux derniers paragraphes du texte.

8 Qu'est-ce que les adeptes des sensations fortes risquent-ils de rater ? _____

TDC

Réagissez à l'affirmation ci-dessous. Qu'en pensez-vous ? Rédigez une mini dissertation (250 à 400 mots).

« Les adeptes des sports extrêmes mettent leur vie, et parfois celles des autres, en danger. S'obstiner à vouloir pratiquer l'un de ces types de sport est à la fois égoïste et irresponsable ! »

Portrait Robot

Nom : Dissertation

Caractéristiques : Réponse structurée à une question ou problématique

Signes particuliers :
- ✓ Introduction qui annonce le plan
- ✓ Structure en plusieurs parties
- ✓ Arguments + justifications
- ✓ Conclusion claire qui fait référence à la question ou problématique de départ

Signes particuliers supplémentaires :

L'emploi de connecteurs logiques pour structurer l'argumentation est essentiel.

Registre : soutenu ou neutre

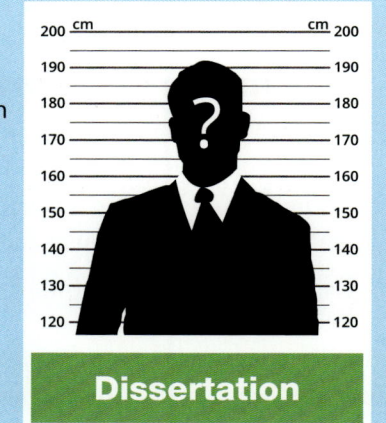

2.1 Des choix qui guident ma vie

Le sport pour combattre le handicap

Vers l'Épreuve 2 : Compréhension orale

Écoutez ce reportage jusqu'à 3 minutes 20 et répondez aux questions.

Questions de compréhension

Complétez les phrases avec un maximum de trois mots.

1 Les handiskate sessions se déroulent depuis _____ .

2 Le personnes en situation de handicap peuvent _____ de la glisse.

3 Pratikable est une _____ créée par Wilfried Panetier.

4 Cette association permet de _____ le handicap a travers des sports à sensation.

Répondez aux questions suivantes.

5 De quelle couleur est la chasuble du compétiteur ? _____

6 Quand Bastien a-t-il découvert le wakeboard ? _____

7 Que lui offre la pratique du wakeboard assis ? _____

8 Que font de plus en plus d'handiriders ? _____

TDC Pensez-vous que les personnes handicapées qui ont des membres bioniques devraient participer aux compétitions et concourir avec des sportifs non handicapés ? Justifiez votre opinion.

2.1.2 Rites de passage et autres initiations : une tradition francophone

1 Considéreriez-vous ces événements, pratiques, coutumes ou traditions comme des rites de passage ? Justifiez.

   a un baptême _____

   b un mariage _____

   c passer son permis de conduite _____

   d être enceinte de son première enfant _____

   e une initiation estudiantine _____

V **rite de passage** = rite qui permet de marquer les étapes de la vie

2 Pourriez-vous associer certains rites de passage à des cultures particulières ?

63

2 Expériences

Traditions au Sénégal

Lisez le texte, « Initiation en pays Bassari : voyage au cœur des rites et traditions. »

1 Après avoir lu le texte, replacez les événements suivants dans le bon ordre.

    a Les mères des initiés offrent de la farine.

    b Les jeunes vont dormir dans la savane.

    c Les initiés ne peuvent que regarder devant eux.

    d Les anciens confirment la tradition lors d'une réunion.

    e Les initiés portent des masques pour se battre deux fois.

    f La place du village est nettoyée.

    g Des duels sont lancés.

    h Des animaux sont sacrifiés.

Coutumes ou traditions

1 Qu'est-ce qu'une coutume ? Qu'est-ce que tradition ? Y a-t-il une différence ?

_____

_____

_____

_____

2 Quelle est la tradition que vous préférez ? Expliquez pourquoi.

_____

_____

_____

_____

3 Y a-t-il une tradition que vous trouvez démodée ou passée ? Expliquez.

_____

_____

_____

_____

_____

2.1 Des choix qui guident ma vie

Témoignages : Noël dans les pays francophones

Comment Noël est-il célébré dans les pays francophones ? Des jeunes francophones partagent leurs traditions.

Marie, 16 ans, française

Pendant la période des fêtes de Noël, il y a beaucoup de décorations dans les rues et dans les maisons aussi. En général, ces décorations consistent en un sapin de Noël décoré avec des boules et des guirlandes. Parfois, dans certaines familles plus croyantes, il y a une crèche. La veille de Noël, les enfants placent leurs chaussures ou leurs chaussettes au pied de l'arbre dans l'espoir que le père Noël y déposera quelques cadeaux. Le soir du réveillon (le 24) la tradition était autrefois de se rendre à la messe de minuit en famille. Cette tradition, bien qu'encore d'actualité, se perd un peu de nos jours. La plupart des Français fêtent le réveillon en faisant un grand repas pendant lequel ils mangent des huîtres et de la dinde. Le dessert traditionnel c'est la bûche de Noël aux marrons ou au chocolat.

Sébastien, 18 ans, polynésien

On a tendance à associer Noël à l'hiver et donc au froid et à la neige, mais en Polynésie française, on célèbre Noël sous le soleil puisque chez moi, en décembre c'est l'été ! En France, ils décorent les sapins, nous on décore les palmiers. On les décore avec des illuminations et des ballons de baudruche. À Tahiti, la capitale, c'est toute la ville qui est décorée ! Pour le réveillon de Noël, nous mangeons principalement de la charcuterie (jambon, pâté etc.). Les fruits de mer sont populaires aussi, et pour le dessert, nous mangeons des galettes faites de noix de coco et de sucre – un vrai régal ! « La Orana i te noera ! » ; ça veut dire « Joyeux Noël ! ».

Magalie, 17 ans, québécoise

Ici au Québec, Noël rime avec neige. Les Québécois adorent célébrer Noël. C'est un moment convivial et familial. Comme en France et dans de nombreux pays, le sapin de Noël est traditionnel. La plupart des gens préfèrent acheter un sapin naturel, et nombreux sont ceux qui vont le chercher directement dans la forêt ! Une fois installé, on le décore avec des boules, des guirlandes et des lumières. La veille de Noël, les enfants déposent un verre de lait et un biscuit au pied du sapin pour remercier le père Noël de sa générosité. Comme en France, la tradition de la messe de minuit existe aussi, même si de nos jours, elle a tendance à se dérouler vers 22h. De cette façon, le réveillon peu commencer un peu plus tôt. Au menu du réveillon, on trouve généralement de la dinde, mais aussi des carottes glacées, du jambon glacé à l'érable et du gâteau épicé au sirop d'érable.

René, 17 ans, belge

En Belgique, même si on célèbre aussi Noël le 24 décembre comme partout, la fête la plus importante a lieu le 6 décembre. Le 5 décembre au soir, les enfants placent leurs chaussures devant la cheminée avec une lettre. Ils y déposent aussi une carotte pour l'âne. Le 6 décembre au matin, s'ils ont été sages, ils trouveront des bonbons et du chocolat (et parfois même quelques cadeaux) dans leurs chaussures. C'est la Saint-Nicolas.

Profil de l'apprenant

Chercheur

Pourquoi ne pas aller rechercher d'autres traditions de Noël francophones ?

Après avoir lu le texte, discutez avec un(e) camarade des questions suivantes.

1. Quelles traditions mentionnées dans le texte sont identiques ou proches des traditions dans votre pays ?
2. Partagez les traditions célébrées dans votre pays. Sont-elles importantes ? Pourquoi ?
3. Pour vous, Noël est-il une fête importante ? Expliquez.

2 Expériences

> **🔍 Grammaire en contexte : Voix passive** » p.77
>
> Dans beaucoup de pays, Noël est célébré généralement en famille.
>
> Noël = sujet grammatical du verbe célébrer, mais Noël ne fait pas l'action. C'est la voix passive.
>
> Voix active : On célèbre Noël généralement en famille. (on = sujet grammatical et sujet actif)
>
> Exemples :
>
> Voix active : Les gens **respectent** les traditions. (les gens = sujet grammatical et actif)
>
> Voix passive : Les traditions **sont respectées** par les gens. (traditions = sujet grammatical mais pas actif)
>
> Pour mettre une phrase à la voix passive, il faut utiliser le verbe être et le conjuguer au temps de la phrase à la voix active. Il faut ensuite ajouter le participe passé du verbe (et ne pas oublier les accords !).
>
> voix passive = verbe être au temps du verbe de la voix active + participe passé du verbe
>
> | Voix active | Voix passive |
> |---|---|
> | **respectent** (présent) | **sont** (présent du verbe être) **respectées** (participe passé du verbe respecter) |
> | Ma famille **a mangé** une galette des rois le 6 janvier. (passé composé) | Une galette des rois **a été** (passé composé du verbe être) **mangée** (participe passé de manger + accord avec galette) par ma famille. |

✏️ Vers l'Épreuve 1 : Expression écrite

Pour ou contre Noël ?

Beaucoup de personnes se plaignent que les gens ont perdu le sens et la valeur des célébrations de Noël. Noël serait devenu une opération commerciale.

Étape 1 :

Pour chacun des aspects suivants, trouvez trois arguments pour et trois arguments contre.

Exemple : Commercialisation

Pour : ça relance le commerce et ça aide les petits commerces à survivre. C'est le moment de l'année où le plus grand chiffre d'affaires est réalisé.

Contre : c'est juste une fête commerciale. Noel a perdu son sens. Les gens dépensent sans compter, sans vraiment se soucier de ce que les autres personnes aimeraient recevoir.

Commercialisation

_____

_____

_____

_____

_____

2.1 Des choix qui guident ma vie

Solitude

_____
_____
_____
_____
_____

Environnement

_____
_____
_____
_____
_____

Étape 2 :

Choisissez l'un des scénarios suivants.

Commercialisation	Solitude	Environnement
Buts :	**Buts :**	**Buts :**
• Exprimer son opinion	• Sensibiliser	• Sensibiliser
• Inciter les gens à réfléchir à l'aspect commercialisation	• Inciter les gens à agir autrement à Noël	• Faire passer l'urgence d'agir
• Les inciter à changer leur comportement	• Donner des conseils	• Donner des conseils et faire des suggestions
Audience :	**Audience :**	**Audience :**
Jeunes et adultes en âge de consommer	Adultes	Jeunes
Type de texte le plus approprié ?	**Type de texte le plus approprié ?**	**Type de texte le plus approprié ?**

D'après les informations fournies, choisissez le type de texte le plus approprié.

Étape 3 : Rédigez votre réponse

NM 350–400 mots

NS 450–600 mots

Mini débat

Avec un(e) camarade, faites une liste de huit cadeaux différents pour Noël ou pour un anniversaire et justifiez vos idées. Votez pour les deux cadeaux à la fois les plus originaux et les plus utiles.

2 Expériences

Il faut que les cadeaux ...
- soient écologiques, et / ou
- soutiennent une cause (sociale, humanitaire etc.) à l'échelle locale, nationale ou mondiale, et
- soient utiles ou fassent plaisir aux personnes qui vont les recevoir.

Exemple : Des billets de spectacle ou de cinéma parce que ça ne génère pas de déchets (pas d'emballages inutiles par exemple). Ça permet aussi à l'industrie du cinéma ou aux compagnies de théâtre de continuer à investir dans le domaine de la création artistique.

_____
_____
_____
_____
_____
_____
_____
_____

TDC
Pourquoi offre-t-on des cadeaux ? Est-il important d'offrir des cadeaux ? Qu'est-ce qui est le plus important dans l'art d'offrir des cadeaux ? Est-ce un « art » ?

Profil de l'apprenant
Chercheur et ouvert d'esprit
Pourquoi ne pas aller rechercher trois autres traditions ou savoir-faire typiquement francophones qui sont inscrits au Patrimoine Immatériel de l'Unesco ?

Faisons rimer tradition avec protection

Des traditions menacées d'extinction : un patrimoine immatériel à sauvegarder

mercredi 12 Juillet 2016 à 12h45 par Marie Laforêt

Des musiciens gnaouas au Maroc

Tous les ans, de nouvelles pratiques et expressions culturelles sont inscrites au Patrimoine Immatériel de l'Unesco. Le comité de l'Unesco se réunit donc une fois par an afin de considérer les candidatures reçues du monde entier. Mais de quoi s'agit-il ? Sur la liste du Patrimoine Immatériel, on retrouve des chants, des danses, des cultures culinaires ou encore connaissances et savoir-faire populaires.

2.1 Des choix qui guident ma vie

Ainsi depuis 2014, la gastronomie française figure sur cette liste. Être classés comme patrimoine immatériel par l'Unesco permet à ces traditions, artisanats etc. d'être reconnus et protégés.

Par nature, une tradition se transmet soit par la parole, soit par les gestes. Un art ou une tradition ne s'apprend pas sur les bancs de l'école, mais se passe d'une génération à une autre. Le patrimoine immatériel est donc fragile, car la culture aujourd'hui s'est globalisée et les cultures locales ont perdu beaucoup de leur influence. Le patrimoine immatériel peut disparaître une fois les dernières personnes maîtrisant un certain savoir-faire, une langue, ou encore une tradition, disparues elles aussi. C'est la raison pour laquelle l'Unesco s'est engagée depuis 2001 à limiter la perte de ce patrimoine local en s'efforçant de préserver les savoir-faire populaires dans les domaines de l'artisanat, de l'art, des rituels, des traditions, de l'agriculture ou encore de la médecine.

Selon la responsable actuelle de l'Unesco, protéger ce patrimoine invisible est un « enjeu de taille » parce qu'il est tellement évident pour les populations locales qu'elles finissent par ne plus y prêter attention et l'oublier. On ne se rend compte de l'importance d'une tradition ou d'un savoir-faire que lorsqu'elle ou il a disparu. Il convient donc d'endiguer la perte des savoirs culturels à l'échelle mondiale. Espérons que l'ajout d'un de ces savoirs à la liste du Patrimoine Immatériel de l'Unesco soit désormais le garant de sa pérennité.

Compréhension conceptuelle

Complétez le tableau suivant et justifiez vos réponses à l'aide du texte.

		Justification(s) et exemple(s)
Qui écrit ?		
Audience ?		
Contexte ?		
But(s) ?		
Sens ?		

TDC

1. Est-il important selon vous de protéger les traditions ? Justifiez votre reponse.
   _____
   _____

2. Y a-t-il des traditions qui, selon vous, ne devraient pas être protégées ? Donnez des exemples concrets, expliquez et justifiez.
   _____
   _____

3. Les traditions sont souvent reconnues comme faisant partie du patrimoine immatériel. Le patrimoine matériel est aussi protégé. En avril 2019, un incendie s'est déclaré dans la cathédrale de Notre-Dame à Paris. Cet incendie a suscité de vives émotions en France et dans le monde. Comment expliquez-vous que la perte d'un monument puisse susciter autant d'émotions aussi fortes ?

2 Expériences

Devrait-on vraiment dépenser autant d'argent pour le restaurer alors que des gens meurent de faim dans le monde et que d'autres causes humanitaires ont besoin de dons ?

_____
_____
_____
_____

Approches de l'apprentissage

Compétences de recherche

Allez consulter le site du patrimoine de l'Unesco pour en savoir plus.

🔍 Grammaire en contexte : Les pronoms relatifs » p.78

Les pronoms relatifs servent à relier deux phrases pour éviter des répétions.

Les pronoms relatifs simples

Qui remplace le sujet du verbe.
Une tradition est un art. Un art ne s'apprend pas. →
Une tradition est un art **qui** ne s'apprend pas.

Que remplace le complément d'objet direct.
Les mères offrent un cadeau aux intités. Le cadeau est de la farine. →
Le cadeau **que** les mères offrent aux initiés est de la farine.

NB : il est impossible de contracter **qui** ; par contre **que** devient **qu'** devant une voyelle.

Dont : appartenance ou verbe suivi de **de** (avoir envie de, parler de, avoir de, etc.).
Elle a peur d'une tradition. Cette tradition est un rite de passage obligatoire. →
La tradition **dont** elle a peur est un rite de passage obligatoire.

Où : lieu ou temps.
Elle se trouve dans un pays. Ce pays respecte les traditions. →
Le pays **où** elle se trouve respecte les traditions.

2.1 Des choix qui guident ma vie

Les pronoms relatifs composés

Auquel, à laquelle, auxquels, auxquelles : lorsque le verbe est suivi de la préposition **à**, par exemple **demander à, parler à**.

Elle a demandé de l'aide à une personne. Cette personne l'a ignorée. →
La personne **à laquelle** elle a demandé de l'aide l'a ignorée.
Elle a parlé aux anciens du village. Les anciens du village n'ont pas voulu la croire. →
Les anciens du villages **auxquels** elle a parlé n'ont pas voulu la croire.

Duquel, de laquelle, desquels, desquelles : lorsque le verbe est suivi d'une préposition comprenant **de** comme **à côté de**, **en face de**.

Elle est assise en face de deux femmes. Ces femmes la dévisagent. →
Les femmes en face **desquelles** elle est assise la dévisagent.

Lequel, laquelle, lesquels, lesquelles : avec les autres prépositions comme **avec**, **pour**, **sans**, etc.

Elle a risqué sa vie pour un garçon. Ce garçon est son fiancé. →
Le garçon pour **lequel** elle a risqué sa vie est son fiancé.

Vocabulaire

1 Se construire un lexique

Français	Votre langue maternelle
Les loisirs	
pratiquer un loisir	
s'adonner à un loisir	
être adepte	
le temps libre	
être abonné à un magazine	
collectionner des timbres / des pièces de monnaie etc.	
la lecture	
s'inscrire dans un club de sport	
faire partie d'une équipe	
s'entraîner	
s'échauffer	
le terrain de sport	
les vestiaires	
rechercher les sensations fortes	
une poussée d'adrénaline	
repousser les limites	
braver les dangers	
aller à la conquête de ses limites	
jouer avec le feu	
se mettre en danger	

2 Expériences

prendre des risques	
avoir le vertige	
frôler la mort	
une sensation d'euphorie	
le handisport	
participer à une compétition	
Les rites	
une tradition	
une coutume	
une initiation	
subir	
Coutumes et traditions	
fêter	
célébrer	
respecter	
honorer / déshonorer	
ancestral	
un aïeul (les aïeux)	
moderne	
traditionnel	
démodé	
barbare	
un rituel	
un châtiment (corporel)	
une punition	
un mythe	
une légende	
une offrande	
un sacrifice / sacrifier	
un sorcier	
la sorcellerie	
un marabout	
la magie noire	

2 Vocabulaire en contexte

Complétez les phrases ci-dessous avec des mots (ou des dérivés) qui se trouvent dans la liste de vocabulaire.

1 J'ai laissé mon portefeuille dans les _____ avant le match, et maintenant il a disparu.

2 Dans certaines cultures, si tu ne _____ pas certaines traditions et si tu _____ ta famille, tu es puni(e), parfois _____ .

3 Il est passionné de rugby. Il _____ tous les jours car il fait _____ locale.

4 Je m'oppose formellement à la pratique des _____ . C'est irresponsable et dangereux. Ces sportifs jouent _____ pour leur plaisir personnel.

2.1 Des choix qui guident ma vie

5 On en peut pas vivre sans _____ dans la vie. Il faut se détendre, et _____ à une passion est le meilleur moyen d'y parvenir.

Vers l'Épreuve 1 : Expression écrite

NM 250–400 mots

NS 450–600 mots

NM En voyage dans un pays africain francophone, vous avez assisté à une tradition locale. Cette tradition locale est menacée à cause de la mondialisation. Vous êtes conscient(e) de l'importance de cette tradition pour les populations locales. Écrivez un texte dans lequel vous expliquez en quoi consiste la tradition et exprimez vos sentiments face à la menace de sa disparition.

NS En voyage dans un pays africain francophone, vous avez assisté à une tradition locale. Cette tradition locale est menacée à cause de la mondialisation. Vous êtes conscient(e) de l'importance de cette tradition pour les populations locales. Vous écrivez un texte pour expliquer en quoi consiste la tradition, exprimer vos sentiments face à la menace de disparition et réfléchir sur le futur de telles traditions au 21ième siècle.

Choisissez l'un des types de textes ci-dessous :

| blog | dissertation | guide de recommandations |

Étape 1 : Pour vous aider à préparer

Compréhension conceptuelle	
Destinataire – C'est pour qui ?	
Contexte – Situation / registre	
Le but – Pourquoi ?	
Le sens – Comment ? Des exemples ?	
Variation ?	

Types de textes	
À quelle catégorie de textes (**personnels ? professionnels ? textes des médias de masse ?**) chacun des trois types de textes proposés appartient-il ?	
D'après le contexte, le but et le destinataire, quel **type de texte** sera le plus **efficace** ? Justifiez votre réponse.	

Étape 2 : Brouillon d'idées

Dressez une liste de ce que vous avez vu / observé pendant la cérémonie / tradition.

_____

_____

_____

_____

2 Expériences

Faites une liste des arguments en faveur de la protéger et une liste d'arguments opposés.

Exemple : Pour : c'est une tradition millénaire et les villageois croient au pouvoir du sacrifice.

Pour la protection	Contre la protection

Étape 3 : Rédigez votre texte

Étape 4 : Fiche d'auto-évaluation

Points à vérifier		Exemples
Critère A (langue /12)		
Relecture grammaire : temps des verbe, accords, pronoms etc. Ai-je varié mon vocabulaire ?		
Critère B (message /12)		
Mes idées sont : pertinentes et adaptées à la tâche ? variées ? développées ? justifiées ?		
Critère C (compréhension conceptuelle et format /6)		
Prise en compte du **destinataire** ?		
Prise en compte du **contexte** ?		
But(s) atteint(s) ?		
Procédés utilisés pour : atteindre mon but et pour respecter mon contexte et mon audience		
Toutes les **conventions** de forme du texte choisis sont remplies ?		

2.1 Des choix qui guident ma vie

Étape 5 : Réflexions finales

Reprenez votre devoir une fois corrigé et noté.

Points positifs dans mon devoir
Points à améliorer
Objectifs à atteindre lors du prochain devoir

Vers l'examen oral individuel

NM

Des pistes pour parler de cette photo...

a   Que se passe-t-il sur cette photo ? C'est où ? C'est quand ?

_____

_____

_____

b   Décrivez la scène.

_____

_____

2 Expériences

c Quelles émotions / réflexions suscite-elle en vous ?

_____

_____

_____

d Problématique ?

_____

_____

_____

e Exprimez des opinions sur ce sujet.

_____

_____

_____

Conseil exam
Pour les trois parties de l'examen oral individuel (NM), voir page 24.

Point Info
Camara Laye (1928–1980)
Auteur guinéen

Vers l'examen oral individuel

NS

Lisez l'extrait suivant tiré du livre intitulé *L'enfant noir* de Camara Laye.

Traditions et superstitions en Afrique

Un jour pourtant, je remarquai un petit serpent noir au corps particulièrement brillant, qui se dirigeait sans hâte vers l'atelier. Je courus avertir ma mère, comme j'en avais pris l'habitude ; mais ma mère n'eut pas plus tôt aperçu le serpent noir, qu'elle me dit gravement :

« Celui-ci, mon enfant, il ne faut pas le tuer : ce n'est pas un serpent comme les autres, il ne te fera aucun mal ; néanmoins, ne contrarie pas sa course. »

Personne, dans notre concession, n'ignorait que ce serpent-là, on ne devait pas le tuer, sauf moi, sauf mes petits compagnons de jeu, je présume, qui étions encore des enfants naïfs.

« Ce serpent », ajouta ma mère, « est le génie de ton père. »

Je considérai le petit serpent avec ébahissement. Il poursuivait sa route vers l'atelier ; il avançait gracieusement, très sûr de lui, eût-on dit, et comme conscient de son immunité ; son corps éclatant et noir étincelait dans la lumière crue. Quand il fut parvenu à l'atelier, j'avisai pour la première fois qu'il y avait là, ménagé au ras du sol, un trou dans la paroi. Le serpent disparut par ce trou.

« Tu vois : le serpent va faire visite à ton père », dit encore ma mère.

Bien que le merveilleux me fût familier, je demeurai muet tant mon étonnement était grand. Qu'est-ce qu'un serpent avait à faire avec mon père ? Et pourquoi ce serpent-là précisément ? On ne le tuait pas, parce qu'il était le génie de mon père ! Du moins c'était la raison que ma mère donnait. Mais au juste qu'était-ce qu'un génie ? Qu'étaient ces génies que je rencontrais un peu partout, qui défendaient telle chose, commandaient telle autre ? Il y avait des bons génies, et il y en avait de mauvais ; et plus de mauvais que de bons, il me semble.

2.1 Des choix qui guident ma vie

Avant de préparer la présentation de l'extrait, posez-vous les questions suivantes.

Dans l'extrait,...

1 C'est qui ?	Comment je le sais ?
2 C'est où ?	Comment je le sais ?
3 C'est quand ?	Comment je le sais ?
4 C'est quoi ?	Comment je le sais ?

5 Quel est le thème principal ? Comment est-il traité dans l'extrait ?

_____

_____

6 Quel est / quels sont les sous-thème(s) ? Comment sont-ils traités ?

_____

_____

_____

🔍 Grammaire en contexte : La voix passive   » p.66

Un exercice pour mettre la grammaire de ce chapitre en action.

Transformez ces phrases de la voix active à la voix passive.

1 Le prêtre avait célébré leur mariage.

_____

2 Il est difficile de croire aujourd'hui que les sorciers sacrifiaient des enfants à cette époque.

_____

3 On sacrifie encore des animaux dans certains pays pour des raisons culturelles.

_____

4 Nous célébrons moins ce rituel aujourd'hui.

_____

Conseil exam

Votre présentation doit être centrée sur l'extrait, mais n'oubliez pas d'introduire l'auteur et l'extrait.

Votre présentation doit être structurée, logique et claire, et s'appuyer sur l'extrait.

Conseil exam

Pour les trois parties de l'examen oral individuel (NS), voir page 25.

2 Expériences

Approches de l'apprentissage
Compétence d'autogestion

Profil de l'apprenant
Pour les penseurs

🔍 Grammaire en contexte : Les pronoms relatifs » p.70

Il y a deux niveaux de difficulté pour cet exercice. Choisissez celui qui vous convient le mieux.

Niveau 1

Relevez toutes les répétitions dans ce résumé. Réécrivez-le en éliminant les répétitions.

Dans cette nouvelle, il s'agit de l'histoire d'une jeune musulmane. Cette jeune musulmane tente de fuir la France. Elle essaye de sauver sa vie en fuyant son frère. Son frère veut la punir. Elle compte se rendre dans un pays. Ce pays est le Canada. Elle a commis une faute. Cette faute est de tomber amoureuse d'un garçon. Ce garçon n'est pas musulman. Son frère veut la punir pour une raison. Cette raison est parce qu'elle ne s'est pas pliée aux coutumes et traditions ancestrales. Elle parle d'une amie, Zarmeena. Cette amie a déjà été punie par sa famille. Il y a des traditions et il ne faut pas plaisanter avec ces traditions. Elle avait rêvé à une vie avec Nicolas. Elle ne vivra sûrement jamais cette vie.

_____
_____
_____
_____
_____
_____
_____
_____
_____
_____

Niveau 2

Ajoutez les pronoms relatifs manquants dans ce résumé d'une nouvelle.

Dans cette nouvelle, il s'agit de l'histoire d'une jeune musulmane _____ tente de fuir la France. Elle essaye de sauver sa vie en fuyant son frère _____ veut la punir. Le pays _____ elle compte se rendre est le Canada. La faute _____ elle a commise : tomber amoureuse d'un garçon _____ n'est pas musulman. La raison _____ son frère veut la punir, c'est parce qu'elle ne s'est pas pliée aux coutumes et traditions ancestrales. Zarmeena, l'amie _____ elle parle a déjà été punie par sa famille. Il y a des traditions _____ il ne faut pas plaisanter ! La vie _____ elle avait rêvée avec Nicolas, elle ne la vivra sûrement jamais !

Profil de l'apprenant
Pour les audacieux/les preneurs de risque

78

2.1 Des choix qui guident ma vie

Références

Anciennes épreuves de compréhension écrite pour vous entraîner :

Novembre 2012 – NS – Texte B – Le permis de conduire (article)

Novembre 2012 – NS – Texte C – Oser ses choix (texte littéraire)

2 Expériences

2.2 L'immigration en question

Séance échauffement

Activité 1 : Immigration et vocabulaire

Regardez ces photos.

C'est où ? C'est quoi ?

Quels mots vous viennent à l'esprit ? Justifiez. (8 mots ou concepts)

> Exemple : Un **bidonville** – *Les personnes vivent dans des tentes de fortune et dans des conditions de vie insalubres. On dirait un bidonville.*

Activité 2 : Immigration et définitions

1. Reliez les mots de la colonne de gauche à leur définition (dans le contexte de l'immigration).

1	un(e) sans-papier	Exemple : d	a	Ligne « imaginaire » qui sépare un pays d'un autre pays
2	fuir son pays		b	Personne qui a entamé une démarche légale pour obtenir l'autorisation de résider dans un pays
3	l'exil		c	Renvoyer quelqu'un dans son pays d'origine
4	un(e) réfugié(e)		d	Personne qui est entrée illégalement (clandestinement) dans un pays
5	un(e) demandeur / demandeuse d'asile		e	Situation de quelqu'un qui a été forcé de quitter son pays
6	un(e) expatrié(e)		f	Action de quitter son pays, souvent pour des raisons humanitaires ou politiques
7	accueillir		g	Personne qui fait le choix de s'exiler pour des raisons professionnelles
8	un(e) étranger / étrangère		h	Il / elle peut être politique ou climatique. Il / elle a été contraint(e) de quitter son pays d'origine et ne peut pas y retourner.
9	une frontière		i	Recevoir une personne / accepter un étranger sur son territoire
10	expulser		j	Personne qui vient d'un autre pays, ou d'une autre communauté ou d'un autre groupe. Personne qui ne m'est pas familière

2. Choisissez quatre des mots de l'exercice 1 et écrivez quatre phrases pour exprimer une opinion sur l'immigration.

_____
_____
_____
_____

2.2 L'immigration en question

Activité 3 : Pourquoi partir ?

1. Réfléchissez aux raisons qui poussent parfois les gens à quitter leur pays natal. Dressez une liste de huit raisons.

   _____
   _____
   _____
   _____
   _____
   _____
   _____
   _____

2. Avec un(e) partenaire, essayez de justifier ces raisons. Le rôle de votre partenaire est d'essayer de vous convaincre que ce n'est pas une bonne idée et de contrecarrer vos arguments.

   Exemple : En Europe, je pourrais trouver du travail et gagner de l'argent.
   Tu n'as pas les qualifications requises et le taux de chômage est élevé en Europe.

2.2.1 Immigration : positive ou négative ?

Avantages et problèmes

1. Faites une liste de cinq avantages et cinq problèmes que pose l'immigration :
   - pour le pays où les personnes immigrent
   - pour le pays dont les personnes sont originaires

   À l'oral, justifiez / illustrez chacune de vos réponses.

Pour le pays où les personnes immigrent

BIENFAITS	PROBLÈMES
Exemple : *un surcroît de main-d'œuvre pour le pays d'accueil*	

Pour le pays dont les personnes sont originaires

BIENFAITS	PROBLÈMES
Exemple : *La personne qui a émigré peut envoyer de l'argent à sa famille restée « au pays ».*	

Approches de l'apprentissage

Compétences de communication

V

convaincre = persuader
contrecarrer un argument = donner un argument contraire / opposé

Grammaire en contexte : Adjectifs démonstratifs » p.96

ce bateau

ce = adjectif démonstratif – désigne une personne / ou un objet en particulier

Masculin : **ce** bateau

Masculin + voyelle ou "h" muet : **cet** homme / **cet** enfant

Féminin : **cette** femme

Masculin et féminin pluriel : **ces** bateaux / **ces** femmes

---

Approches de l'apprentissage

Compétences de communication et de collaboration

2 Expériences

2 Les problèmes que vous avez listés sont-ils tous fondés ? Argumentez.

Exemple : Tous les immigrés profitent des allocations.
Cet argument est infondé car les travailleurs sans papier ne peuvent pas recevoir d'argent du gouvernement.

_____
_____
_____
_____

Vers l'Épreuve 2 : Compréhension écrite

NS

Lisez ce poème de Laurence Gaudé, « Regardez-les ».

Point Info

Laurent Gaudé – écrivain français contemporain né en 1972. Laurent Gaudé a suivi des études de Lettres Modernes et d'Études théâtrales à Paris avant de devenir écrivain. Il a publié de nombreux romans, nouvelles et poèmes.

Compréhension conceptuelle

Destinataire : à qui s'adresse ce texte ?
Justifiez votre réponse.

Regardez-les

Regardez-les, ces hommes et ces femmes qui marchent dans la nuit.
Ils avancent en colonne, sur une route qui leur esquinte la vie.
Ils ont le dos voûté par la peur d'être pris
Et dans leur tête,
Toujours, 5
Le brouhaha des pays incendiés.
Ils n'ont pas mis encore assez de distance entre eux et la terreur.
Ils entendent encore les coups frappés à leur porte,
Se souviennent des sursauts dans la nuit.
Regardez-les. 10
Colonne fragile d'hommes et de femmes
Qui avance aux aguets,
Ils savent que tout est danger.
Les minutes passent mais les routes sont longues.
Les heures sont des jours et les jours des semaines. 15
Les rapaces les épient, nombreux,
Et leur tombent dessus,
Aux carrefours.
Ils les dépouillent de leurs nippes,
Leur soutirent leurs derniers billets. 20
Ils leur disent : « Encore »,
Et ils donnent encore.
Ils leur disent : « Plus ! »,
Et ils lèvent les yeux ne sachant plus que donner.
Misère et guenilles, 25
Enfants accrochés au bras qui refusent de parler,
Vieux parents ralentissant l'allure,
Qui laissent traîner derrière eux les mots d'une langue qu'ils seront contraints d'oublier.
Ils avancent, 30
Malgré tout,
Persévèrent
Parce qu'ils sont têtus.
Et un jour enfin,
Dans une gare, 35
Sur une grève,
Au bord d'une de nos routes,
Ils apparaissent.
Honte à ceux qui ne voient que guenilles.
Regardez bien. 40
Ils portent la lumière
De ceux qui luttent pour leur vie.
Et les dieux (s'il en existe encore) les habitent.

2.2 L'immigration en question

Alors dans la nuit,
D'un coup, il apparaît que nous avons de la chance si c'est vers nous qu'ils avancent.   45
La colonne s'approche,
Et ce qu'elle désigne en silence,
C'est l'endroit où la vie vaut d'être vécue.
Il y a des mots que nous apprendrons de leur bouche,
Des joies que nous trouverons dans leurs yeux.   50
Regardez-les,
Ils ne nous prennent rien.
Lorsqu'ils ouvrent les mains,
Ce n'est pas pour supplier,   55
C'est pour nous offrir
Le rêve d'Europe
Que nous avons oublié.

Questions de compréhension

1 Quel verbe parmi les premières lignes signifie « abîme » ? _____

2 Pourquoi ces personnes marchent-elles voûtées ? _____

3 Parmi les phrases suivantes, trois résument le poème. Lesquelles ?

   ☐ **A** Les enfants sont très loquaces.
      B Ils ont honte parce qu'ils portent des guenilles.
   ☐ **C** Ces personnes ne font pas la charité.
      D Leur voyage ne dure pas longtemps.
   ☐ **E** Ils viennent de pays en guerre.
      F Ils se font souvent voler les biens qu'il leur reste.

Reliez les mots de la colonne de gauche à leurs synonymes de la colonne de droite.

4 le brouhaha ☐
5 les rapaces ☐
6 dépouillent ☐
7 nippes ☐
8 accrochés ☐

A le silence
B les vautours
C soutiennent
D éloignés
E vieux vêtements
F le bruit
G suspendus
H les animaux
I volent

9 Surlignez dans le poème tous les mots qui ont une connotation négative.

   Exemple : esquinte, Dos voûté, peur

10 Écrivez un court résumé pour expliquer le sens de ce poème. Quels sentiments / émotions / réactions vous inspire-t-il ? Expliquez votre réponse.

_____
_____
_____
_____
_____

Profil de l'apprenant

Chercheur, Informé, Ouvert d'esprit

Pour aller plus loin

- Visitez le site de l'auteur pour en savoir plus
- Lisez une autre de ses œuvres :

Cris

Eldorado

Ouragan

La mort du roi Tsongor

TDC Un poème est-il un média efficace pour faire passer un message ou défendre une cause ? Expliquez.

Rédigez un poème pour sensibiliser les gens à une cause humanitaire.

Profil de l'apprenant

Chercheur

Recherchez un autre poème ou une chanson francophone qui traite du sujet de l'immigration. Partagez-le ou la avec vos camarades et expliquez-en le sens.

2 Expériences

2.2.2 Immigration : à chacun son opinion

bradé(e) = sacrifié(e) / gâché(e)

les allocations = somme d'argent que le gouvernement attribue aux familles pour les aider (allocations pour les enfants ou encore pour le logement, par exemple) ; aide financière versée par le gouvernement

RSA = Revenu de solidarité active (somme d'argent donnée par le gouvernement pour aider les personnes en difficulté)

7 IDÉES REÇUES SUR L'IMMIGRATION

1. « Il y a une hausse massive de l'immigration en France. »
2. « Il y a une "explosion" des arrivées de migrants en Europe depuis deux ans. »
3. « La France accueille plus d'immigrés qu'ailleurs en UE. »
4. « La citoyenneté française est "bradée". »
5. « Les immigrés viennent massivement "toucher des allocations". »
6. « On accorde le RSA à tous les étrangers dès leur arrivée. »
7. « L'immigration ruine les finances publiques. »

Mini débat – travail à deux
- Discutez avec un(e) camarade chacune des idées reçues.
- Pouvez-vous les défendre / les justifier ? Expliquez.
- Comment pourriez-vous les rejeter ? Justifiez.

Un moment de réflexion

Le film « Welcome », sorti en 2009, raconte l'histoire d'un Français qui aide un immigré kurde qui veut absolument traverser la Manche par tous les moyens. Il décide de la traverser à la nage. Vincent, le personnage principal, maître nageur, décide d'aider le jeune immigré, et l'héberge même chez lui pour un temps.

Regardez la bande annonce du film :

1 (Entre 1 minute 06 et 1 minute 36) Que se passe-t-il dans ces scènes ? Expliquez.

_____

_____

2 Quels sentiments vous évoquent ces scènes ? Expliquez ?

_____

_____

3 Pourquoi Vincent risque-t-il d'être mis en prison ? Trouvez-vous cela juste ? Justifiez vos réponses.

_____

_____

4 Vaut-il vraiment la peine d'enfreindre la loi et de risquer la prison pour venir en aide à un inconnu en situation irrégulière ? Justifiez vos arguments.

_____

_____

Profil de l'apprenant

Chercheur, Informé, Ouvert d'esprit

Pour aller plus loin

Recherchez le nom du directeur et le titre d'autres films qu'il a réalisés.

Informez-vous sur Vincent Lindon, l'acteur principal.

2.2 L'immigration en question

Les registres de langue

Réécoutez l'extrait entre 1 min 06 et 1 min 20. Surlignez les quatre mots du registre de langue familier que vous entendez parmi la liste ci-dessous.

- bagnole
- pognon
- clope
- fric
- flics
- pincer
- coincer
- conneries
- bringue
- fringues
- schlingue

Voici les équivalents dans le langage courant des mots que vous avez identifiés. Reliez chacun des mots à son équivalent.

- **A** attraper quelqu'un
- **B** les policiers
- **C** des vêtements
- **D** une bêtise

> **Compréhension conceptuelle**
>
> Il y a trois registres de langue principaux en français : familier (contextes familiers et informels), courant (tous contextes), soutenu (contextes formels ou littéraires parfois). Connaître des synonymes des mots dans les différents registres (lorsqu'ils existent) vous permettra de faire les choix appropriés dans les situations de communication.
>
> Exemple :
> *familier* : un pote
> *courant* : un copain / ami
> *soutenu* : un proche

Vers l'Épreuve 2 : Compréhension écrite

La situation depuis 2013...

HÉBERGER UN MIGRANT À LA MAISON, EST-CE POSSIBLE ?

Par Ludwig Gallet, publié le 04/09/2015 à 18 : 48 , mis à jour à 19 : 15

1 Depuis quelques jours, les initiatives se multiplient, notamment sur Internet, pour venir en aide aux migrants. Mais peut-on héberger des migrants chez soi ? La loi a été modifiée en janvier 2013. Explications.

Certains l'appellent déjà le « Airbnb des migrants ». Un site Internet, nommé « CALM » pour « Comme à la maison » a récemment été lancé pour venir en aide aux migrants. Le principe ? Permettre aux particuliers d'héberger facilement des migrants, pendant un mois, un trimestre ou un an. D'après *20 minutes*, 200 personnes se seraient déjà portées volontaires pour contribuer au soutien aux migrants. Contrairement aux apparences, et malgré la simplicité d'utilisation de ce site Internet, la loi n'a pas toujours été permissive quant à la possibilité d'héberger un migrant chez soi. Elle n'a, en réalité, été assouplie qu'en janvier 2013.

2 AI-JE LE DROIT D'ACCUEILLIR UN MIGRANT À LA MAISON ?

La réponse est clairement oui. La loi du 31 décembre 2012, publiée au journal officiel le 1er février 2013, exonère toute personne à des poursuites pénales en cas d'aide au séjour irrégulier d'un étranger. Trois situations sont aujourd'hui concernées par la dépénalisation.

Les ascendants ou les descendants d'un étranger, les frères et sœurs de l'étranger ou de leur conjoint peuvent sans souci proposer un hébergement. Il en va de même pour le conjoint de l'étranger, y compris pour la personne vivant « notoirement » en situation maritale avec lui. Attention, ces différents cas ne s'appliquent pas lorsque l'étranger bénéficiaire vit « en état de polygamie » ou lorsqu'il est le conjoint d'une personne polygame résidant en France avec un premier conjoint.

C'est le troisième cas qui est le plus intéressant. Il autorise en effet un individu à héberger un étranger en situation irrégulière, quand bien même il ne disposerait d'aucun lien avec lui.

2 Expériences

> **3 QUELLES CONDITIONS DOIVENT ÊTRE RESPECTÉES ?**
>
> Évidemment, pour cette troisième option, le régime est quelque peu plus strict. La loi prévoit ainsi des conditions à respecter absolument. L'article L622-4 du code de l'entrée et du séjour des étrangers et du droit d'asile, explique ainsi que l'aide proposée doit être mise en œuvre pour « assurer des conditions de vie dignes et décentes à un étranger » ou « préserver sa dignité ou son intégrité ».
>
> Autrement dit, il est absolument interdit de chercher à obtenir une contrepartie « directe ou indirecte » de la part d'un migrant que l'on accueillerait chez soi. La loi cite les aides pouvant être apportées : des conseils juridiques, offrir de la nourriture, proposer des soins médicaux. Sans oublier l'hébergement.
>
> Avant que la loi ne soit modifiée en 2013, les textes étaient bien plus stricts. Il était autrefois possible de venir en aide aux migrants pour faire face à un danger actuel ou imminent, « nécessaire à la sauvegarde de la personne » aidée. L'expression « délit de solidarité » est issue de cette disposition.

Pour aller plus loin : À l'oral

Seriez-vous prêt(e) à héberger un migrant chez vous ? Pourquoi ? Pourquoi pas ?

Quels pourraient être les risques associés à l'hébergement d'un migrant chez vous ?

La solidarité peut-elle être considérée comme un « délit » ?

1 De quel type de texte s'agit-il ? _____

2 Donnez trois exemples de conventions de forme propres à ce type de texte que vous pouvez relever dans ce texte.

_____
_____
_____

3 À quelle catégorie de textes le reliez-vous ? Textes personnels, textes professionnels, ou textes des médias de masse ? Justifiez votre réponse à l'aide du texte.

_____
_____
_____

Questions de compréhension

En vous basant sur la première partie du texte, répondez aux questions ci-dessous :

1 Où les initiatives pour aider les immigrés sont-elles de plus en plus nombreuses ?

_____

2 Quel mot signifie « loger » / « recevoir chez soi » ? _____

Les affirmations suivantes, basées sur la section 1, sont soit vraies soient fausses. Cochez la bonne case et justifiez votre réponse.

3 La loi permet d'héberger des immigrés chez soi pour une durée indéterminée.   V ☐ F ☐

Justification _____

4 Personne n'a pour l'instant réagi à l'appel du site Internet.   V ☐ F ☐

Justification _____

5 La loi est devenue plus rigide en 2013.   V ☐ F ☐

Justification _____

Conseil exam

Pour obtenir votre point aux questions vrai ou faux, il faut cocher la case « vrai » ou la case « faux », et justifier la réponse. La justification doit être précise et complète.

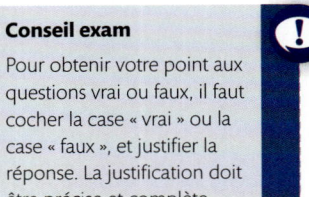

2.2 L'immigration en question

Répondez aux questions ci-dessous en vous basant sur la section 2.

6   Grâce à la loi, qu'est-ce qui est désormais légal ?

_____

7   Citez deux situations où il est légalement possible d'héberger un immigré chez soi.

_____

_____

Répondez aux questions ci-dessous en vous basant sur la section 3.

8   Citez l'une des conditions associées au droit d'hébergement d'un immigré chez soi.

_____

Vrai ou faux ? Justifiez vos réponses.

9   Il est possible de demander un loyer aux immigrés que l'on héberge chez soi.   V   F

   Justification _____

10 On a le droit d'apporter une aide matérielle aux immigrés.   V   F

   Justification _____

11 Avant 2013, il était absolument impossible de venir en aide à un immigré.   V   F

   Justification _____

Vers l'Épreuve 1 : Expression écrite

NM : 250–400 mots

NS : 450–600 mots

Vous voulez convaincre vos parents d'accepter d'héberger chez vous un(e) jeune immigré(e) avec qui vous vous êtes lié(e) d'amitié. Écrivez un texte dans lequel vous leur expliquez les circonstances de votre rencontre avec le / la jeune immigré(e) et essayez de les convaincre de venir en aide à cette personne.

Choisissez un type de texte parmi les trois choix suivants :

Discours	Lettre formelle	Lettre informelle

Compréhension conceptuelle

Avant de choisir le type de texte, répondez aux questions suivantes :

Destinataire – c'est pour qui ? _____

Auteur(e) – qui êtes-vous ? _____

Contexte – situation / registre _____

Le but – pourquoi ? _____

Le sens – comment ? Des exemples ? _____

Registre de langue ? _____

Aide-mémoire

Si vous avez oublié les conventions de forme suivantes, consultez ces pages :

La lettre informelle : page 47

La lettre formelle : page 215

Le discours : page 89

2 Expériences

2.2.3 La jungle de Calais

Survie à Calais

1. Qu'est-ce que la jungle de Calais ?

2. Quelles informations pouvez-vous trouver sur la jungle de Calais ?

3. Existe-t-elle encore ? Pourquoi ? Pourquoi pas ?

4. Quelles sont vos réactions par rapport à la jungle de Calais ? Expliquez.

Regardez ce clip, « Il y a un an, je vivais dans la Jungle » :

Résumez en quelques lignes les idées principales exprimées dans ce clip.

_____
_____
_____

Compréhension conceptuelle
- C'est qui ?
- Destinataire ?
- Contexte ?
- Type de texte ?
- But ?
- Sens ?

En Europe, ils vivotent

Lisez l'extrait suivant tiré du livre *Je suis venu, j'ai vu, je n'y crois plus* d'Omar Ba et répondez aux questions.

Bonjour Stabilité, Adieu Afrique !

Beaucoup d'immigrés africains ont pour but de gagner suffisamment d'argent en Europe pour ensuite financer un projet dans le pays d'origine. Rares sont ceux qui ont l'ambition de réellement s'y installer, pour la simple raison qu'ils laissent tout derrière eux : parents, famille, enfants et amis. Ce qui constitue une déchirure profonde. Ils espèrent trouver en Europe de quoi bâtir leur avenir et celui de leurs proches, mais, cet avenir, ils ne l'imaginent pas sur le Vieux Continent.

Lorsqu'ils débarquent, ils sont persuadés qu'au bout d'un séjour de quelques années, il leur sera possible de rentrer au pays, les poches bien remplies et prêts à concrétiser d'alléchants projets économiques. [...]

Ces immigrés sont encore là vingt, trente ou quarante ans plus tard. Beaucoup ont pris la nationalité du pays dans lequel ils vivent désormais, convaincus d'y terminer leurs jours malgré eux.

Ces immigrés pour la plupart n'ont plus rien au pays, ils l'ont quitté pour de bon. Leurs enfants ne sont plus africains comme ils tentent encore, malgré tout, de leur faire croire. Ils sont européens, quoique noirs ou métissés. Ils ne parlent plus de retour. [...]

Mais s'ils restent, ce n'est pas parce qu'ils se sentent bien ici, contrairement à ce qu'ils veulent faire croire à ceux restés au pays. Ils sont là car il n'y a plus de vie possible pour eux ailleurs. [...]

En Europe ils ne vivent pas, ils vivotent.

vivoter = survivre, vivre difficilement faute de moyens

Questions de compréhension

1. D'après Omar Ba, pourquoi peu d'immigrés quittent-ils leur pays avec l'intention de rester en Europe ?

_____
_____

2.2 L'immigration en question

2 Expliquez : « y terminer leurs jours malgré eux ».

_____
_____

3 Expliquez la phrase : « Leurs enfants ne sont plus africains comme ils tentent encore, malgré tout, de leur faire croire. »

_____
_____
_____

4 Expliquez : « En Europe ils ne vivent pas, ils vivotent. »

_____
_____

Vers l'Épreuve 1 : Expression écrite

NM : 250–400 mots

NS : 450–600 mots

En utilisant les informations et les réflexions sur la jungle de Calais et le concept d'immigration en général, rédigez sur une autre page un discours sur l'immigration.

- Destinataire : un groupe d'élèves à l'école primaire (8–10 ans) qui ont l'habitude d'entendre des arguments négatifs contre les étrangers
- Contexte : l'immigration
- But : faire comprendre aux enfants les enjeux de l'immigration et leur donner une image plus positive de l'immigration
- Sens : faites le choix d'un langage adapté et approprié

Portrait Robot

Nom : Discours

Catégorie : textes des médias de masse

Buts : informer / présenter / convaincre

Signes particuliers :
- ✓ Formule d'appel / s'adresser à son audience (_Chers collègues/ bonjour à tous / bonjour les enfants_)
- ✓ Présentation du sujet / thème ou but du discours
- ✓ Présentation de la personne qui fait le discours
- ✓ Des faits, des informations, des opinions, des arguments
- ✓ Des justifications
- ✓ Prise en considération de l'audience (« vous » / « nous »)
- ✓ Utilisation de procédés stylistiques visant à convaincre
- ✓ Conclusion pertinente
- ✓ Remerciements (_Merci de m'avoir écouté aujourd'hui etc._)

Profil de l'apprenant

Chercheur, Informé, Ouvert d'esprit

TDC

« Malgré eux », « tentent », « vivotent » : en quoi le choix des mots est-il important ou révélateur dans cet extrait ?

Est-il possible de réussir son immigration ?

L'intégration totale est-elle une illusion ?

Pourquoi avons-nous tendance à imaginer « qu'ailleurs, c'est mieux », d'après vous ?

Recherche : allez écouter la chanson « Là-bas » de Jean-Jacques Goldman.

2 Expériences

> Autres caractéristiques :
>
> ✓ Structuré
>
> Procédés stylistiques visant à rendre le discours convaincant :
>
> - Répétitions
> - Règles de trois (*le racisme est un problème, un fardeau, un fléau qu'il faut combattre* !)
> - Utilisation de la ponctuation (? / !! / …)
> - Structures en « si » : *Si nous n'agissons pas pour aider les immigrés à s'intégrer, le ressentiment envers les étrangers ne fera que continuer à se renforcer.*
> - Exagérations
> - Connecteurs logiques (*toutefois / bien que* etc.)
> - Questions rhétoriques : *et vous les enfants, est-ce que vous ne partageriez pas vos jouets avec un petit garçon ou une petite fille qui vient d'un pays différent ?*
> - Utilisation de pronoms pour engager son audience (vous / nous)
> - Utilisation du pronom « je » pour prouver que l'on croit à ce que l'on dit
>
> Registre : Familier ou formel en fonction du destinataire, du but et du contexte

Mise en pratique

Repérez dans l'extrait d'un discours ci-dessous (de Fatou Diome, le 24 avril 2015) certains des éléments mentionnés ci-dessus.

Exemple : structure en « si »

_____
_____
_____
_____

> « **Si on voulait sauver les gens** dans l'Atlantique, dans la Méditerranée, on le ferait, parce que les moyens qu'on a mis pour Frontex, on aurait pu les utiliser pour sauver les gens. Mais on attend qu'ils meurent d'abord. C'est à croire que le "laisser mourir" est même un outil dissuasif. Et je vais vous dire une chose : ça ne dissuade personne, parce que quelqu'un qui part et qui envisage l'éventualité d'un échec, celui-là peut trouver le péril absurde, et donc l'éviter. Mais celui qui part pour la survie, qui considère que la vie qu'il a à perdre ne vaut rien, celui-là, sa force est inouïe parce qu'il n'a pas peur de la mort.
>
> Pour les voyages des temps modernes, avec la mondialisation, quand les pauvres viennent vers vous, il y a des mouvements de foule qu'il faut bloquer. Mais quand vous, avec votre passeport et avec toutes les prétentions que cela donne, vous débarquez dans les pays du tiers-monde, là vous êtes en terrain conquis. Donc on voit les pauvres qui se déplacent, on ne voit pas les riches qui investissent dans nos pays. L'Afrique se développe entre 5 et 10%, ce n'est plus de la progression, c'est de la surchauffe. Sauf que quand des pays du tiers-monde se développent et qu'ils n'ont pas les moyens pour gérer tout ça… alors il faut arrêter l'hypocrisie, on sera riche ensemble ou on va se noyer tous ensemble ! »

2.2 L'immigration en question

Vocabulaire

1 Se construire un lexique

Recherchez activement les mots ci-dessous pour compléter votre liste de vocabulaire.

Français	Votre langue maternelle
un(e) immigré(e)	
un(e) petit(e) ami(e)	
un(e) réfugié(e)	
s'exiler	
partir	
quitter son pays	
fuir son pays	
être extradé(e) de son pays	
s'expatrier	
l'intégration	
un sentiment de rejet	
un sentiment d'aliénation	
adopter les mœurs et coutumes d'un pays	
un pays d'accueil	
le rêve de toute une vie	
l'espoir / le désespoir	
perdre ou garder espoir	
accomplir un rêve	
chercher une vie meilleure	
embarquer sur une embarcation de fortune	
améliorer ses conditions de vie	
partir à la recherche d'une meilleure existence	
chercher du travail	
affronter des épreuves	
tout abandonner / laisser derrière soi	
surmonter des épreuves difficiles	
s'établir quelque part	
être déraciné(e)	
perdre son identité	
se retrouver seul(e) et isolé(e)	
faire face à un climat xénophobe	
le racisme	
la discrimination	
prendre un nouveau départ	
la barrière de la langue	
un(e) demandeur / demandeuse d'asile	
un(e) étranger / étrangère	
une frontière	
l'ouverture / la fermeture des frontières	
un(e) sans-papier / un(e) clandestin(e)	
vivre dans un camp de réfugiés	
vivre dans des conditions précaires	

91

2 Expériences

| déporter | |
| régulariser | |

2 Vocabulaire en contexte

Complétez les phrases ci-dessous avec des mots (ou des dérivés) qui se trouvent dans la liste de vocabulaire.

1 La France a la réputation d'être une terre _____ .

2 Avec l'Europe, les contrôles aux _____ ont été suspendus. On peut circuler librement dans les pays de l'Union Européenne si l'on est soi-même un citoyen de l'un de ces pays.

3 Le gouvernement vient d'_____ une centaine de migrants qui se trouvaient en situation illégale sur le territoire français.

4 Mon meilleur ami _____ avec sa famille. Il est parti habiter au Canada et travaille désormais là-bas.

5 Une manifestation a été organisée hier pour sensibiliser le public à la situation des _____ . Nombreux sont ceux qui _____ leur pays à cause de la guerre ou d'une catastrophe naturelle.

Vers l'Épreuve 1 : Expression écrite

NM : 250–400 mots

NS : 450–600 mots

Vous avez décidé de quitter votre pays dans l'espoir de trouver une vie meilleure ailleurs. Vous allez voyager dans des conditions précaires. Vous êtes à la fois plein(e) d'espoir pour votre futur et vous avez peur. Rédigez un texte où vous exprimez vos émotions et réfléchissez à comment vous allez conquérir votre peur.

Choisissez l'un des types de textes ci-dessous :

| interview | page de journal intime | discours |

Étape 1 : Pour vous aider à préparer

Compréhension conceptuelle	
Destinataire – C'est pour qui ?	
Contexte – Situation / registre	
Le but – Pourquoi ?	
Le sens – Comment ? Des exemples ?	
Variation ?	

Types de textes	
À quelle catégorie de textes (**personnels ? professionnels ? textes des médias de masse ?**) chacun des trois types de textes proposés appartient-il ?	
D'après le contexte, le but et le destinataire, quel **type de texte** sera le plus **efficace** ? Justifiez votre réponse.	

2.2 L'immigration en question

Étape 2 : Brouillon d'idées

Faites une liste des espoirs pour le futur que vous pourriez ressentir dans ce contexte, et une liste des peurs / appréhensions.

Mes espoirs pour le futur	Mes peurs et appréhensions

Étape 3 : Rédigez votre texte.

Étape 4 : Fiche d'auto-évaluation

Maintenant que vous avez rédigé votre texte, prenez au moins 5 minutes pour vous relire en remplissant le questionnaire d'auto-évaluation ci-dessous.

Points à vérifier		Exemples
Critère A (langue /12)		
Relecture grammaire : temps des verbes, accords, pronoms etc. Ai-je varié mon vocabulaire ?		
Critère B (message /12)		
Mes idées sont : pertinentes et adaptées à la tâche ? variées ? développées ? justifiées ?		
Critère C (compréhension conceptuelle et format /6)		
Prise en compte du **destinataire** ?		
Prise en compte du **contexte** ?		
But(s) atteint(s) ?		
Procédés utilisés pour : atteindre mon but et pour respecter mon contexte et mon audience		
Toutes les **conventions** de forme du texte choisis sont remplies ?		

93

2 Expériences

Étape 5 : Réflexions finales

Reprenez votre devoir une fois corrigé et noté.

Points positifs dans mon devoir
Points à améliorer
Objectifs à atteindre lors du prochain devoir

Vers l'examen oral individuel

NM

Des pistes pour parler de cette photo...

a Que se passe-t-il sur cette photo ? C'est où ? C'est quand ?

_____
_____
_____

b Décrivez la scène.

_____
_____
_____

c Quelles émotions / réflexions suscite-elle en vous ?

_____
_____

2.2 L'immigration en question

d Exprimez des opinions sur ce sujet.

_____

_____

_____

Vers l'examen oral individuel

NS

Relisez « Bonjour Stabilité, Adieu Afrique ! » d'Omar Ba, page 88.

Avant de préparer la présentation de l'extrait, posez-vous les questions suivantes.

Dans l'extrait,…

1 C'est qui ?	Comment je le sais ?
2 C'est où ?	Comment je le sais ?
3 C'est quand ?	Comment je le sais ?
4 C'est quoi ?	Comment je le sais ?

5 Quel est le thème principal ? Comment est-il traité dans l'extrait ?

_____

_____

6 Quel est / quels sont les sous-thème(s) ? Comment sont-ils traités ?

_____

_____

_____

_____

> **Conseil exam**
> Pour les trois parties de l'examen oral individuel (NM), voir page 24.

> **Conseil exam**
> Pour les trois parties de l'examen oral individuel (NS), voir page 25.

> **Conseil exam**
> Votre présentation doit être centrée sur l'extrait, mais n'oubliez pas d'introduire l'auteur et l'extrait.
>
> Votre présentation doit être structurée, logique et claire, et s'appuyer sur l'extrait.

2 Expériences

Grammaire en contexte : Adjectifs démonstratifs » p.81

Un exercice pour mettre la grammaire de ce chapitre en action.

Entourez l'adjectif démonstratif approprié.

1 **Ce / Cet / Cette / Ces** homme vient d'arriver sur le territoire français.

2 Je ne comprends pas pourquoi le gouvernement veut que **ce / cet / cette / ces** loi sur l'immigration soit votée. Elle va à l'encontre des droits de l'homme !

3 **Ce / Cet / Cette / Ces** situation est inadmissible ! On ne peut pas laisser **ce / cet / cette / ces** hommes, femmes et enfants dormir dehors dans **ce / cet / cette / ces** conditions climatiques.

4 Regardez **ce / cet / cette / ces** enfant. Regardez **ce / cet / cette / ces** femmes. Regardez **ce / cet / cette / ces** hommes, sont-ils différents de vous ? De nous ? Non ! Alors pourquoi leur interdire l'accès à nos frontières ?

Références

Anciennes épreuves de compréhension écrite pour vous entraîner :

Mai 2014 – Contrôles d'identité discriminatoires – texte D (article)

Mai 2016 – NS – Texte B – Maintenant que je suis français je rentre dans mon pays d'origine (article)

Ingéniosité humaine

3

3 Ingéniosité humaine

3.1 Du papier au clavier... une société informée et connectée

Séance échauffement

Activité 1 : Des jeunes et les médias

Observez les visuels ci-dessous et faites six phrases pour résumer les résultats de ce sondage. Utilisez des comparaisons.

> Exemple : Il y a plus de personnes qui utilisent YouTube que Facebook en France.

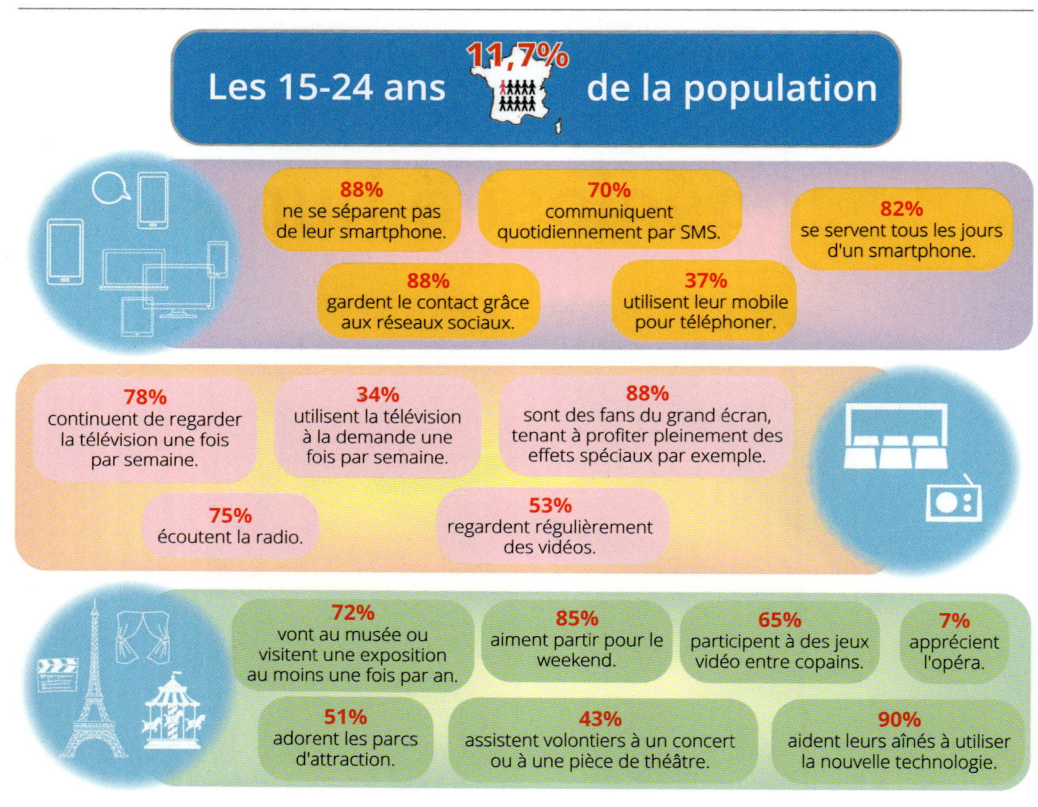

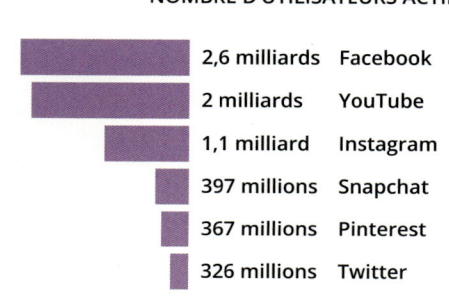

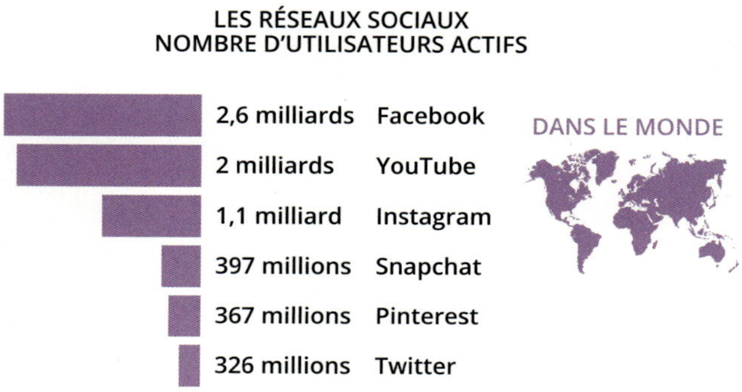

_____
_____
_____
_____
_____
_____

Les 15-24 ans — 11,7% de la population

- 88% ne se séparent pas de leur smartphone.
- 70% communiquent quotidiennement par SMS.
- 82% se servent tous les jours d'un smartphone.
- 88% gardent le contact grâce aux réseaux sociaux.
- 37% utilisent leur mobile pour téléphoner.
- 78% continuent de regarder la télévision une fois par semaine.
- 34% utilisent la télévision à la demande une fois par semaine.
- 88% sont des fans du grand écran, tenant à profiter pleinement des effets spéciaux par exemple.
- 75% écoutent la radio.
- 53% regardent régulièrement des vidéos.
- 72% vont au musée ou visitent une exposition au moins une fois par an.
- 85% aiment partir pour le weekend.
- 65% participent à des jeux vidéo entre copains.
- 7% apprécient l'opéra.
- 51% adorent les parcs d'attraction.
- 43% assistent volontiers à un concert ou à une pièce de théâtre.
- 90% aident leurs aînés à utiliser la nouvelle technologie.

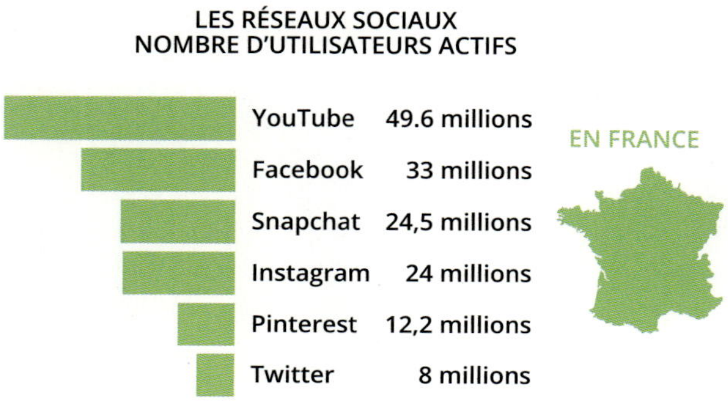

LES RÉSEAUX SOCIAUX — NOMBRE D'UTILISATEURS ACTIFS — EN FRANCE

YouTube	49.6 millions
Facebook	33 millions
Snapchat	24,5 millions
Instagram	24 millions
Pinterest	12,2 millions
Twitter	8 millions

LES RÉSEAUX SOCIAUX — NOMBRE D'UTILISATEURS ACTIFS — DANS LE MONDE

Facebook	2,6 milliards
YouTube	2 milliards
Instagram	1,1 milliard
Snapchat	397 millions
Pinterest	367 millions
Twitter	326 millions

1 milliard = 1 000 000 000
1 million = 1 000 000

3.1 Du papier au clavier… une société informée et connectée

Grammaire en contexte : Faire des comparaisons » p.124

Les comparatifs

plus / moins / aussi + *adjectif* + que
Je suis **plus attentif** en classe **que** mon frère.
Les filles sont **moins avides** de jeux vidéo **que** les garçons.

plus / moins / aussi + *adverbe* + que
Les filles lisent **plus souvent que** les garçons.

plus / moins / autant + de + *nom* + que
Les personnes âgées passent **moins de temps** devant la télé **que** les jeunes.

Les superlatifs

le / la / les + plus / moins + *adjectif* + de
N'oubliez pas d'accorder les adjectifs !
le journal le plus intéressant *mais* l'émission la plus intéressant**e**

Activité 2 : Moi et les médias

1 Les données (page 98) qui correspondent à votre catégorie (jeunes de 15–24 ans) reflètent-elles vos habitudes ou diffèrent-elles ? Expliquez.

_____

_____

2 Quel média utilisez-vous le plus souvent ? Pourquoi ?

_____

_____

3 Quelle(s) utilisation(s) faites-vous de ces médias ?

   Exemple : j'utilise Internet pour faire des recherches pour mon travail scolaire.

   a la radio

   _____

   b la télévision

   _____

   c l'Internet

   _____

   d un magazine

   _____

   e un quotidien / un journal

   _____

4 Si vous deviez prédire l'avenir des médias lequel, selon vous serait en voie de disparition ? Pourquoi ?

_____

_____

3 Ingéniosité humaine

Activité 3 : Sondage : Les autres et les médias

1 Interrogez vos camarades : posez-leur les questions suivantes pour connaître leurs habitudes vis-à-vis des médias. Notez les résultats avec F (fille) ou G (garçon) pour raffiner l'analyse.

Questions	une fois par jour	plusieurs fois par jour	une fois par semaine	une fois par mois	deux ou trois fois par an	jamais
Combien de fois lis-tu un journal ou un magazine ?						
Combien de fois utilises-tu Internet ?						
Quand écoutes-tu la radio ?						
Quand regardes-tu la télé ?						
Combien de fois utilises-tu Internet pour lire les nouvelles ?						
Combien de fois utilises-tu ton téléphone portable pour lire les infos ?						

NB : Vous pouvez bien sûr adapter cette grille en ajoutant des questions et / ou en changeant les fréquences.

Vous pouvez également approfondir votre enquête en affinant vos questions.
Exemple : Quels types d'émission écoutes-tu à la radio ou regardes-tu à la télé ?
Les infos ? Les débats ? Les documentaires ? La musique ?

2 Utilisez les informations que vous avez recueillies lors de votre sondage, et rédigez six phrases dans lesquelles vous utiliserez des comparatifs pour résumer les habitudes de votre classe en matière de médias.

_____
_____
_____
_____
_____

3 Rédigez la page d'un guide qui s'intitulerait : *Le bon usage des médias* et dont le but serait de donner des conseils à vos camarades pour une utilisation raisonnable des médias.

🎤 Activité 4 : Mini débat

A. Discutez avec un(e) camarade.

1 Regardez le dessin de presse (page 101). Que vous inspire-t-il ?

2 En quoi est-il humoristique ?

3 Est-il, selon vous, représentatif de la réalité ?

Profil de l'apprenant

Investigateur, Audacieux, Communicatif

3.1 Du papier au clavier… une société informée et connectée

4. Combien de fois lisez-vous la presse par semaine ?
5. Quand avez-vous lu la presse pour la dernière fois ?
6. Quand avez-vous regardé les informations télévisées pour la dernière fois ?
7. Lisez-vous la presse dans un journal ou sur Internet ?
8. Qu'est-ce qui vous attire en premier lorsque vous ouvrez un journal ?
9. Quelle est la rubrique (International / Société / Médias / Sport etc.) que vous lisez le plus souvent ? Pourquoi ?
10. Celle que vous lisez le moins souvent ? Pourquoi ?

B. Débattez avec un(e) camarade. Choisissez le côté du pour ou contre.

La presse écrite n'a plus sa place dans la société technologique d'aujourd'hui.

3.1.1 Presse : fiabilité et liberté

La fiabilité de la presse : infos ou infox ?

Observez ces deux schémas. Quelles réactions vous inspirent-ils ? Résumez vos réactions.

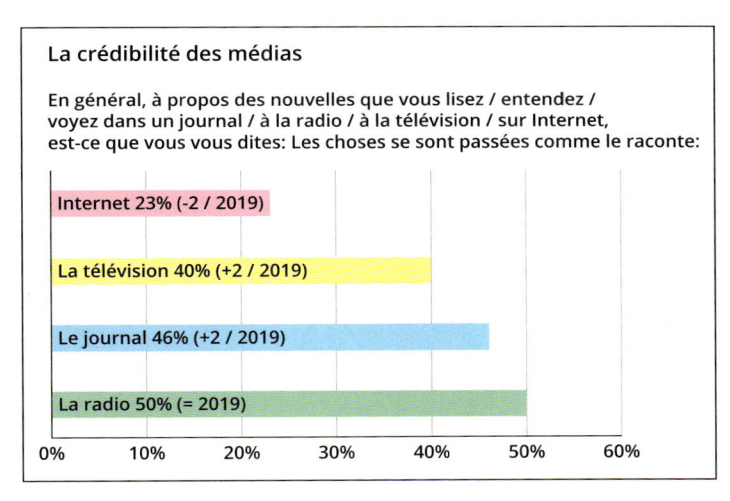

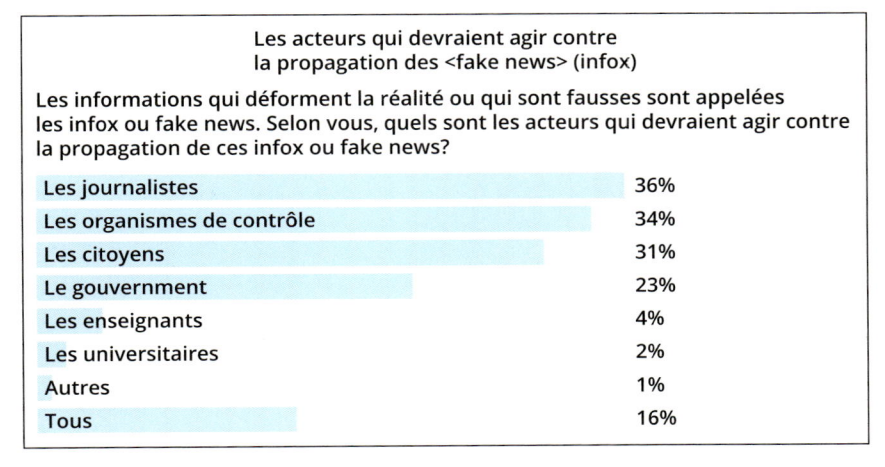

La crédibilité des médias

En général, à propos des nouvelles que vous lisez / entendez / voyez dans un journal / à la radio / à la télévision / sur Internet, est-ce que vous vous dites: Les choses se sont passées comme le raconte:

- Internet 23% (-2 / 2019)
- La télévision 40% (+2 / 2019)
- Le journal 46% (+2 / 2019)
- La radio 50% (= 2019)

Les acteurs qui devraient agir contre la propagation des <fake news> (infox)

Les informations qui déforment la réalité ou qui sont fausses sont appelées les infox ou fake news. Selon vous, quels sont les acteurs qui devraient agir contre la propagation de ces infox ou fake news?

Les journalistes	36%
Les organismes de contrôle	34%
Les citoyens	31%
Le gouvernement	23%
Les enseignants	4%
Les universitaires	2%
Autres	1%
Tous	16%

V

intox = information + intoxication, c'est le mot original (est encore très largement employé) pour désigner les fausses informations.

infox = mot inventé en 2018 par le comité de l'enrichissement de la langue française pour désigner une fausse information.

Les deux mots sont utilisés et acceptés.

3 Ingéniosité humaine

Vers l'Épreuve 2 : Compréhension écrite

Faites-vous confiance aux journalistes ?

Xavier
Je pense que la majorité des journalistes sont fiables. C'est aux lecteurs d'être vigilants et de choisir des journaux qui sont solides et ont une réputation établie.

Fatima
Il me semble que les infos partagées par les journalistes dans les journaux imprimés sont beaucoup plus fiables que les infos partagées sur les réseaux sociaux. Aujourd'hui, tout le monde est connecté 24h sur 24. Nous sommes tous constamment bombardés d'informations en tout genre. À nous d'prendre à faire la part des choses.

Clotilde
Je ne fais absolument pas confiance aux journalistes. Les journalistes sélectionnent les informations qu'ils diffusent pour manipuler l'opinion publique. Aucun journaliste n'est neutre.

Alexandra
Lors des campagnes électorales par exemple, il est souvent clair que les journaux (et donc les journalistes) prennent parti pour tel ou tel candidat, et s'acharnent sur d'autres. Je trouve que c'est de l'abus de pouvoir. Le rôle des journalistes doit être de relayer l'information et les faits de façon neutre pour ensuite permettre aux auditeurs ou aux lecteurs de se forger leur propre opinion sur l'événement. Je ne fais donc nullement confiance aux journalistes.

Julien
Je fais parfois confiance aux journaux, mais il me semble que trop souvent le but des journalistes est d'obtenir un scoop et le publier en premier pour se faire de l'argent. C'est surtout vrai sur les réseaux sociaux. Je trouve ça malsain. Cette attitude nuit à la réputation de la presse en général. C'est dommage car il est essentiel que les citoyens soient informés de ce qui se passe dans le monde.

Marie
Les médias télévisés ont parfois tendance à dramatiser des événements pour se faire plus d'audimat. Je ne trouve pas ce comportement éthique car ça va à l'encontre de l'esprit de la liberté d'information d'après moi. La presse écrite me parait plus fiable.

Medhi
En général, je ne m'inquiète pas de savoir si les informations publiées ou diffusées sont vraies, fausses ou exagérées. En fait, le flot incessant d'informations qui envahit nos écrans me fatiguent, et je n'y fais pas vraiment attention.

3.1 Du papier au clavier… une société informée et connectée

Questions de compréhension

C'est qui ? Inscrivez dans chaque affirmation le nom de la personne appropriée.

1 _____ a une opinion plus négative des médias télévisés que de la presse écrite.

2 _____ est 100% anti-presse.

3 _____ pense que c'est à nous de nous éduquer aux médias.

4 _____ ne s'intéresse absolument pas aux médias.

5 _____ pense que la responsabilité de faire le bon choix revient aux lecteurs.

6 _____ pense que les médias ont trop de pouvoir.

TDC

1 Relisez le texte précédent.

a Relevez le vocabulaire positif et négatif utilisé pour parler des médias.

Vocabulaire positif	Vocabulaire négatif
Exemple : fiable	bombardé

b En vous référant au texte, le vocabulaire positif est-il plus souvent associé à un type de média qu'à un autre ? Justifiez.

_____
_____
_____

c Que pouvez-vous déduire de l'emploi du vocabulaire négatif ? Expliquez.

_____
_____

2 Les médias défendent souvent une opinion, un point de vue. Certains soutiennent des partis politiques spécifiques et / ou revendiquent des valeurs spécifiques (exemple : journaux catholiques en France). La neutralité devrait-elle leur être imposée selon vous ? Justifiez vos opinions.

_____
_____
_____

3 Ingéniosité humaine

3 Choisissez un fait d'actualité courant. Cherchez trois articles tirés de journaux différents qui traitent de ce fait. Ces journaux peuvent être originaires du même pays ou de pays francophones différents, ou vous pouvez faire l'exercice deux fois. Relevez les différences de traitement de l'information par vos trois sources (détails / différences de points de vue ou de langage utilisé etc.). Quel article vous semble traiter le sujet le plus partiellement possible ? Pourquoi ? Comment ? Quelles conclusions pouvez-vous retirer de cet exercice ?

_____
_____
_____
_____
_____

La fiabilité des informations

Lisez la définition de fausses informations et faites l'activité en dessous.

Avis de recherche… !

Nom :	« **Fake news** » **ou fausse information**
Description :	Peut prendre la forme d'une rumeur (parfois diffamatoire) non fondée ou vérifiée, d'une information créée de toutes pièces, d'une fausse statistique, d'une interview éditée et prise hors contexte, d'une photo fabriquée ou retouchée, d'une statistique fausse ou erronée, d'anciennes photos détournées et réutilisées, etc.
Moyens de diffusion :	Presse écrite, radio, Internet, tweets, réseaux sociaux, blogs…
Taux de dangerosité :	Très élevé
Risques principaux :	– porter préjudice à une personne, un pays – donner une mauvaise image d'une situation – faire une mauvaise réputation à quelqu'un – manipuler l'opinion – cacher la vérité aux populations – perte de confiance envers les journalistes professionnels – mise en danger de la vie des personnes (fausses infos scientifiques par exemple, comme l'éventuelle efficacité ou non d'un médicament ou d'un traitement)
Conseils :	Vigilance, utilisation du bon sens, vérification systématique des sources et de la date, exercice d'un esprit critique. Il faut éviter de partager des infos sans réfléchir et sans avoir vérifié la fiabilité de la source auparavant. Il est possible de signaler de fausses infos en cliquant sur l'onglet « signaler la publication ».

3.1 Du papier au clavier… une société informée et connectée

Décision à prendre : infos ou intox ?

Avec un(e) camarade, décidez si les infos suivantes (1–4, pages 105-106) sont de vraies ou fausses infos. Expliquez comment vous êtes arrivé(e)s à vos conclusions.

> **Grèves dans les transports en commun à Paris. Les pickpockets pénalisés demandent le retour à la normale de la situation**
> legorafi.fr 01-04-2020

	Info	Intox	Raison(s)
Exemple :		✓	La date est plausible car il y avait des grèves de transport à Paris à cette période. Toutefois, legorafi n'est pas un site crédible. Le journal est une parodie du journal Le Figaro. De plus, le bon sens nous dit qu'il serait ridicule, pour des pickpockets de réclamer la remise en marche des trains et du métro pour qu'ils puissent continuer à voler les portefeuilles des passagers. C'est une info amusante mais fausse.
1			
2			
3			
4			

Point Info

Poisson d'avril ! Le 1er avril est un jour où l'on fait des farces à d'autres personnes en France. C'est donc le seul jour où les journaux sérieux et officiels s'autorisent à publier de fausses informations. Les lecteurs s'amusent ensuite à les identifier.

1

> **Le chanteur Michael Jackson encore en vie !**
> Jackson aurait été aperçu en Californie vendredi. D'après nos sources, Jackson aurait simulé sa propre mort en 2009 pour échapper à la justice et aux accusations d'abus sexuels sur mineurs.
> 22 / 01 / 2017
>
> SCOOP !

3 Ingéniosité humaine

2

Emmanuel Macron et Justin Trudeau en vacances ensemble en Bretagne.

2.15 PM - 26 May 2017

1 Retweet **11** Comme

💬 1   🔁 1   ♡ 11   ✉

Suivre

3

Marion Cotillard mène une expédition de Greenpeace en Antarctique.

4

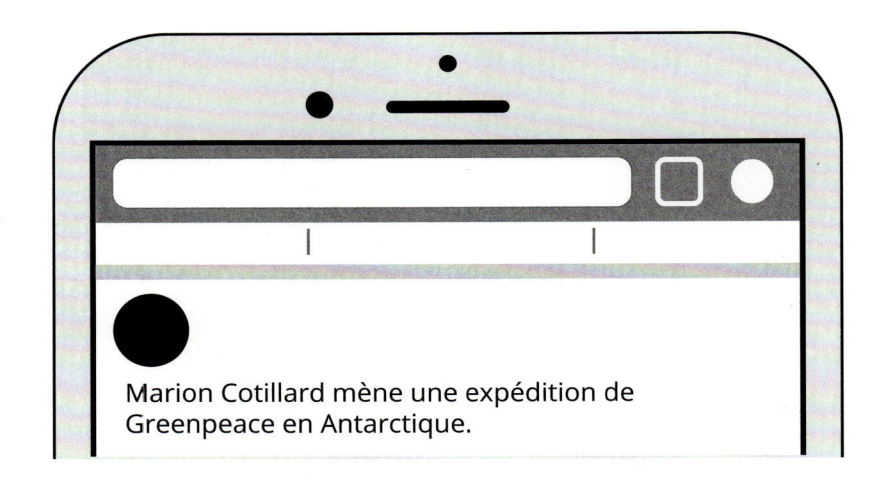

Un engin d'expédition polaire zéro émission testé dans une station de ski de Haute-Tinée.

23-01-2020

Liberté de la presse

1 Faites une liste de cinq risques encourus par les journalistes dans l'exercice de leur métier. Pour chaque risque, donnez un conseil pour éviter le risque.

Exemple :

Risque : le journaliste se fait voler son matériel (appareil photo etc.).

Conseil : n'emporter que le minimum et toujours garder son sac sur soi.

3.1 Du papier au clavier… une société informée et connectée

2 Quelles peuvent être les conséquences pour le public / le journaliste de la diffusion d'une information erronée ?

_____
_____
_____

3 De quelles façons les actions des journalistes peuvent-elles porter atteinte à un individu ?

_____
_____
_____

> **V** **erroné** = incorrect / qui comporte des erreurs

Une photo insolite

Observez cette photo.

1 Décrivez la photo.

_____
_____
_____
_____
_____

2 D'après vous, que représente-elle ? Justifiez vos suggestions.

_____

3 Cette photo fait partie d'une campagne de sensibilisation. Quel message essaie-t-on de faire passer par rapport au métier de journaliste, à votre avis ? Imaginez un slogan pertinent qui pourrait accompagner cette photo.

_____
_____

Ensuite, regardez l'affiche dans son intégralité à la page 108 et répondez aux questions suivantes.

1 Trouvez-vous cette affiche efficace ? Pourquoi ?

_____

2 Qui peut empêcher un journaliste de s'exprimer ?

_____

3 Dans quels contextes la liberté de la presse peut-elle être menacée ? Pouvez-vous citer des exemples récents ?

_____
_____

3 Ingéniosité humaine

Voici l'affiche dans son intégralité.

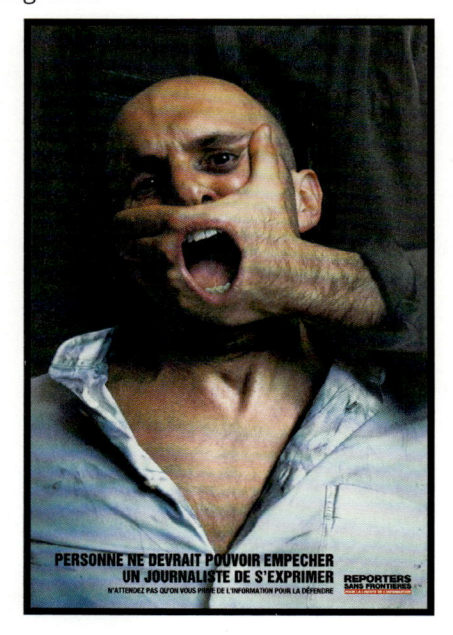

PERSONNE NE DEVRAIT POUVOIR EMPÊCHER UN JOURNALISTE DE S'EXPRIMER
N'ATTENDEZ PAS QU'ON VOUS PRIVE DE L'INFORMATION POUR LA DÉFENDRE
REPORTERS SANS FRONTIÈRES

« Personne ne devrait pouvoir empêcher un journaliste de s'exprimer » **TdC**

🎤 Discutez

4 Que pensez-vous de la phrase TdC ci-contre ? Partagez-vous cette opinion ?

5 N'y a-t-il aucune limite à la liberté de la presse ?

6 Un journaliste peut-il / doit-il pouvoir tout dire ou tout montrer au nom de la liberté de la presse ?

7 A-t-on encore besoin des journalistes pour s'informer aujourd'hui ?

8 Une image a été utilisée ici pour faire passer un message très précis et interpeller le public. Les images sont-elles, d'après vous, plus efficaces que les mots ?

9 Paris-Match, un célèbre magazine français, a pour devise « le choc des mots, le poids des photos ». Pour être efficace, une photo doit-elle être choquante ? Comment comprenez-vous la phrase « le poids des photos » ?

3.1.2 Jamais sans mon portable !

Compréhension conceptuelle

Audience

1 À qui s'adresse ce quiz ? Justifiez.

2 Si vous changiez d'audience, quelles questions changeriez-vous ? Expliquez vos changements par rapport à l'audience choisie.

Quiz : Geek or pas geek ?

1 C'est l'heure du repas…

- x c'est un moment convivial important et tu descends tout de suite pour te mettre à table.
- ☐ z ta mère est obligée de t'envoyer un texto pour que tu te décides enfin à venir à table.
- y tu demandes à tes parents de patienter une minute car ton émission de télé-réalité préférée est bientôt finie.

2 Quand l'Internet ne marche pas à la maison…

- z tu es de mauvaise humeur pour la journée.
- ☐ x tu te sens soulagé(e) ; tu vas pouvoir décrocher et faire une pause.
- y tu es embêté(e), mais tu t'adaptes. Ce n'est pas la peine d'en faire un drame ; ce n'est pas la fin du monde !

3.1 Du papier au clavier… une société informée et connectée

3 Tu préfères passer tes journées…

- **y** à sortir avec des amis ou les contacter sur les réseaux sociaux.
- **z** à jouer à ton jeu vidéo préféré.
- **x** en plein air ; c'est bon pour ta santé mentale.

4 Tu utilises YouTube…

- **y** de temps en temps.
- **x** You quoi ?
- **z** tous les jours sans exception.

5 Pour toi, Facebook représente…

- **x** une plateforme qui te permet de rester en contact régulièrement avec tes amis qui vivent loin.
- **z** une plateforme indispensable pour montrer à tout le monde combien ta vie est géniale.
- **y** une plateforme intéressante pour espionner la vie des autres de temps en temps.

6 L'invention la plus géniale de ces dernières années, c'est…

- **x** la trottinette électrique.
- **y** le livre électronique.
- **z** le jeu vidéo Fortnite.

7 Tu ne sors jamais…

- **y** sans ton portable.
- **z** sans ton ordinateur portable et ton portable.
- **x** sans ton parapluie.

8 Combien de temps collé à un écran passes-tu par jour en moyenne ?

- **z** environ deux heures.
- **x** je vérifie mes courriels une fois le matin et une fois le soir.
- **y** je me connecte au moins un quart d'heure toutes les heures.

9 La première chose que tu fais le matin quand tu te réveilles, c'est…

- **x** te lever et te brosser les dents.
- **y** vérifier tes messages sur ton portable.
- **z** regarder les infos sur ton portable.

10 La dernière chose que tu fais avant de t'endormir, c'est…

- **z** finir ta partie de jeu vidéo sur ton portable.
- **y** regarder un film.
- **x** terminer un chapitre du livre que tu es en train de lire.

TDC **Le pouvoir des mots…**

1. Le terme « geek », emprunté à l'anglais, a-t-il une connotation positive ou négative ?
2. Quelles conséquences l'utilisation de ce type de mots pour décrire une personne peut-elle avoir sur la personne ? Sur l'entourage de la personne ? Que révèle-t-elle sur celui qui l'utilise pour décrire une autre personne ?
3. Est-il approprié d'utiliser ce genre de mot dans le titre ou comme sujet d'un quiz de personnalité ? Expliquez.
4. Quel autre titre pourrait-on donner au quiz ?

3 Ingéniosité humaine

Résultats :

Tu as une majorité de réponses « x »
Tu ne tombes pas du tout dans la catégorie des « geeks ». Tombes-tu alors dans celle des « no-life » puisque tout le monde est hyper connecté ? Non, pas de panique. Tu vis en fait dans la vraie vie et cette attitude ne peut être que bénéfique pour ta santé. Ne change rien.

Tu as une majorité de réponses « y »
Tu es raisonnablement « geek ». Tu es au fait des derniers gadgets électroniques et des dernières tendances technologiques, mais même si tu t'en sers au quotidien, tu n'en n'abuses pas. Tu sembles assez équilibré(e) dans ton approche, et tu arrives même parfois à éteindre ton portable et à te déconnecter pendant plusieurs heures.

Tu as une majorité de réponses « z »
Tu es geek à fond ! Tu te lèves en pensant technologie, tu respires technologie pendant la journée et tu en rêves la nuit. Les portables, l'internet, les réseaux sociaux etc. n'ont aucun secret pour toi. Tu sors peu avec tes amis, mais au moins, c'est toujours toi qu'ils viennent voir lorsque leur ordi tombe en panne et qu'ils ont besoin d'être dépannés. Mais… serais-tu accro ?

Vers l'Épreuve 2 : Compréhension orale

Écoutez le reportage d'une enquête sur la dépendance au smartphone chez les jeunes.

1 Sur quelle tranche d'âge les chercheurs ont-ils mené cette enquête ?

_____

2 Citez un des symptômes mentionnés dans le reportage lorsque l'on supprime le téléphone de l'un des jeunes interrogés.

_____

3 D'après un des chercheurs, un adolescent dépendant à son téléphone… ☐
   a ne parle à personne, pense tout le temps à son téléphone et s'isole avec son téléphone.
   b est toujours de mauvaise humeur et n'arrive pas à se concentrer.
   c a mal au poignet et est incapable de se concentrer sur son travail scolaire.

4 Où l'enquête a-t-elle été menée ?
_____

5 Quel est le pourcentage de jeunes dépendants à leur portable selon l'enquête ? _____

6 Quelle solution est préconisée dans le reportage ? _____
_____

7 Citez trois usages que les jeunes font de leur téléphone. _____
_____

3.1 Du papier au clavier… une société informée et connectée

8 Discutez avec un(e) partenaire :

  a Pourquoi et pour quoi utilisez-vous votre portable le plus souvent ?

  b On dit souvent que notre portable nous simplifie la vie. Partagez avec votre camarade une situation dans laquelle votre portable simplifie votre vie, et une situation où il la complique. Expliquez.

  c Avec votre partenaire, faites une liste des arguments pour et des arguments contre l'utilisation du portable.

Pour	Contre

  d Choisissez le côté du pour ou du contre, et rédigez le texte d'un mini discours (3 min) qui se terminera par l'une des phrases suivantes :

  1 Et voilà pourquoi je pense que nous *ne pouvons pas* vivre sans notre téléphone portable aujourd'hui.

  ou

  2 Et voilà pourquoi je pense que nous pouvons vivre sans notre téléphone portable aujourd'hui.

3 Ingéniosité humaine

Vers l'Épreuve 2 : Compréhension écrite

TÉMOIGNAGE : « TROIS SEMAINES SANS MON PORTABLE ! »

A l'occasion de la journée mondiale sans téléphone portable célébrée tous les ans le 6 février, Nadia, une adolescente de 16 ans, vous raconte comment elle a dû vivre trois semaines sans son portable…

Dans la vie, il y a ceux qui vivent bien ancré dans le monde réel, et ceux qui ont le nez scotché à l'écran de leur portable 24h sur 24. Moi, je fais partie de la deuxième catégorie ; ceux qui vivent leur vie dans le monde virtuel. Alors, imaginez la panique qui s'est emparée de moi il y a quelques mois lorsque mon téléphone portable est tombé en panne sans prévenir ! Imaginez maintenant l'angoisse qui m'a assaillie lorsque l'on m'a dit qu'il était réparable mais que ça prendrait environ trois semaines, le temps de commander et recevoir les pièces nécessaires. Trois semaines ? J'ai failli m'évanouir en attendant cette nouvelle catastrophique ! Comment allais-je faire pour survivre un mois sans mon fidèle compagnon ? ! Et bien pourtant, j'ai bien dû m'y résoudre et, à ma plus grande surprise, je l'ai fait !

SEMAINE 1 : CRISES D'ANGOISSE À RÉPÉTITION !

Samedi soir… que ce passe-t-il ? ! mon portable refuse de s'allumer. J'appuie sur l'écran… rien… celui-ci reste désespérément noir ! A l'aide ! J'envoie à courriel en urgence de mon ordi à Xavier, le geek de la classe qui d'habitude a toujours la solution à tous les problèmes techniques, mais rien n'y fait ! Quelles que soient ses suggestions, mon portable ne s'allume pas ! Restons calme… la nuit porte conseil… gardons l'espoir. Ah oui mais, comment vais-je me réveiller demain matin sans l'alarme de mon téléphone ?

Dimanche matin : pas de miracle ! Mon portable est bel et bien en panne. Quelle angoisse ! Aujourd'hui c'est repas de famille chez mes grands-parents. Comment vais-je supporter le trajet en voiture si je n'ai pas mon portable pour écouter ma musique ? Toute une journée à m'ennuyer et rien pour me distraire… pas d'accès à mes jeux habituels, pas de textos aux copains… rien, le vide, le néant.

Lundi midi : la série noire continue. Je me suis rendue au magasin pour le faire réparer… c'est possible, mais il va falloir compter environ 3 semaines…. Trois semaines… mais c'est une blague ? ! ! Comment vais-je faire pour survivre ? Comment accéder aux informations, rester en contact avec mes amies, écouter ma musique etc. si je n'ai pas mon portable ? Inconcevable !

SEMAINE 2 : PAS LE CHOIX… IL FAUT S'ADAPTER !

Maintenant, je comprends par quoi passent les fumeurs qui essaient d'arrêter la cigarette ! Pas facile ! Au fur et à mesure, j'apprends à m'organiser différemment ; à repenser mes habitudes. A savoir :

– le matin, pour me réveiller, j'ai ressorti mon ancien radio réveil. Ça prend plus de table sur ma table de nuit, mais ça fait l'affaire.

– dans les transports en commun, je remplace l'écoute des mes chansons préférées par la lecture d'un livre. J'avais oublié combien j'aime lire en fait !

– Pour me rendre dans des nouveaux lieux, plus de GPS, alors je m'organise avant de partir en consultant l'itinéraire sur mon ordinateur et en imprimant le trajet.

3.1 Du papier au clavier… une société informée et connectée

Je me débrouille. Par contre… c'est vraiment la galère pour rester en contact avec mes proches et mes amis. Le soir, une fois rentrée à la maison, ça va car je peux utiliser Zoom pour appeler mes potes, mais pendant la journée, je me sens coupée du monde… de mon monde.

Fin de semaine : Toujours pas de nouvelle du magasin de réparation. Mais mine de rien… je commence vraiment à m'habituer. L'angoisse de la séparation initiale commence à s'estomper. J'ai redécouvert la lecture, et le plaisir d'observer ce qui se passe autour de moi. J'ai encore quelques réflexes de dépendances, et il m'arrive donc de mettre la main dans ma poche pour chercher mon portable, mais ils se font plus espacés. Commencerais-je à aller mieux, docteur ?

SEMAINE 3 : AH… C'EST DÉJÀ FINI !

J'ai reçu un courriel ce matin… mon portable est prêt ! Je suis envahie par des émotions contradictoires : l'impatience d'être à nouveau réunie avec cet objet indispensable au bon fonctionnement de ma vie quotidienne, et une certaine tristesse d'en finir avec cette nouvelle vie sans portable à laquelle je me suis habituée. Je me suis rendue compte que je pense de moins en moins à mon portable. Finalement, ne pas être joignable 24h sur 24 m'a apporté une certaine sérénité. A la réflexion faite, demain, après avoir récupéré mon portable, je vais peut-être attendre avant de dire à tout le monde que je suis à nouveau connectée au monde virtuel !

Questions de compréhension

Répondez aux questions ci-dessous.

1. Quel mot (dans les lignes 1–6) signifie « enraciné » ?
   _____

2. Quelle expression signifie que Nadia a été forcée d'accepter la situation contre son gré ?
   _____

En vous basant sur les lignes 15–44, reliez les débuts de phrases aux fins de phrases correspondantes.

3. Son portable ____
4. Nadia ne parvient pas à ____
5. Sans portable, il lui est impossible ____
6. Nadia ____
7. Son plus grand problème est de ____

a. de sortir du lit le matin.
b. est contrainte de trouver d'autres façons de gérer son quotidien.
c. est tombé en panne.
d. refuse de s'éteindre.
e. se déplacer dans les transports en commun.
f. vivre une vie normale.
g. à trouver une solution.
h. de rester en contact avec ses proches.
i. à se divertir de la même façon.
j. se sent désespérée et impuissante.

Répondez aux questions en vous basant sur les lignes 45–59.

8. Quelle expression signifie « sans en avoir l'air » ? _____

3 Ingéniosité humaine

9 Citez une action que Nadia fait depuis que son téléphone est hors d'usage.

_____

_____

10 Qu'a compris Nadia grâce à cette semaine sans portable ?

_____

_____

Et la politesse ? !

Avec un(e) camarade, faites une liste des comportements liés à l'usage du téléphone portable qui vous agacent, et expliquez pourquoi ces comportements vous agacent.

> Exemple : les gens qui parlent fort au téléphone dans le train – C'est mal poli et égoïste. Personne n'est intéressé par ce qu'ils racontent. Ils dérangent la tranquillité des autres.

_____

_____

_____

_____

_____

Vers l'Épreuve 2 : Compréhension écrite

NS

Lisez l'extrait suivant tiré du livre intitulé *Situations délicates*, de Serge Joncour.

Point Info
Serge Joncour
(1961-)
Écrivain français, auteur de *L'Idole* et *UV*.

Le portable à table…

Au moment de s'asseoir, ils les ont tous posés sur la table, comme on dépose les armes, et vous qui n'en avez pas, vous vous êtes senti amoindri, dépossédé d'une attitude.

(…)

Depuis quinze années ces quatre-là sont vos meilleurs amis, cela dit, à travers eux, vous sentez qu'il est un des grands virages de la civilisation que vous venez ni plus ni moins de manquer. À moins que ce ne soit un problème d'amplitude sociale. Cette nécessité d'être joignable à tout moment est l'affirmation d'une importance, et s'il est des hommes sur cette planète dont la disponibilité est déterminante, vos amis en sont. Ainsi vous concevez l'honneur qu'il y a d'être assis à leur table, le simple fait de les fréquenter vous rehausse. 5

En somme, tout se passe bien pour vous, jusqu'à ce que passablement confus ils se retrouvent tous les quatre au téléphone. Du coup vous sentez poindre l'ostracisme, vous attendez même qu'ils finissent avant de toucher à l'assiette qu'on vient de vous servir. 10

Comme les conversations s'éternisent, vous commencez à manger. L'un d'entre eux a un petit signe pour vous dire que vous avez bien fait, même si les trois autres, chaque fois que vous choquez vos couverts dans la faïence, vous font des grands signes excédés. À partir de là vous êtes vigilant. À chaque fois que vous touchez votre verre, vous limitez la résonance, vous découpez posément les côtelettes, vous mâchonnez prudemment. Ce qui vous obsède c'est la peur du hoquet, la moindre émotion au moment de manger vous déclenche ça. 15

3.1 Du papier au clavier… une société informée et connectée

Tout de même, vous notez la délicatesse de Philippe, le seul à s'excuser vraiment, même s'il recompose déjà un nouveau numéro, coup de fil visiblement important, en rapport avec le précédent. Les trois autres par contre persistent avec leurs correspondants, considérablement absorbés. À un moment, vu la juxtaposition de certains propos, vous avez craint qu'ils ne se téléphonent entre eux, et qu'à votre insu, la conversation ne se soit nouée autour de cette même table. Ce serait idiot.

Sur le point de plonger la cuillère dans les profiteroles, pris par le scrupule, vous vous dites que ce serait sympa de les attendre, le temps au moins qu'ils finissent leur apéritif. Seulement, les glaces vanille étant ce qu'elles sont, ductiles et faibles, il faut vous résoudre à les attaquer, sans quoi les choux auront fini par sombrer. Votre attitude est une nouvelle fois encouragée par vos amis qui, en masquant le bas du combiné vous chuchotent les uns après les autres que vous avez bien fait.

Plutôt que de commander le café tout de suite, vous temporisez, l'histoire de griller une cigarette. Là par contre ils vous en dissuadent tous en faisant de grands gestes à cause de la fumée. Alors vous commandez un déca.

Ils ont l'air contents d'eux-mêmes en raccrochant leur engin, un rien suffisants, peut-être même qu'il y a un peu de condescendance dans leur façon de vous demander si vous avez bien mangé, comme on le demande parfois aux enfants, ou tout subalterne.

Par contre, là où ils retombent tous de leur altitude, là où vous triomphez, c'est quand le patron en personne vous apporte votre café, tout en vous glissant, avec ce qu'il sait de déférence :

On demande Monsieur au téléphone.

V **ductile** = qui peut être allongé

Questions de compréhension

Répondez aux questions en vous basant sur le texte.

1 Parmi les phrases ci-dessous, seules quatre correspondent aux idées exprimées par le texte. Écrivez sur la ligne les lettres correspondant aux réponses correctes.

   A   Le narrateur n'a aucun complexe par rapport à ses amis.

   B   Le narrateur est anti portable.

   C   Les sujets de conversation à table sont variés.

   D   L'utilisation du portable conférerait à son utilisateur un certain statut social.

   E   Le narrateur n'a aucune hésitation avant d'attaquer le plat principal qu'on vient de lui servir.

   F   Les conversations téléphoniques sont de courte durée.

   G   Le bruit que le narrateur fait avec sa fourchette et son couteau gène ses amis qui sont au téléphone.

   H   Le narrateur est détendu lorsqu'il mange.

   I   Le narrateur est encouragé à continuer son repas par ses amis.

   J   Le narrateur renonce à fumer.

3 Ingéniosité humaine

En vous basant sur le texte, complétez le tableau suivant. Indiquez à qui ou à quoi se rapportent les mots en italique.

Dans la phrase	le mot…	se rapporte à
2 ils *les* ont tous posés sur la table (ligne 2)	les	
3 le simple fait de *les* fréquenter (ligne 9)	les	
4 il faut vous résoudre à *les* attaquer (ligne 27)	les	

5 Pourquoi ses amis préfèrent-ils que le narrateur ne fume pas ?

_____

_____

3.1.3 Utile, mais quel gâchis !

Vers l'Épreuve 2 : Compréhension écrite

Retrouvez par le code QR le guide « Internet et moi ». À la page 6, lisez le texte « Je blogue : Un journal pas intime du tout ».

Répondez aux questions en vous basant sur le premier paragraphe.

1 À qui s'adresse ce guide ? Justifiez votre réponse.

_____

2 À quoi est comparé le blog ?

_____

Vrai ou faux ? Justifiez vos réponses.

3 Il n'est pas aisé de créer un blog.   V   F

   Justification _____

4 Seuls amis, profs ou parents peuvent lire le blog.   V   F

   Justification _____

5 Il est conseillé de ne pas divulguer ses coordonnées dans un blog.   V   F

   Justification _____

Répondez aux questions en vous basant sur le deuxième paragraphe.

6 Si on blogue, que faut-il gérer et vérifier en plus de ses commentaires personnels ?

_____

7 Pour quelle raison un blogueur / une blogueuse peut-il / elle être puni(e) par la loi ?

_____

8 Donnez deux exemples de publications pour lesquelles l'autorisation de l'auteur est nécessaire.

_____

3.1 Du papier au clavier… une société informée et connectée

Vers l'Épreuve 1 : Expression écrite

www.technoconcient.be

Le Blog de JP
Jeudi 31 janvier 2019

Salut à tous,

La semaine dernière, je partageais avec vous mes opinions et mon enthousiasme pour les voyages futurs dans l'espace. Cette semaine, c'est ma colère que j'aimerais partager. Ma colère par rapport à la mort programmée de tous nos équipements et produits électroniques.

L'obsolescence programmée (ou *désuétude planifiée* pour faire un clin d'œil à nos amis québécois)… en avez-vous entendu parler ? Je trouve ça HONTEUX ! Il s'agit bien sûr d'une stratégie commerciale…tout tourne autour de l'argent et du profit encore une fois ! Et l'impact sur l'environnement alors ? ! Qui y a pensé ? !

Pour celles et ceux d'entre vous qui se demandent de quoi je parle, j'explique…

L'obsolescence programmée est un terme qui fait référence à une stratégie utilisée par les entreprises et qui vise à contrôler la durée de vie (qu'ils limitent bien sûr !) de leurs produits. En clair… les entreprises, peu scrupuleuses, planifient la mort de leurs produits de façon à obliger les consommateurs, c'est-à-dire moi, vous… nous (!) à en acheter des nouveaux plus souvent. Nous sommes tous manipulés… et trop bien souvent ignorants, ou pire… consentants !

Mais comment est-ce possible me direz-vous ? … c'est simple… votre produit devient rapidement obsolète parce qu'un nouveau produit plus performant vient le remplacer, ou qu'il devient simplement inutilisable ! Prenons l'exemple de votre télévision qui tombe soudain en panne. La réparer couterait presque aussi chère qu'en racheter une nouvelle (tactique commerciale bien sûr), alors pourquoi s'embêter ? Autant la remplacer ! Logique, non ? !

Logique… oui mais…

Ne vous êtes-vous jamais demandé pourquoi nos téléphones ou ordinateurs portables devenaient plus lents, moins performants et ce souvent moins de trois ans après leurs achats ? Ou encore pourquoi de nouveaux téléphones toujours plus performants étaient sans cesse mis en vente ? Dans votre désir de posséder le modèle dernier cri et de ne pas passer pour un ringard devant vos copains, avez-vous réfléchi aux conséquences ce ces pratiques commerciales pour l'environnement ? Que deviennent en effet ces millions de téléphones remplacés chaque année ? Cette pensée vous a-t-elle jamais traversé l'esprit ?

Des chiffres parlants pour illustrer mes propos :

- durée de vie moyenne d'un ordinateur portable : 8 ans
- durée de vie moyenne d'une télévision : 8 ans
- durée de vie moyenne d'un téléphone : 4 ans

Ai-je besoin d'en dire plus ?

Cette pratique pousse certes à la créativité et au développement de produits toujours plus performants, mais à quel prix ? … pour nous, les consommateurs, et pour l'environnement !

C'est une condamnation à mort pure et simple de nos objets (en particulier nos appareils high-tech) ! Ça me met hors de moi ! Comment pouvons-nous manifester pour agir pour la planète et accepter ce genre de pratique en même temps ? !

N'hésitez pas à partager votre opinion sur ce sujet.

La semaine prochaine, je parlerai du sujet passionnant des robots. D'ici là, si vous étiez tentés de changer de téléphone à nouveau… réfléchissez à deux fois avant d'agir !

JP

3 Ingéniosité humaine

Compréhension conceptuelle

De quel type de texte s'agit-il ? _____

Relisez le texte et remplissez le tableau de compréhension conceptuelle ci-dessous. Dans la colonne de droite, justifiez à l'aide du texte.

Destinataire ? – C'est pour qui ?		
Contexte ? – Situation / registre ?		
Le but ? – Pourquoi ?		
Le sens ? – Comment ?		

Manipulation du texte :

Variation : imaginez que vous écrivez aux entreprises qui limitent la durée de vie de leurs produits. Réécrivez le paragraphe intitulé « Logique… oui, mais… » en l'adaptant pour ce nouveau destinataire. Quels changements, quelles variations observez-vous ?

_____
_____
_____
_____
_____
_____
_____
_____
_____
_____

Portrait Robot

Nom : Blog

But : réfléchir, exprimer et partager des opinions et émotions

Signes particuliers :

✓ Titre et / ou adresse
✓ Nom de l'auteur
✓ Date et / ou heure
✓ Narration à la première personne (je)
✓ Introduction   ✓ Expression d'opinions
✓ Formule de conclusion   ✓ Prise en compte du lecteur

Autres caractéristiques :

✓ Structuré
✓ Possibilité d'utilisation d'un langage expressif : exclamations, structures en si / questions rhétoriques, etc.
✓ Utilisation des pronoms pour s'adresser directement au lecteur
✓ Ponctuation

Registre : familier ou formel en fonction du destinateur, du but et du contexte

3.1 Du papier au clavier… une société informée et connectée

Vers l'Épreuve 1 : Expression écrite

NM 250–400 mots

NS 450–600 mots

Vous êtes le parent d'un enfant qui a été victime de harcèlement sur les réseaux sociaux. Vous désirez partagez votre expérience avec d'autres parents sur votre blog, exprimer vos émotions, et les sensibiliser à faire plus attention aux pratiques de leurs enfants sur les réseaux sociaux.

Conseil exam

Remplissez une grille de compréhension conceptuelle avant de vous lancer !

Mini débat

Voici plusieurs suggestions de mini débats. Avec un(e) camarade, choisissez l'un de ces débats et argumentez. Chaque mini débat doit durer six minutes. Une fois les six minutes écoulées, changez de partenaire et de débat. Renouvelez la rotation trois fois.

1. Faut-il interdire les portables à l'école ?
2. L'école du futur devrait être virtuelle.
3. Faut-il limiter l'exposition aux écrans ?
4. Vouloir contrôler les activités des internautes et censurer les propos jugés haineux est une atteinte à la liberté de tous.
5. La pratique de l'obsolescence programmée devrait être interdite par la loi.

Vocabulaire

1 Se construire un lexique

Français	Votre langue maternelle
La presse	
un journaliste	
un reportage	
médiatiser	
une rumeur	
faire ou créer le buzz	
un scoop	
se propager	
faire attention / être vigilant / faire gaffe (*fam.*)	
exercer son sens critique	
un service de messagerie	
publier de fausses informations	
faire circuler de fausses informations	
manipuler l'opinion	
fiable / la fiabilité	
vrai / la véracité	
vérifier les sources	
publier des photos retouchées	
publier ou diffuser des infos	
la course à l'audimat	
le lectorat	
un sondage / une enquête	

3 Ingéniosité humaine

la censure	
être censuré	
Téléphone portable	
un écran	
un clavier	
une batterie	
un chargeur	
une prise	
une application ou appli	
se faire confisquer son téléphone	
Internet	
un ordinateur	
une tablette	
éteindre / allumer son ordinateur	
mettre son ordinateur en veille	
télécharger	
le téléchargement (légal / illégal)	
pirater des informations	
le piratage électronique	
un bloggeur	
afficher un message sur un blog	
laissez un commentaire	
un site	
surfer le net	
les réseaux sociaux	

Vers l'Épreuve 1 : Expression écrite

NM 250–400 mots

NS 450–600 mots

NM Votre ordinateur, acheté il y a moins de deux ans, vient de tomber en panne. Vous vous êtes renseigné(e) et le vendeur vous a conseillé d'en acheter un nouveau. Vous êtes outré(e) par cette situation que vous trouvez injuste et vous vous sentez impuissant(e) en tant que consommateur / consommatrice. Écrivez un texte dans lequel vous expliquez votre situation et exprimez vos sentiments.

NS Votre ordinateur, acheté il y a moins de deux ans, vient de tomber en panne. Vous vous êtes renseigné(e) et le vendeur vous a conseillé d'en acheter un nouveau. Vous êtes outré(e) par cette situation que vous trouvez injuste et vous vous sentez impuissant(e) en tant que consommateur / consommatrice. Écrivez un texte dans lequel vous expliquez votre situation, exprimez vos sentiments et encouragez d'autres personnes à réagir contre ce genre de techniques commerciales.

Choisissez l'un des types de textes ci-dessous :

journal intime	tract	blog

3.1 Du papier au clavier… une société informée et connectée

Étape 1 : Pour vous aider à préparer

Compréhension conceptuelle	
Destinataire – C'est pour qui ?	
Contexte – situation / registre	
Le but – Pourquoi ?	
Le sens – Comment ? Des exemples ?	
Variation ?	

Types de textes	
À quelle catégorie de textes (**personnels ? professionnels ? textes des médias de masse ?**) chacun des trois types de textes proposés appartient-il ?	
D'après le contexte / le but et le destinataire, quel **type de texte** sera le plus **efficace** ? Justifiez votre réponse.	

Étape 2 : Brouillon d'idées

Faites un remue-méninges du vocabulaire spécifique à ce contexte.

Faites une liste des alternatives que vous pourriez avancer pour convaincre les autres consommateurs à réagir aux techniques commerciales abusives et déloyales. Faites aussi une liste des avantages que ces alternatives présentent.

   Exemple : Apporter votre appareil chez un réparateur spécialisé

   Avantage : ça coûte moins cher / moins de gaspillage / ça fait vivre les ouvriers spécialisés

Étape 3 : Rédigez votre texte

3 Ingéniosité humaine

Étape 4 : Fiche d'auto-évaluation

Points à vérifier		Exemples
Critère A (langue /12)		
Relecture grammaire : temps des verbes accords pronoms etc. Ai-je varié mon vocabulaire ?		
Critère B (message /12)		
Mes idées sont : pertinentes et adaptées à la tâche ? variées ? développées ? justifiées ?		
Critère C (compréhension conceptuelle et format /6)		
Prise en compte du **destinataire** ?		
Prise en compte du **contexte** ?		
But(s) atteint(s) ?		
Procédés utilisés pour : atteindre mon but et pour respecter mon contexte et mon audience		
Toutes les **conventions** de forme du texte choisis sont remplies ?		

Étape 5 : Réflexions finales

Points positifs dans mon devoir

Points à améliorer

Objectifs à atteindre lors du prochain devoir

3.1 Du papier au clavier… une société informée et connectée

Vers l'examen oral individuel

NM

Des pistes pour parler de ce dessin...

a Que se passe-t-il sur ce dessin de presse ? C'est où ? C'est quand ?

b Décrivez la scène.

c Quelles émotions ou *réflexions suscite*-t-il en vous ?

d Problématique ?

e Exprimez des opinions sur ce sujet.

> **Conseil exam**
> Pour les trois parties de l'examen oral individuel (NM), voir page 24.

Vers l'examen oral individuel

NS

Relisez « Le portable à table » (*Situations délicates*, Serge Joncour), aux pages 114–115.

Avant de préparer la présentation de l'extrait, posez-vous les questions suivantes...

Dans l'extrait,...

1 C'est qui ?	Comment je le sais ?

123

3 Ingéniosité humaine

2 C'est où ?	Comment je le sais ?
3 C'est quand ?	Comment je le sais ?
4 C'est quoi ?	Comment je le sais ?

Conseil exam

Votre présentation doit être centrée sur l'extrait, mais n'oubliez pas d'introduire l'auteur et l'extrait.

Votre présentation doit être structurée, logique et claire, et s'appuyer sur l'extrait.

5 Quel est le thème principal ? Comment est-il traité dans l'extrait ?

_____

_____

Conseil exam

Pour les trois parties de l'examen oral individuel (NS), voir page 25.

6 Quel est / quels sont les sous-thème(s) ? Comment sont-ils traités ?

_____

_____

_____

Grammaire en contexte : Les comparatifs ≫ p.99

Un exercice pour mettre la grammaire de ce chapitre en action.

Faites cinq phrases sur les médias en général, dans lesquelles vous utiliserez des comparatifs.

Exemple : radio – télévision

La télévision est **plus** populaire **que** la radio.

1 le portable – l'ordinateur

_____

2 les journaux numériques – les journaux papier

_____

3 Facebook – Instagram

_____

4 un courriel – une lettre

_____

5 un jeu vidéo – un livre électronique

_____

3.1 Du papier au clavier… une société informée et connectée

Références

Anciennes épreuves de compréhension écrite pour vous entraîner :

Mai 2013 – NS – Texte E – Être ami avec ses professeurs sur Facebook (article)

Novembre 2014 – NS – Texte E – Les adolescents suisse-romands communiquent sur un nouveau forum

Mai 2015 – NS – Texte A – Profession : manipulateur d'images (article)

Novembre 2015 – NS – Texte A – Libération parait sans photo (article)

Mai 2019 – NS – Texte B – Africa Check : contre la fausse information (fiche d'identité)

Novembre 2014 – NM – Texte B – La fête de l'Internet pour lutter contre l'inégalité numérique (interview)

Novembre 2014 – NM – Texte A – Appel aux bénévoles : missions solidaires en Afriques (appel)

Mai 2015 – NM – Texte C – Crise de la presse : les journaux papier condamnés a disparaitre (article)

Novembre 2015 – NM – Texte A – Basile Niane, journaliste et bloggeur (article)

Novembre 2018 – NM – Texte B – Médias sociaux : réfléchissez avant de partager (article)

3 Ingéniosité humaine

3.2 Science sans conscience

Séance échauffement

Activité 1 : Un futur imaginé

Lisez cet extrait tiré du livre de Jacques Attali intitulé *Une brève histoire de la terre*. Ce livre a été publié en 2006. Dans ce livre, l'auteur imagine ce que sera le monde en 2050.

À l'aide d'un surligneur, surlignez dans le texte toutes les prédictions qui se sont déjà réalisées aujourd'hui.

> Le temps des hommes sera de plus en plus utilisé à des activités marchandes qui remplaceront des services gratuits, volontaires ou forcés. L'agriculture deviendra de plus en plus industrielle ; elle enverra des centaines de millions de travailleurs vers les villes. L'industrie mondiale sera de plus en plus globale, les frontières de plus en plus ouvertes aux capitaux et marchandises ; les usines migreront de plus en plus facilement là où le coût global du travail sera le plus bas, c'est-à-dire à l'Asie de l'est, puis vers l'Inde. (…)
>
> La vitesse des innovations s'accélérera : le cycle allant de la création à la production et la commercialisation des produits alimentaires et des vêtements passera d'un mois à quatre jours. (…) Celui des médicaments passera de 7 à 4 ans.
>
> La durée de vie des marques sera elle aussi de plus en plus brève (…)
>
> La durée de vie des immeubles et des maisons sera, elle aussi, de plus en plus brève. (…)
>
> La formation initiale restera essentielle et chacun devra sans cesse se former pour rester employable.
>
> La réduction durable de la natalité et l'amélioration continue de l'espérance de vie conduiront à travailler moins longtemps dans l'année, mais plus longtemps dans la vie.
>
> L'âge de la retraite s'élèvera jusqu'à 70 ans pour tous ceux dont le travail n'est ni pénible, ni dangereux pour eux-mêmes ou pour les autres. (…)
>
> L'industrie du mieux-être deviendra une industrie majeure. (…)
>
> Plus de la moitié des travailleurs changeront de résidence tous les cinq ans et plus souvent encore d'employeur. (…)
>
> Les conditions de vie seront de plus en plus solitaires dans des appartements de plus en plus exigus.

Activité 2 : Des prédictions devenues réalité

1. Identifiez les prédictions mentionnées dans le texte qui d'après vous constituent une réelle amélioration pour notre quotidien. Expliquez / justifiez.
2. Identifiez celles qui, d'après vous, représentent une menace. Expliquez / justifiez.
3. Avec un(e) camarade, faites deux prédictions pour l'avenir et justifiez-les.

3.2 Science sans conscience

Activité 3 : Capsules temporelles

Imaginez que vous et votre classe allez enterrer des capsules temporelles censées être ouvertes dans un siècle (100 ans).

Dans votre capsule, vous voulez partager trois inquiétudes concrètes que vous avez à propos de ce qui se passe à votre époque. Vous vous excusez également auprès des générations futures pour l'impact négatif que ces « inquiétudes » auront eu sur elles.

Exemple :

Je suis terriblement inquiet(e) de la vitesse à laquelle ma génération utilise et gaspille les ressources naturelles. Le jour du dépassement est de plus en plus tôt chaque année. Je m'excuse sincèrement car aujourd'hui la terre doit ressembler à des zones désertiques et vous devez surement endurer des températures supérieures de plus de 40 degrés tous les jours.

Grammaire en contexte : La négation ou forme négative » p.145

Exemple : « pour tous ceux dont le travail **n'**est **ni** pénible, **ni** dangereux »

La forme négative se place autour du verbe : Je **ne** veux **pas** travailler aujourd'hui.

Attention aux temps composés (passé composé, plus-que-parfait, conditionnel passé, futur antérieur) : Il **n'**avait **pas** voulu venir à la soirée.

Il existe plusieurs formes négatives.

ne ... pas : Nous **ne** sommes **pas** arrivés à l'heure.

ne ... plus : Bientôt, il **n'**y aura **plus** de vie sur terre.

ne ... rien : Si tu **n'**as **rien** à faire, je peux te trouver du travail ?

ne ... jamais : Elle **ne** répond **jamais** au téléphone. C'est pénible !

ne ... que : Dépêchons-nous, nous **n'**avons **que** trois heures pour finir ce travail.

ne ... personne ou **personne ne** : Il **ne** fait confiance à **personne** / **Personne ne** lui fait confiance.

ne ... aucun(e) : Si ce que tu dis est la vérité, tu **n'**as **aucune** raison de t'inquiéter.

ne ... ni ... ni : Je **n'**ai **ni** envie de t'écouter **ni** de te parler.

ne ... pas encore : Je **n'**ai **pas encore** rédigé mon devoir de français. Je suis en retard.

La double négation

Il **ne** fait **jamais** confiance à **personne**.

Nous **ne** comprenons **jamais rien** quand elle parle. Elle devrait articuler !

Activité 4 : Mini-débat

1 Observez ces stimuli visuels. À quoi vous font-il penser ? Discutez avec un(e) camarade.

a   b   c

Point Info

Le jour du dépassement
= date à partir de laquelle l'empreinte écologique dépasse la biocapacité de la planète. En d'autres termes, c'est le jour de l'année où notre utilisation des ressources naturelles de la terre et notre rejet de polluants sont supérieurs à la capacité de la terre à se régénérer. D'année en année, le jour du dépassement est de plus en plus tôt.
2014 : 19 aout
2015 : 13 aout
2016 : 8 aout
2017 : 2 aout
2018 : 1er aout
2019 : 29 juillet
Regardez le clip suivant pour en savoir plus :

Approches de l'apprentissage

Compétences de communication et collaboration

Profil de l'apprenant

Équilibré, Chercheur, Réfléchi

3 Ingéniosité humaine

2 Voici 20 mots clés sur le sujet des OGM (organismes génétiquement modifiés).

herbicide · pesticide · agriculture · production · rentabilité · modification · contre nature · faim dans le monde · panacée · génétique · inquiétude · danger · santé · risque · toxique · résistant · recherche scientifique · allergie · meilleure qualité

Avec un(e) camarade, rédigez trois phrases pour présenter les avantages potentiels des OGM, et trois phrases pour en présenter les dangers ou risques.

Avantages	Dangers / risques

3 Pour chaque avantage et chaque risque listé dans l'étape précédente, réfléchissez à un exemple concret et / ou un argument supplémentaire pour le justifier.

4 Choisissez le parti du pour ou du contre, et défendez votre point de vue en débattant sur le thème des OGM avec un autre binôme de la classe.

3.2.1 Nos amis les bêtes et la science

1 À quoi pensez-vous lorsque vous entendez le terme « Expérimentation animale » ? Écrivez 20 mots clés.

2 Êtes-vous pour ou contre les tests pratiqués sur les animaux ? Pourquoi ?

3.2 Science sans conscience

Vers l'Épreuve 2 : Compréhension orale

Vous écoutez un reportage sur les expérimentations animales.

Écoutez le clip deux fois (**sans regarder**) jusqu'à 1 min 40.

Choisissez la bonne réponse :

1 Selon le clip, quand vous entendez parler d' « expérimentation animale », vous pensez à …

- a des lapins que l'on force à manger.
- b des singes que l'on force à fumer.
- c des hamsters à qui on verse des produits de beauté dans les yeux.

2 Le but de ces expérimentations est de prouver…

- a l'utilité pour les hommes et l'innocuité pour les scientifiques des produits testés.
- b l'utilité pour la science et la non toxicité de ces produits pour les hommes.
- c la validité des recherches et la sécurité pour les animaux des produits testés.

3 Selon l'auteur, la presse a tendance à présenter les expérimentations comme :

- a indispensables pour les progrès de la science.
- b inoffensives pour les animaux.
- c néfastes pour les animaux.

4 Les bénéfices de ces expérimentations sont douteux car …

- a les animaux ont un métabolisme différent de celui des humains.
- b les animaux n'attrapent pas les mêmes maladies que les humains.
- c les animaux réagissent de la même façon aux substances que les humains.

5 La comparabilité supposée des résultats a été réfutée, …

- a on a donc arrêté les tests sur les animaux.
- b on a donc limité le nombre des tests pratiqués sur les animaux.
- c on continue pourtant les tests sur les animaux.

Avec un(e) camarade, faites une listes des avantages des tests réalisés sur des humains et une liste des dangers potentiels.

Avantages	Dangers
_____	_____
_____	_____
_____	_____
_____	_____
_____	_____

TDC Cette vidéo vise à sensibiliser le public aux excès liés à l'expérimentation animale. Elle prend donc clairement partie contre l'expérimentation animale.

N'y a-t-il que des aspects négatifs à l'expérimentation animale selon vous ? Quels arguments auraient pu être mis en avance dans la vidéo pour offrir un point de vue plus contrasté, et donc plus équilibré, voire objectif, sur le sujet de l'expérimentation animale ?

3 Ingéniosité humaine

Vers l'Épreuve 2 : Compréhension écrite

Devenez cobaye humain

Aimeriez-vous contribuer à l'avancée de la médecine et gagner de l'argent en même temps ? Avez-vous pensé à vous porter volontaire pour des tests de médicaments ?

1. Comment ça marche ?

En vous portant volontaire pour faire des tests strictement contrôlés, vous avez l'opportunité non seulement de contribuer à faire avancer la recherche scientifique et la médecine, et donc d'apporter votre pierre à l'innovation médicale, mais aussi d'être rémunéré en le faisant.

Toutefois, il faut être conscient des risques potentiels. Toute participation à un essai clinique rémunéré est extrêmement régulée puisque les volontaires mettent potentiellement leur santé et leur vie en danger. Qui sait si les tests seront réussis, ou encore quels effets secondaires pourraient survenir suite à ces tests.

Tous les candidats au poste de cobaye humain sont donc soumis à plusieurs analyses de sang au préalable. Par ailleurs, les candidats doivent aussi passer un entretien pendant lequel ils sont informés des modalités requises ainsi que des risques encourus.

2. Des critères de sélection très sélectifs

Les critères de sélection visent à la fois à assurer la sécurité des participants – après tout ce sont des vies humaines qui sont mises en jeu – mais aussi à assurer la réussite des tests et de l'étude. Les conditions à remplir pour participer à tout essai clinique sont donc très spécifiques. La première étape, c'est un entretien au cours duquel les volontaires potentiels sont informés du but de l'étude, de la nature des examens qui seront effectués et de la durée de l'expérimentation. Les obligations d'un cobaye humain leur sont également expliquées, ainsi que les risques potentiels que l'expérimentation peut présenter, mais aussi les bénéfices qu'elle peut apporter à la fois à la science et au « patient » (volontaire ayant pris part) lui-même.

Il est impératif d'avoir 18 ans ou plus pour pouvoir donner son accord pour participer aux tests. Il est également essentiel de ne souffrir d'aucune allergie et d'avoir un mode de vie sain.

3. Le profil idéal…

Si vous pouvez être considéré comme une personne « saine » (et que les divers examens médicaux que les chercheurs vont vous faire passer pourront le prouver), que vous ne fumez, ne buvez pas, n'êtes pas asthmatique et que vous ne souffrez d'excès de poids, alors le rôle de « cobaye humain » est fait pour vous.

Qu'est-ce que vous attendez pour postuler ?

Questions de compréhension

Répondez aux questions suivantes.

1 Le but de ce texte est avant tout :
   a d'informer sur la nécessité des tests sur cobayes humains
   b d'expliquer le processus de recrutement des cobayes humains
   c d'inciter à devenir un cobaye humain

En vous basant sur la première partie du texte :

2 Quelle expression signifie « contribuer à » ? _____

3 Quel mot signifie « payé » ? _____

4 Pourquoi y a-t-il des conditions spécifiques à remplir pour devenir cobaye humain ?
_____

3.2 Science sans conscience

En vous basant sur la deuxième partie :

Reliez chaque début de phrase à la fin correspondante.

5 Pendant l'entretien, le candidat est ☐ a d'être majeur.

6 Un candidat qui ne remplit pas tous les critères de sélection ☐ b jugé sur son mode de vie.

  c ne sera pas sélectionné.

7 Il est essentiel pour un candidat ☐ d informé de ses droits.

  e mis au courant des buts de l'expérimentation.

  f pourra confirmer son désir de participation au programme.

En vous basant sur la troisième partie :

8 Citez deux des conditions à remplir pour pouvoir être accepté dans ce programme.

_____

_____

9 Pourquoi les candidats sont-ils soumis à des examens ?

_____

_____

Vers l'Épreuve 2 : Compréhension écrite

NS

Lisez cet extrait tiré du roman de Bernard Werber intitulé *Nos Amis les humains*. Dans ce roman, un scientifique et une dompteuse de tigres se retrouvent prisonniers dans une cage, quelque part dans l'univers. Dans cet extrait, ils viennent de se réveiller et font connaissance.

- Je suis un scientifique. Je fais de la recherche pour faire avancer le savoir.
- Fabricant de virus mortels ?
- Je travaille pour une importante firme de cosmétique.
- Tu ne serais pas un de ces gros dégueulasses qui font souffrir les bêtes ?
- Nous effectuons ces expériences pour vous, votre sécurité, pour que vous n'ayez point de   5
  boutons, de démangeaisons, ou d'allergies. Il faut bien vérifier sur quelque chose de vivant.
- C'est bien ce que je pensais, tu fais de la "vivissission"…
- Vivisection, rectifie-il.
- J'ai vu ça à la télé. C'est monstrueux.
- Il ne faut pas croire non plus tout ce que vous voyez aux actualités.   10
- Il y a des images qui ne s'inventent pas. Vous exposez des hamsters pendant des heures sous des lampes UV pour voir l'effet des crèmes solaire. C'est vrai ou c'est faux ?
- C'est pour mieux te faire bronzer mon enfant.
- Vous coupez la tête des singes pour voir si elle continue à fonctionner sans le reste du corps !
- C'est pour mieux soigner tes migraines, mon enfant.   15
- Vous mettez du shampoing dans les yeux des lapins !
- C'est pour mieux protéger ta cornée des irritations, mon enfant.
- Tu es vraiment une grosse enflure pourrie.

  Raoul la nargue.
- Et encore vous ne savez pas tout ! dit-il. J'ai des collègues à côté qui travaillent sur la malaria.   20
  Ils doivent disposer en permanence de moustiques vivants. Et vous savez comment ils les nourrissent ? Ils introduisent un lapin dans l'aquarium. Tous les moustiques se précipitent sur lui, le recouvrent comme une fourrure noire et ensuite, quand ils s'en vont, le lapin est vidé, tout plat, tout sec…
- Arrête ou je te pète la tronche !   25

Point Info

Bernard Werber
(1961-)
Écrivain français. Son genre : la science-fiction.
Œuvres les plus célèbres :
Les fourmis (trilogie)
L'arbre des possibles

3 Ingéniosité humaine

Imperturbable, Raoul amusé par ses propres évocations :
- … Récemment, pour savoir si les téléphones portables provoquent des cancers du cerveau, on a attaché des souris pendant des semaines à un téléphone cellulaire allumé. On ne sait toujours pas si cela leur file le cancer, mais elles ont fini par trembler de tous leurs membres… 30
- Si j'étais pas coincée ici, je te dénoncerais aux tribunaux. Les mecs comme toi ça devrait être en taule.

Elle se tourne et s'adresse à son public supposé :
- Vous êtes d'accord, hein ? Ce type est vraiment ignoble.
- Non mais vous vous prenez pour qui ? C'est pour satisfaire vous, les consommatrices 35 exigeantes, qu'on fait toutes ces expériences. Achèteriez-vous un shampoing ou une crème dont on ignore les effets secondaires ?
- Facile de mettre ça sur le dos des consommatrices. Elles n'en savent rien et vous en profitez. Tout ça, c'est juste pour gagner du fric.
- Êtes-vous prête, dans ce cas, maintenant que vous savez, à utiliser un rouge à lèvres non testé ? 40
- Pauvre type !

Questions de compréhension

Répondez aux questions suivantes.

1 Relevez tous les avantages / toutes les raisons avancé(e)s par le scientifique pour justifier l'expérimentation animale et souligner l'hypocrisie de la dompteuse.

_____
_____
_____
_____
_____
_____
_____

2 « Facile de mettre ça sur le dos des consommatrices. Elles n'en savent rien et vous en profitez. »

Pensez-vous que ce soit le cas ? Le consommateur a-t-il une part de responsabilité d'après vous ?

_____
_____
_____

3 « Achèteriez-vous un shampoing ou une crème dont on ignore les effets secondaires ? »

« Êtes-vous prête, dans ce cas, maintenant que vous savez, à utiliser un rouge à lèvres non testé ? » (Si vous êtes un garçon, remplacez « rouge à lèvres » par mousse à raser.)

Pourquoi ? Pourquoi pas ?

_____
_____
_____

3.2 Science sans conscience

4 Quelles seraient selon vous les alternatives possibles à l'expérimentation animale ?

_____

_____

_____

> **Pour aller plus loin : Les registres de langue**
>
> Dans cet extrait, la dompteuse utilise du vocabulaire (mots et expressions) qui appartient au registre de langue familier. Le vocabulaire qu'elle emploie est parfois vulgaire.
>
> Exemple : « une grosse enflure pourrie » est une insulte qui traduit ici sa colère.
>
> Trouvez dans le texte les équivalents (du registre de langue familier) des mots ou expressions suivants :
>
> **a** dégoûtants **b** je te casse la figure **c** les hommes (× 2) **d** en prison **e** de l'argent

Grammaire en contexte : Tout / toute / tous / toutes » p.145

« il ne faut pas croire tout ce que vous voyez » (ligne 10) – pronom indéfini

« le lapin est vidé, tout plat, tout sec » (ligne 24) – adverbe

« elles ont fini par trembler de tous leurs membres » (ligne 29) – adjectif

1 Lorsque tout est utilisé comme un adjectif, il s'accorde en genre (masculin ou féminin) et en nombre (singulier ou pluriel) avec le nom qu'il qualifie.
Il est passé devant nous à **toute vitesse**. Nous avons eu peur !

2 Lorsque tout est employé comme un adverbe, il s'accorde devant un adjectif féminin ou pluriel qui commence par une consonne ou un h aspiré.
Toute petite, elle adorait les animaux.

3 Tout peut aussi être un pronom et donc varier en fonction du genre et du nombre.
Tous ont reconnu le succès de l'expérience menée par l'imminent professeur.

3.2.2 Modifier l'humain

Mini débat

1 Observez cette photo. À quoi vous fait-elle penser ? Choisissez l'une des questions d'éthique suivantes :

| a | la fécondation in vitro | b | les mères porteuses | c | l'avortement | d | les « bébés-médicaments » |

2 Rédigez des arguments pour et contre la question d'éthique que vous avez choisie.

Pour	Contre

3 Choisissez le parti de pour ou du contre, et lancez le débat avec un(e) camarade.

Profil de l'apprenant

Chercheur, Réfléchi, Equilibré

3 Ingéniosité humaine

Vers l'Épreuve 1 : Expression écrite

NM 250–400 mots

NS 450–600 mots

Devrait-on avoir le droit de choisir le sexe de son enfant ? Lisez l'article en ligne : « Choisir le sexe de son enfant, c'est possible mais illégal ».

Étape 1 :

Faites un résumé des idées présentées dans le texte.

Étape 2 :

Faites une liste de trois arguments pour et trois arguments contre.

_____
_____
_____
_____
_____
_____

Étape 3 :

Ajoutez une justification pour chaque argument.

_____
_____
_____
_____
_____
_____

Étape 4 :

Rédigez un essai / une dissertation en réponse à la question : Devrait-on avoir le droit de choisir le sexe de son enfant ?

Rappel

Pour vous rafraîchir la mémoire sur les conventions de forme de la dissertation, rendez-vous page 62.

Le clonage pour reproduire à l'identique

Case 1:
— APPAREMMENT, IL SERAIT POSSIBLE DE CLONER DES HUMAINS.
— AH VRAIMENT ?

Case 2:
— SI ON EN CROIT CERTAINES RUMEURS, ON POURRAIT MAINTENANT FAIRE DES COPIES DE CERTAINES PARTIES DE TON CORPS POUR REMPLACER LES ORIGINALES, AU CAS OÙ TU TOMBES MALADE...

Case 3:
— ÇA M'ÉTONNERAIT... IL EST INTERDIT DE COPIER SON VOISIN, ALORS SE COPIER SOI-MÊME...
— ÇA SERAIT VRAIMENT ÉGOÏSTE !

134

3.2 Science sans conscience

Regardez la bande dessinée à la page 134, et associez 10 mots au terme « clonage ».

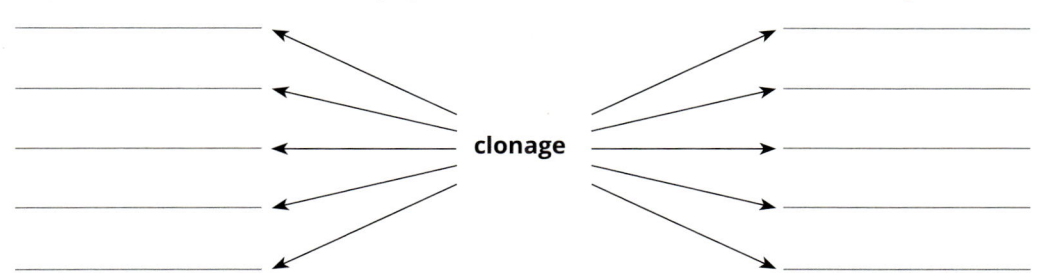

clonage

🎤 Mini débat : Pour ou contre le clonage ?

Lisez les arguments ci-dessous et décidez s'il s'agit d'arguments pour, contre ou neutres.

Approches de l'apprentissage

Compétences de recherche et de collaboration

1. C'est une forme d'eugénisme.
2. Il faut laisser les choses se faire naturellement. Si un bébé naît avec une malformation ou une maladie grave par exemple, je pense évidemment qu'il faut essayer de le soigner mais pas de le sauver coûte que coûte au mépris de la morale.
3. Pourquoi pas un monde parfait sans maladie ni handicap tant qu'on y est ?
4. Personne ne devrait avoir le droit de jouer avec la vie.
5. Le clonage thérapeutique est à mon sens essentiel pour aider à guérir certaines maladies. Toutefois, le clonage reproductif est tout simplement immoral !
6. À mon avis, si le clonage des tissus permet de créer des organes vitaux comme le cœur ou le foie qui sont systématiquement compatibles avec le patient, ça en vaut la peine.
7. Si un contrôle est opéré pour éviter les dérives, le clonage deviendra alors une avancée scientifique indispensable.
8. C'est contre la religion. C'est du blasphème !

	pour	contre	neutre
1			
2			
3			
4			
5			
6			
7			
8			

3 Ingéniosité humaine

	pour	contre	neutre

9 Si le clonage permet de choisir le sexe et les caractéristiques de ses futures progénitures, moi je dis pourquoi pas. Au moins, ça évitera les déceptions à la naissance !

10 Je ne comprends pas pourquoi on ne voudrait pas essayer d'éradiquer toutes les maladies et handicaps en créant des individus sains à la base.

Avec un(e) camarade, prenez le parti du pour et du contre et ajoutez quatre arguments (avec justifications) à la liste déjà proposée.

_____
_____
_____
_____

Lancez ensuite le débat.

3.2.3 Le pouvoir de vie ou de mort

1 Dans son livre, *Oscar et La dame rose*, Éric-Emmanuel Schmitt raconte les 12 derniers jours de la vie d'un enfant atteint d'une maladie incurable. Cet enfant, Oscar, a l'impression d'être devenu un « mauvais malade, un malade qui empêche de croire que la médecine, c'est formidable ». Que veut dire Oscar ? Quelles seraient les caractéristiques, selon vous, d'un « mauvais malade » ? Expliquez.

2 Dans ce même livre, Oscar dit « On fait comme si on ne venait à l'hôpital que pour guérir. Alors qu'on y vient aussi pour mourir ». Cette citation illustre en quelque sorte les limites de la science. Y a-t-il, selon vous, des situations / contextes dans lesquels la mort du patient est souhaitable par rapport à un acharnement thérapeutique vain ? Expliquez.

La question de l'euthanasie

1 Choisissez l'un des cas listés ci-dessous et allez faire des recherches.

Cas : Christine Malevre, Vincent Humbert ou Chantal Sébire

- C'est qui ? _____
- C'est quand ? _____
- C'est où ? _____
- Contexte ? _____
- Que s'est-il passé ?

_____
_____
_____

Partagez avec le reste de la classe.

2 Faites une deuxième recherche.

Quels pays francophones autorisent l'euthanasie ?

_____
_____

Point Info

Oscar et la Dame rose est un roman d'Éric-Emmanuel Schmitt, auteur et dramaturge français.

euthanasie = action ou omission dont l'intention première vise la mort d'un malade pour supprimer la douleur. L'euthanasie est donc une mort imposée qui s'oppose à la mort naturelle.

Approches de l'apprentissage

Compétences de recherche

Un individu devrait-il avoir le droit de choisir sa mort d'après vous ? Oui ? Non ? Dans quelles circonstances ? Pourquoi ?

A-t-on le droit de choisir d'aider quelqu'un à mourir ? Est-ce un acte criminel selon vous ?

Seriez-vous pour ou contre une loi qui autorise l'euthanasie ? Pourquoi ?

3.2 Science sans conscience

Que dit la loi dans votre pays ?

_____

_____

Vers l'Épreuve 1 : Expression écrite

Lisez le texte ci-dessous.

N° 517

ASSEMBLÉE NATIONALE
CONSTITUTION DU 4 OCTOBRE 1958
QUINZIÈME LÉGISLATURE
Enregistré à la Présidence de l'Assemblée nationale le 20 décembre 2017.

PROPOSITION DE LOI

relative à l'**euthanasie** et au **suicide assisté**, pour une **fin** de vie digne,
EXPOSÉ DES MOTIFS

Mesdames, Messieurs,
« Face à la mort, nous sommes tous égaux ». En revanche, nous sommes loin d'être égaux quant aux conditions dans lesquelles nous mourrons. Le moment ultime de notre vie nous est parfois volé par peur, déni ou indifférence, alors qu'il pourrait se réaliser dans des conditions apaisées.
La mort en France est un sujet tabou. Ce silence sur le sujet est complice des longues agonies de personnes qui auraient souhaité partir de manière anticipée mais dont la volonté n'a pas été respectée. Ce silence est complice de nombreux suicides pratiqués dans des conditions déplorables et traumatisantes pour l'entourage. Ce silence est complice de la clandestinité des suicides assistés et de leur absence de cadre protecteur pour la personne souffrante et pour les aidants.
Si le sujet de l'euthanasie revient régulièrement sur le devant de la scène, c'est justement parce que notre prise en charge de la mort est profondément problématique.
Dans le rapport Sicard en 2012, les enquêteurs soulignent les sentiments d'abandon, de solitude, d'indifférence ressentis par de nombreuses personnes en souffrance, leur peur de l'excès de médicalisation et notamment d'une camisole chimique qui leur ferait perdre toute lucidité.

(…)

Dans un souci de respect des convictions de chacun et de droit à la dignité, nous proposons donc cette loi, fortement inspirée du droit belge et luxembourgeois. Elle légalise l'euthanasie et l'assistance au suicide pour donner un cadre protecteur au corps médical et respectueux de la volonté des personnes souffrantes atteintes de maladies graves ou incurables.
La légalisation de l'euthanasie et du suicide assisté permettrait aux personnes affectées d'une maladie grave et incurable d'anticiper leur mort en envisageant parfois des traitements risqués qu'elles n'auraient pas osé entreprendre dans le cas contraire par crainte de terminer leur vie dans un état qu'elles jugent incompatible avec leur dignité.
La légalisation de l'euthanasie et du suicide assisté permettrait aussi aux personnes affectées d'une maladie grave et incurable d'anticiper leur mort en choisissant de mourir à domicile par exemple. Espérons qu'en adaptant notre cadre législatif, soient soulagés de nombreux Français. Nous sommes encouragés à le faire au-delà même de nos frontières. Le docteur belge Yves de Locht, pratiquant à Bruxelles, répond à certaines demandes de Français désireux de bénéficier de l'euthanasie. Il s'exprimait ainsi en novembre dernier : "Cela nous soulagerait si votre loi changeait !".

(…)

PROPOSITION DE LOI
Article 1er
Après l'article L. 1110-5-1 du code de la santé publique, est inséré un article ainsi rédigé :
« *Art. L. 1110-5-1.* – A. – Les actes mentionnés à l'article L. 1110-5 ne doivent pas être mis en œuvre ou poursuivis dans le cas d'une euthanasie ou d'une assistance au suicide.
« Toute personne capable, selon la définition donnée par le code civil, atteinte d'une affection grave ou incurable, quelle qu'en soit la cause, lui infligeant une souffrance physique ou psychique qu'elle juge insupportable et qui ne peut être apaisée, ou la plaçant dans un état de dépendance qu'elle estime incompatible avec sa dignité, peut demander, dans les conditions prévues au présent titre, à bénéficier d'une euthanasie ou d'une assistance au suicide. »

(…)

3 Ingéniosité humaine

Compréhension conceptuelle

De quel type de texte s'agit-il ? _____

Relisez le texte et remplissez le tableau de compréhension conceptuelle ci-dessous. Justifiez dans la colonne de droite à l'aide du texte.

Destinataire ? C'est pour qui ?		
Contexte ? Situation		
But ? C'est pourquoi		
Sens ? Comment ?		

Manipulation du texte :

Variation : Le document ci-dessus est un document légal. Le jargon (vocabulaire) et la formalité sont donc spécifiques à ce contexte précis. Imaginez que vous rédigiez une proposition pour créer un groupe de soutien aux malades en fin de vie. Vous écrivez cette proposition pour la présenter à la direction de votre établissement scolaire. Rédigez l'introduction de cette proposition. Quels changements, quelles variations observez-vous ?

_____
_____
_____
_____
_____

Portrait Robot

Nom : Proposition

Buts : réfléchir, exprimer et partager des opinions et émotions

Signes particuliers :
- ✓ Titre et / ou référence
- ✓ Nom de l'auteur
- ✓ Date
- ✓ Introduction
- ✓ Intertitres
- ✓ Conclusion ou recommandation(s) finale(s)

Autres caractéristiques :
- ✓ Structuré
- ✓ Exemples et justifications
- ✓ Utilisation des pronoms pour s'adresser directement au lecteur
- ✓ Ponctuation

Registre : formel ou semi-formel en fonction du destinataire, du but et du contexte

3.2 Science sans conscience

Vers l'Épreuve 1 : Expression écrite

NM 250–400 mots

NS 450–600 mots

Vous aimeriez mettre en place un groupe de soutien aux malades en fin de vie qui séjournent dans l'hôpital de votre ville. Vous rédigez une proposition que vous allez soumettre à la direction de votre établissement scolaire afin d'expliquer votre projet et de convaincre de son bien-fondé.

Mini débat

Voici plusieurs suggestions de mini débats. Avec un(e) camarade, choisissez l'un de ces débats et argumentez. Chaque mini débat doit durer 6 minutes. Une fois les 6 minutes écoulées, changez de partenaire et de débat. Renouvelez la rotation trois fois.

1. Pour ou contre l'expérimentation animale ?
2. Pour ou contre les expérimentations sur les cobayes humains ?
3. Faut-il légaliser l'euthanasie ?
4. Devrait-on laisser le choix du sexe de leur enfant aux parents ?
5. Devra-t-on forcer les gens à mourir, quand la science aura trouvé le moyen de nous rendre immortels ?
6. La science doit-elle intervenir pour améliorer les capacités des êtres humains ?
7. Le clonage devrait-il être autorisé par la loi ?
8. Est-ce que nous (les personnes vivantes actuellement) comptons plus que les personnes du futur ?

Conseil exam

Remplissez une grille de compréhension conceptuelle avant de vous lancer !

Réfléchissez aux aspects moraux, pratiques (déplacements / horaires etc.), l'impact psychologique ou émotionnel potentiel etc.

Vocabulaire

1 Se construire un lexique

Français	Votre langue maternelle
un(e) scientifique	
entreprendre des recherches	
faire une découverte	
une avancée scientifique	
améliorer	
progresser	
expérimenter	
transformer / modifier	
repousser les limites de la science / du possible	
une expérimentation scientifique / animale	
injecter	
faire subir à	
un traitement	
la morale	
la bioéthique	
faire des tests	
un laboratoire (en laboratoire)	

3 Ingéniosité humaine

IVG (intervention volontaire de grossesse) / avortement	
la fécondation in vitro	
avoir recours à une mère porteuse	
être atteint d'une maladie génétique / héréditaire	
natal / pré-natal	
l'eugénisme	
le clonage	
un clone	
cloner	
reproduire à l'identique	
une cellule	
l'intelligence artificielle	
légal / illégal	
la vie	
la mort	
une question de vie ou de mort	
la quête de la perfection / de l'immortalité	
humain / inhumain	
débattre d'un sujet	
sauver des vies	
une greffe	
un don d'organes	
une transfusion sanguine	

2 Vocabulaire en contexte

Complétez les phrases ci-dessous avec des mots (ou des dérivés) qui se trouvent dans la liste de vocabulaire.

1 Les _____ de la science ont permis des _____ scientifiques exceptionnelles ces 20 dernières années.

2 Je pense que lorsque les parents découvrent que leur enfant à naître est _____ rare et incurable, on doit leur donner le choix de mettre fin à la grossesse.

3 Lorsque la brebis Dolly a été _____ en 1996, ça a révolutionné la science et ouvert un _____ sur les questions d'éthique.

4 Je ne comprends pas pourquoi on s'entête et essaie toujours de _____ de la science et du possible. On va finir par aller trop loin.

5 Les tests en _____ sur les animaux sont cruels et _____ .

3.2 Science sans conscience

Vers l'Épreuve 1 : Expression écrite

NM 250–400 mots

NS 450–600 mots

NM Étudiant(e) en biologie, vous venez de faire un stage dans un laboratoire où des tests sur des animaux étaient pratiqués. Bien que vous soyez conscient(e) de la nécessité des tests, vous avez été choqué(e) par ce dont vous avez été témoin. Vous décidez de rédiger un texte pour partager votre expérience et proposer des alternatives viables.

NS Étudiant(e) en biologie, vous venez de faire un stage dans un laboratoire où des tests sur des animaux étaient pratiqués. Bien que vous soyez conscient(e) de la nécessité des tests, vous avez été choqué(e) par ce dont vous avez été témoin. Vous décidez de rédiger un texte pour partager votre expérience, proposer des alternatives viables et encourager les gens à réagir.

Choisissez l'un des types de textes ci-dessous :

tract	proposition	courriel

Étape 1 : Pour vous aider à préparer

Compréhension conceptuelle	
Destinataire – C'est pour qui ?	
Contexte – situation / registre	
Le but – Pourquoi ?	
Le sens – Comment ? Des exemples ?	
Variation ?	

Types de textes	
À quelle catégorie de textes (**personnels ? professionnels ? textes des médias de masse ?**) chacun des trois types de textes proposés appartient-il ?	
D'après le contexte / le but et le destinataire, quel **type de texte** sera le plus **efficace** ? Justifiez votre réponse.	

Étape 2 : Brouillon d'idées

Revisitez la liste des arguments vus dans la section 3.2.1, pages 128–133.

Pour chaque argument, associez une justification pour ou contre.

> Exemple : On rend les animaux malades pour pouvoir tester les médicaments sur eux.
>
> (Justification) C'est complètement inutile puisque les animaux ne réagissent pas aux paracétamols humains par exemple. C'est de la torture pure et simple ! C'est inadmissible !

3 Ingéniosité humaine

Argument	Justification

Étape 3 : Rédigez votre texte

Étape 4 : Fiche d'auto-évaluation

Points à vérifier		Exemples
Critère A (langue /12)		
Relecture grammaire : temps des verbes, accords, pronoms etc. Ai-je varié mon vocabulaire ?		
Critère B (message /12)		
Mes idées sont : pertinentes et adaptées à la tâche ? variées ? développées ? justifiées ?		
Critère C (compréhension conceptuelle et format /6)		
Prise en compte du **destinataire** ?		
Prise en compte du **contexte** ?		
But(s) atteint(s) ?		
Procédés utilisés pour : atteindre mon but et pour respecter mon contexte et mon audience.		
Toutes les **conventions** de forme du texte choisis sont remplies ?		

3.2 Science sans conscience

Étape 5 : Réflexions finales

Points positifs dans mon devoir
Points à améliorer
Objectifs à atteindre lors du prochain devoir

Vers l'examen oral individuel

NM

PLUS DE LA MOITIÉ DES ANIMAUX SAUVAGES A DISPARU

ESPÈCES EN VOIE D'EXTINCTION ?

PLUS D'INQUIÉTUDE... NOUS AVONS TROUVÉ UNE SOLUTION.

GOODWIN

Des pistes pour parler de ce dessin de presse...

a   Que se passe-t-il sur ce dessin de presse ? C'est où ? C'est quand ?

b   Décrivez la scène.

c   Quelles émotions / réflexions suscite-t-il en vous ?

3 Ingéniosité humaine

d Problématique ?

_____
_____
_____

Conseil exam
Pour les trois parties de l'examen oral individuel (NM), voir page 24.

e Exprimez des opinions sur ce sujet.

_____
_____
_____

🎤 Vers l'examen oral individuel

NS

Relisez l'extrait de *Nos amis les humains* de Bernard Werber, pages 131–132.

Avant de préparer la présentation de l'extrait, posez-vous les questions suivantes…

Dans l'extrait,…

1	C'est qui ?	Comment je le sais ?
2	C'est où ?	Comment je le sais ?
3	C'est quand ?	Comment je le sais ?
4	C'est quoi ?	Comment je le sais ?

Conseil exam
Votre présentation doit être centrée sur l'extrait, mais n'oubliez pas d'introduire l'auteur et l'extrait.
Votre présentation doit être structurée, logique et claire, et s'appuyer sur l'extrait.

5 Quel est le thème principal ? Comment est-il traité dans l'extrait ?

_____
_____

Conseil exam
Pour les trois parties de l'examen oral individuel (NS), voir page 25.

6 Quel est / quels sont le(s) sous-thème(s) ? Comment est-il / sont-ils traités ?

_____
_____
_____

3.2 Science sans conscience

🔍 Grammaire en contexte : Les formes négatives » p.127

Deux exercices pour mettre la grammaire de ce chapitre en action.

Changez les phrases suivantes en les transformant à la forme négative afin d'exprimer l'idée contraire. Les mots **en gras** devraient vous donner un indice quant à la forme négative à employer.

Exemple : Je prends **toujours** une douche au lieu d'un bain. →
Je **ne** prends **jamais** de douche.

1 **Tout le monde** est pessimiste en ce qui concerne l'avenir de la planète.
_____

2 Le gouvernement a **déjà** interdit la légalisation de l'euthanasie en France.
_____

3 Ils mangent **seulement** les produits génétiquement modifiés.
_____

4 Vous acceptez **tout** ?
_____

5 La manifestation anti avortement qui s'est déroulée mardi dernier **s'est passée** dans le calme.
_____

6 Beaucoup de vies humaines sont **encore** en danger.
_____

🔍 Grammaire en contexte : Tout ? toute ? tous ? toutes ? » p.133

Déterminez au préalable si vous avez besoin d'un adjectif, d'un adverbe ou du pronom.

1 Nous avons _____ essayé pour le faire avouer mais nous n'avons pas réussi.

2 _____ les expériences menées par les chercheurs sont valides.

3 _____ les produits cosmétiques vendus par cette chaîne de supermarchés ont été testés sur des animaux.

4 Faut-il interdire _____ les cultures OGM ? C'est une question intéressante.

5 Elles ont _____ mangé, sauf le maïs génétiquement modifié.

6 _____ les partisans du clonage s'accordent pour dire qu'il faut _____ de même en limiter les abus potentiels par le biais d'un contrôle strict.

7 Faut-il croire _____ ce qui est publié dans la presse sur les effets secondaires engendrés par la prise de ce médicament ?

8 _____ personne qui décide de devenir un cobaye pour la science devrait le faire en _____ connaissance de cause.

3 Ingéniosité humaine

> **Références**
>
> Ancienne épreuve de compréhension écrite pour vous entraîner :
>
> Mai 2013 – NS – Texte D – L'étage des soins prolongés (extrait littéraire)

Organisation sociale 4

4 Organisation sociale

4.1 Communauté, lien social et engagement

Séance échauffement

Activité 1 : Parents-ados ; des relations parfois tendues

1. Voici une liste de reproches concernant des comportements spécifiques. Qui parle ? Parents (P) ou ados (A) ? Reliez chaque reproche à la bonne personne.

   a. Ils laissent traîner leurs vêtements sur le sol de leur chambre. Ils ne les mettent jamais dans le panier à linge ! □ P □ A

   b. Ils sont toujours pendus au téléphone. □ P □ A

   c. Ils surveillent tout ce que l'on fait ! □ P □ A

   d. Ils passent des heures enfermés dans leur chambre à jouer à des jeux vidéos. □ P □ A

   e. Ils veulent toujours tout savoir. □ P □ A

   f. Ils nous imposent toujours des couvre-feux ridicules ! □ P □ A

   g. Ils laissent les emballages vides dans le frigo. □ P □ A

   h. Ils n'aiment pas mes fréquentations. □ P □ A

   i. Ils ne me font jamais confiance. □ P □ A

   j. Ils ricanent bêtement en lisant des textos à table. □ P □ A

V — **un couvre-feu** = un horaire imposé de retour lorsque vous sortez
ricaner = rigoler

2. Pouvez-vous ajouter à cette liste deux comportements que les ados reprochent aux parents, et deux comportements que les parents reprochent aux ados ?

   _____
   _____
   _____

3. En vous concentrant sur les comportements que les parents reprochent aux ados, répondez aux questions suivantes :

   1. Lequel vous paraît le plus justifié ? Pourquoi ?
   _____

   2. Lequel vous paraît le moins justifié ? Pourquoi ?
   _____

4.1 Communauté, lien social et engagement

Activité 2 : Des parents suspicieux

Mettez-vous dans la peau de parents toujours suspicieux. Voici les descriptions de comportements d'ados. Avec un(e) camarade, imaginez ce que, en tant que parents, vous pourriez penser et rédigez une phrase / un reproche / un ordre / un conseil que vous pourriez dire / faire.

Comportement	Ce que le parent pense	Reproche
Votre ado vous sourit	Il / elle a besoin d'argent ou il / elle voudrait avoir la permission de sortir en boîte ce week-end	Tu n'es pas obligé(e) de ne sourire que lorsque tu veux quelque chose !
1 Il est 17h, et votre ado sent le dentifrice.		
2 Votre ado passe son temps à vérifier ses messages.		
3 Votre ado rentre avant l'extinction du couvre-feu.		
4 Votre ado propose d'aller faire les courses pour vous ou de vous aider.		
5 Votre ado vous offre des fleurs.		
6 Votre ado rentre à l'heure tous les soirs du lycée.		

Activité 3 : Et l'amitié dans tout ça ?

1 **a** Réfléchissez… et répondez aux questions. Pourquoi votre meilleur(e) ami(e) est-il / elle votre meilleur(e) ami(e) ?

_____

_____

   b Quelles sont selon vous les qualités qu'un(e) meilleur(e) ami(e) devrait avoir ? Pourquoi ?

_____

_____

   c Doit-on toujours partager le même avis sur tout que son/sa meilleur(e) ami(e) ? Pourquoi ?

_____

_____

   d Est-il possible ou souhaitable de vivre sans amis d'après vous ? Pourquoi ?

_____

_____

4 Organisation sociale

Point Info

Amelie Nothomb, auteure belge (1966–)
Quelques-unes de ses œuvres :
Stupeur et tremblements
Le sabotage amoureux
Biographie de la faim
Le voyage d'hiver

2 Lisez cet extrait tiré du livre *Antéchrista*, de Amélie Nothomb, éditions Livre de poche.

> Je ne savais pas si j'étais son amie. À quel critère forcément mystérieux reconnaît-on que l'on est l'amie de quelqu'un ? Je n'avais jamais eu d'amie. Par exemple, elle m'avait trouvée risible : était-ce une marque d'amitié ou de mépris ? Moi, cela m'avait déjà fait mal. C'est que je tenais déjà à elle.

Expliquez. Que veut dire l'auteure ?

_____
_____
_____
_____
_____

3 Rédigez le « code de bonne conduite du / de la meilleur(e) ami(e) ». Avec un(e) camarade, rédigez ce code de bonnes conduites qui comprendra huit « règles » de conduite.

En tant que meilleur(e) ami(e), tu…

  Exemple : ne me mentiras jamais.

mentir = ne pas dire la vérité

V

150

4.1 Communauté, lien social et engagement

Activité 4 : Mini débat

Imaginez que vous participez à une émission de radio animée par le célèbre psychologue Dr Bonconseils. Vous téléphonez (en tant qu'ado ou parent) pour demander des conseils par rapport à des situations précises.

En groupe de deux, prenez le rôle de l'ado / du parent et du docteur (changez de rôles pour chaque situation. Vous pouvez aussi changer de binôme pour chaque situation). Prenez des notes.

Choisissez deux des situations et, avec un partenaire, jouez les situations en suivant les conseils.

Côté ados

Vos parents sont extrêmement strictes et ne vous laissent jamais sortir. Vous ne savez pas comment les convaincre de vous faire confiance.

Vous aimeriez partir en vacances avec vos amis cet été. Vous ne savez pas comment demander la permission à vos parents.

Vos parents ne veulent pas vous laisser choisir vos vêtements seul(e). Vous aimeriez aborder ce sujet délicat avec eux.

Vos parents sont divorcés depuis trois ans. Votre père a rencontré quelqu'un et ce soir, il veut vous présenter la nouvelle élue de son cœur. Vous ne savez pas comment vous comporter.

Côté parents

En rangeant la chambre de votre fille, vous avez trouvé son journal intime. Vous ne savez pas si vous devez lui avouer que vous n'avez pu résister à la tentation de le lire…

Depuis quelques temps, votre fils rentre tard, passe ses week-ends avec une bande de nouveaux copains. Vous vous inquiétez et aimeriez lui faire comprendre que vous n'aimez pas ses nouvelles fréquentations sans le braquer.

Votre fils passe tout son temps libre devant son écran d'ordinateur. Que faire ?

Vous avez remarqué que les vêtements de votre fille sentent la cigarette.

Approches de l'apprentissage

Compétences de recherche, de communication et collaboration.

Profil de l'apprenant

Équilibré, Altruiste

Grammaire en contexte : Donner des conseils et faire des suggestions

Verbes et expressions pour donner des conseils

conseiller à quelqu'un de faire quelque chose

Je **te / vous conseille de** parler avec tes / vos parents plus ouvertement.

suggérer à quelqu'un de faire quelque chose

Je **vous suggère de** permettre à votre fille de téléphoner à ses amies le soir.

Pourquoi … ?

Pourquoi ne pas lui permettre de sortir en boîte une fois par mois ?

4 Organisation sociale

il est + adjectif + *infinitif*

(Il est important / essentiel / utile / conseillé / recommandé / urgent etc. + de + *infinitif*)

Il est important de trouver un juste équilibre entre l'autorité et les laisser-faire si l'on veut que nos enfants soient épanouis.

devoir + *infinitif*

Vous devez respecter les règles que vos parents vous imposent si vous voulez gagner leur confiance.

Il faut + *infinitif*

Il faut entamer un dialogue constructif avec les adolescents.

Il vaut mieux + *infinitif*

Il vaut mieux discipliner ses enfants que de les laisser faire tout ce qu'ils veulent.

En + *participe présent*

C'est **en dialoguant** régulièrement avec vos parents que vos relations s'amélioreront.

Pour donner des conseils, on peut aussi utiliser :

le conditionnel présent

Il serait plus judicieux d'établir des règles en collaboration avec votre ado.

l'impératif

Établissez des règles claires.

il faut que + *subjonctif* ou il est + *adjectif* + que + *subjonctif* (voir pages 160–161)

Il faut que votre enfant **comprenne** qu'il est encore trop jeune pour prendre des décisions importantes seul.

Il est essentiel que vos parents **puissent** vous faire confiance.

4.1.1 Isolement social

Lisez ces extraits de journaux et faites les activités orales qui suivent.

Retrouvés morts seuls chez eux, plusieurs mois après leur décès.

Dans un lotissement en banlieue de Lille, les pompiers sont alertés à cause d'une boîte aux lettres qui déborde depuis plusieurs mois. Ils interviennent et trouve le corps d'un homme, chez lui, sans vie. Selon les voisins, il avait la soixantaine.

Morte depuis plus de deux ans, une femme de 70 ans retrouvée seule dans son appartement à Marseille

Au Québec : une femme de 65 ans est retrouvée morte dans son appartement du sixième étage, ceci 2 mois après son décès.

4.1 Communauté, lien social et engagement

En Belgique : une femme de 70 ans est retrouvée, morte dans son appartement depuis un mois. Pourtant elle vivait entourée de voisins, au deuxième étage d'un immeuble du centre-ville. C'est l'odeur qui les a alertés.

1. « Nous vivons dans une société de plus en plus connectée et surveillée. Comment est-il possible que des personnes puissent décéder seules chez elles sans que personne ne s'en aperçoive ? »

    Avec un(e) camarade, discutez du problème de l'isolement social. Réfléchissez aux sous-thèmes suivants pour vous aider.
    - la relation avec les voisins
    - l'éloignement de la famille
    - l'égoïsme et l'indifférence
    - le rythme de vie frénétique

2. La majorité des personnes retrouvées sont des personnes âgées qui vivaient seules et isolées. Avec un(e) camarade, réfléchissez à une initiative qui pourrait être mise en place pour éviter l'isolement des personnes vulnérables. Vous présenterez les détails de votre initiative au reste de la classe. Soyez prêt(e)s à répondre aux questions des autres groupes.

    Vous voterez ensuite pour l'initiative…
    a. la plus originale (justifiez)
    b. la plus réaliste (justifiez)
    c. la plus pratique (justifiez)

3. Discutez avec un(e) camarade. De quelles façons les situations suivantes peuvent-elles mener à la solitude ou à l'isolement social ?
    - un divorce ou une séparation
    - une brouille familiale
    - un décès
    - un licenciement
    - un handicap ou une différence
    - une dépression ou maladie mentale
    - la maladie
    - un déménagement

Quand harcèlement rime avec isolement

> Les victimes de harcèlement scolaire sont nombreuses et variées. Il n'y a pas de victime type. Leur seul point commun serait qu'elles sont « différentes » des autres, ou perçues comme telles.
>
> (*Rester fort : Pour en finir avec le harcèlement scolaire*, Émilie Monk)

1. On parle ici de « différences perçues ».
    - Réfléchissez à un exemple où votre *perception* d'une personne ou d'une situation vous a été utile et vous a permis de prendre la bonne décision. Partagez-le avec le reste de la classe.
    - Réfléchissez à un exemple où votre *perception* d'une personne ou d'une situation vous a induit en erreur et conduit à un jugement hâtif ou une mauvaise prise de décision. Partagez-le avec le reste de la classe.

    Peut-on juger quelqu'un ou une situation sur une perception ? Faut-il prendre en compte ses perceptions pour se former un jugement ? Peut-on se fier à ses perceptions ?

TDC — Le 23 janvier 2018, « La journée des solitudes » a été lancée pour la première fois par l'association Astrée. Pensez-vous que ce type de journée puisse réellement avoir un impact et faire une différence ? Expliquez.

Profil de l'apprenant
Réfléchi

V
- **mener** = conduire
- **se brouiller avec quelqu'un** = se disputer / se fâcher avec quelqu'un
- **se faire licencier** = perdre son travail
- **déménager** = changer de maison, de ville, de pays etc., partir habiter ailleurs

V
- **le harcèlement** = l'intimidation

4 Organisation sociale

Point Info

Émilie Monk avait 17 ans quand elle a décidé de mettre fin à ses jours en se jetant du balcon de sa chambre. Elle avait subi 2 ans de harcèlement au collège et ne s'en était jamais remise. Elle a laissé derrière elle un journal que ses parents ont décidé de publier afin de tenter de combattre le fléau du harcèlement scolaire.

Rester fort : Pour en finir avec le harcèlement scolaire, Émilie Monk

Profil de l'apprenant

Informé, Altruiste, Équilibré

Pour aller plus loin

Allez regarder le reportage suivant :

le souffre-douleur = cible / victime de quelqu'un ou d'un groupe

être témoin d'une situation = voir la situation

2. Lisez la description d'Émilie Monk, lycéenne de 17 ans victime de harcèlement.

Description d'Émilie :
- intelligente
- première de sa classe
- naturellement jolie
- désintéressée par le maquillage et les vêtements de marque
- végétarienne par choix
- aimait lire pour le plaisir
- rêvait de devenir écrivain
- participation active aux manifestations pour défendre des causes telles que des causes de défense des droits des animaux (anti corrida ou anti fourrure)
- asthmatique mais déterminée (participation à un cross en faveur de l'association contre la faim dans le monde malgré son asthme)
- généreuse : utilisation de son argent de poche pour faire des dons à des associations de protection animale ou pour faire des cadeaux à sa famille et ses amis.

3. Avec un(e) camarade, décidez ce qui pourrait être considéré comme « différent » par d'autres adolescents de son âge et expliquez pourquoi. Quels sentiments pourriez-vous associer à chaque « différence » ?

Exemple : intelligente – Cela peut susciter des jalousies (sentiment). Les élèves catégorisent parfois les élèves intelligents et qui réussissent comme des ados qui ne sont pas « cool ».

_____
_____
_____
_____
_____
_____

4. Avec votre camarade, réfléchissez aux autres « différences » qui pourraient parfois amener une personne à devenir le souffre-douleur d'un groupe, et expliquez vos raisons. Partagez ensuite avec le reste de la classe.

_____
_____
_____

5. Imaginez : voici des exemples de situations de harcèlement dont vous êtes témoin. Que faites-vous ? Pourquoi ? Discutez avec un(e) camarade.

À l'école

a. Mes amis se moquent souvent d'un garçon parce qu'il est plus gros qu'eux. Ils le traitent sans arrêt de « baleine ».

b. Un garçon de ma classe intimide les plus petits pour leur voler leur argent.

c. Les filles de ma classe ont envoyé une photo compromettante d'une autre fille à tout le monde par le biais des réseaux sociaux.

4.1 Communauté, lien social et engagement

Au travail

d Un collègue de travail fait sans arrêt des blagues sur un de nos collègues. Il se moque de lui ouvertement et dit tout le temps que c'est « juste pour rigoler ».

e Mon patron fait tout le temps des réflexions sur le physique d'une de mes collègues. Je sens qu'elle est mal à l'aise à chaque fois.

Vers l'Épreuve 2 : Compréhension orale

Allez chercher sur YouTube la vidéo intitulée *Découvre comment tu peux, toi aussi, agir pour changer les choses*. Il s'agit d'une campagne de sensibilisation québécoise. Attention à l'accent, car l'accent quebécois peut être plus difficile à comprendre lorsque l'on n'y est pas habitué.

1 Regardez cette vidéo jusqu'à 1 minute 35 pour commencer. Complétez les phrases avec les mots manquants (maximum 3 mots).

a Les gens l'ont _____.
Ils ont commencé à _____ et à rire d'elle.

b Certaines personnes s'amusaient à déformer son _____ pour rire de lui.

c Parce que je _____, j'étais un homosexuel.

d C'était à l'école, sur mon ordi, sur Facebook, en classe. Ça se passait majoritairement pendant les _____, sur le retour de l'école

e Je me suis sentie _____ face à la situation.

f Pour un enseignant, ces situations sont toujours _____.

g Au début, je me disais que ça pouvait être _____, une petite _____.

h J'étais _____ ; il y a vraiment des personnes qui font ça dans le vie ?

2 Regardez maintenant le clip de cette campagne de sensibilisation jusqu'à la fin.

a Quels sont les regrets exprimés ?

b Quels sentiments sont aussi mentionnés et que représentent-ils pour celles / ceux qui les expriment ?

c Faites une liste des actions qui ont été faites pour mettre fin à ces situations de harcèlement.

d Quel message cette vidéo essaie-t-elle de faire passer ?

4 Organisation sociale

Conseil exam
- lisez d'abord le texte sans les mots
- regardez la liste de mots proposés et décidez s'il s'agit de verbe, d'adjectif etc.
- pour chaque phrase décidez si vous avez besoin d'un verbe, d'un adjectif etc.

NB : À l'examen, ce type d'exercice peut sortir dans l'épreuve de compréhension écrite. Il s'agira dans ce cas de compléter le résumé d'une partie du texte initial. Vous pourrez alors vérifier vos réponses en relisant le texte initial et en les mettant en parallèle avec le texte.

3 Complétez les phrases avec l'un des mots dans la case.

> **Que faire si on est témoin d'intimidation ?**
>
> Tu as une grande **1** _____ si tu es témoin d'intimidation, car tes réactions peuvent **2** _____ ou décourager l' **3** _____ . Si tu restes sur les lieux comme **4** _____ , tu fais partie du problème.
>
> Les intimidateurs recherchent ton attention. Si tu ne fais **5** _____ quand une personne en **6** _____ une autre, tu encourages la personne qui intimide, tu lui donnes le goût de continuer. Plutôt que de rester là à regarder et à écouter, **7** _____ . Va chercher de l'aide ou parle à la personne qui intimide si tu te sens en **8** _____ . Tu fais partie de la solution. Ton rôle est **9** _____ . Tu ne dois pas rester **10** _____ ou encourager la personne qui en intimide une autre, ce serait aggraver le problème.

| rien | sécurité | encourager | important | agis |
| responsabilité | intimide | spectateur | muet | agresseur |

4 Action !

Avec un(e) camarade, réalisez un court clip, ou enregistrez un podcast dans lequel vous dénoncez le harcèlement, mettez en valeur les conséquences possibles et donnez des conseils.

Votre clip, vlog ou podcast ne doit pas faire plus de 3 minutes.

Vers l'Épreuve 1 : Expression écrite

Imaginez que vous allez écrire un texte. Choisissez l'un des parcours suivants.

	Situation 1	Situation 2
Destinataires	enfants à l'école primaire	adultes
But(s)	les sensibiliser au harcèlement scolaire et leur donner des conseils	les sensibiliser au harcèlement au travail et leur donner des conseils
Contexte	le harcèlement scolaire	le harcèlement sur le lieu de travail
Type de texte	brochure ou discours	brochure, lettre ou blog

Rappel : types de textes
Discours, voir page 89
Blog, voir page 118
Lettre, voir page 47 ou 217

Pour vous aider, voici des affirmations, conseils etc. que vous pouvez réutiliser. Pour chaque conseil, cochez la case pour indiquer s'il s'agit d'un conseil qui s'adresse à un témoin (T ✓) ou à une victime (V ✓). Cochez les deux s'il s'adresse aux deux (T ✓ et V ✓). Et pour chaque conseil, cochez pour indiquer la / les situation(s) qui lui correspond(ent).

a Il ne faut pas avoir peur des représailles. T V 1 2 ☐☐☐☐

b Ne donne jamais tes détails personnels. T V 1 2 ☐☐☐☐

c Essayez de parler de la situation à une personne en qui vous avez confiance. T V 1 2 ☐☐☐☐

d Notez sur un carnet tous les agissements malveillants à votre égard de votre collègue ou patron. T V 1 2 ☐☐☐☐

e Ne reste pas indifférent à la situation. Si tu restes silencieux, tu es complice. T V 1 2 ☐☐☐☐

4.1 Communauté, lien social et engagement

		T	V	1	2
f	Rapportez vos observations à la personne chargée du personnel.	☐	☐	☐	☐
g	Si tu ris avec les autres, tu es autant responsable et coupable que tes camarades.	☐	☐	☐	☐
h	Pourquoi ne pas en parler à l'un des délégués de classe en qui tu as confiance ?	☐	☐	☐	☐
i	Essaie de discuter avec le harceleur s'il fait partie de ton groupe d'amis.	☐	☐	☐	☐
j	Faites un geste vers votre collègue pour qu'il / elle prenne conscience qu'il ou elle n'est pas complètement seul(e).	☐	☐	☐	☐

4.1.2 De l'isolement social à la déchéance sociale : une vie dans la rue

Vers l'Épreuve 2 : Compréhension écrite

Une journée dans la vie d'Eric, SDF à Paris

D'après Le Monde.fr | 26.10.2012 à 16h29 • Mis à jour le 06.04.2013 à 21h02 | Par Soren Seelow

6 h 59. L'alarme sonne. Eric ouvre les yeux. À côté de lui, sur son matelas, le sac à dos dont il ne se sépare jamais. Habillé d'un pantalon de ville, il se laisse glisser au pied du lit superposé.

Eric a 50 ans. Il est sans abri depuis deux ans et demi. Broyé par son travail, ébranlé par un divorce, cet ancien fonctionnaire de police a « craqué ». Il a sombré dans la dépression, perdu son emploi. Il a « touché le fond » : 10

les nuits dans les parkings, l'hiver parisien, les appels au 115, le numéro du Samu social de Paris qui permet, parfois, de trouver un lit pour le soir. En octobre 2010, il a obtenu une place au « Refuge », un centre d'hébergement d'urgence (CHU) de 426 lits l'hiver (200 l'été) géré par l'association La Mie de Pain, dans le 13e arrondissement.

À 8 h 30, après le petit déjeuner au réfectoire, le Refuge ferme. Plusieurs centaines de 15
SDF se retrouvent à la rue, condamnés à errer de squares en stations de métro jusqu'à la réouverture des portes, en début de soirée. Une journée d'attente, longue et froide, commence. Nous avons passé cette journée avec Eric.

8 h 35

Le Square de la Montgolfière, à quelques dizaines de mètres du Refuge. C'est ici qu'Eric 20
retrouve chaque jour ses camarades de patience, ceux avec qui il tue le temps en sifflant quelques bières bon marché.

8 h 40

Eric, Didier et Jean-Marc ont chacun leur téléphone vissé à l'oreille. Ils ne disent pas un mot. Ils attendent. Ils cherchent un lit pour Jean-Marc, qui sort de l'hôpital après 25
un malaise cardiaque et dort depuis des semaines dans la rue. Un seul numéro : le 115. Jean-Marc a de la chance. Après quinze minutes d'attente en musique, on lui a trouvé un lit pour ce soir, « mais rien pour après ».

4 Organisation sociale

9 h 46

L'heure de la première bière. Une Koenigsbeer, la moins chère, 54 centimes au Carrefour Market, 7 degrés. On tue le temps, cigarette sur cigarette, canette après canette. « C'est long une journée quand on ne fait rien, c'est long », soupire Eric.

10 h 54

Chez Carrefour Market, direction le rayon bière. Les bras chargés de huit Koenigsbeer 50 cl, on passe en caisse. « On en offre à ceux qui n'ont pas les moyens de s'en payer, précise Eric. La solidarité, c'est important. »

12 h 01

Eric sort sa petite radio. Les premières mesures de Dancing Queen d'Abba crachotent dans le poste : « On écoute toujours Nostalgie. On est des vieux, on se souvient du temps passé. »

12 h 30

« Tiens, voilà les oiseaux, ça veut dire qu'il est midi et demi. » Une nuée de volatiles vient d'envahir le parc. Les SDF du square de la Montgolfière apportent parfois du pain pour nourrir les moineaux. « Pas les pigeons, les pigeons c'est une plaie. »

12 h 40

Eric saute souvent le déjeuner. Comme beaucoup de ses acolytes. Mais en ce moment, il a un peu de sous. Il décide de faire un saut au Quick de l'avenue d'Italie.

14 heures

Comme souvent, Eric va faire un saut dans un accueil de jour tenu par une petite association du 5e arrondissement, Cœur du 5. Il y fait bon, l'ambiance est familiale, on se fait son café soi-même et on y trouve des jeux de société.

14 h 22

Didier a rejoint Eric. Les deux compères se lancent dans une partie de Scrabble. Pour son deuxième coup, Didier arrange un mot de cinq lettres sur son pupitre : « Loyer ».

15 h 40

Eric et Didier ont pris le métro, direction Pasteur. C'est ici que Didier « travaille ». Eric, lui, ne fait pas la manche, ce n'est pas son truc. « Je ne peux pas », glisse-t-il.

19 heures

Eric rejoint la file d'attente du « Refuge », où l'attendent un dîner et un lit pour la nuit.

Questions de compréhension

En vous basant sur le texte, répondez aux questions suivantes.

1 Ce texte parle…

    a des actions mises en place pour aider les sans-abris.

    b des difficultés rencontrées par les femmes qui n'ont pas de logement.

    c des amitiés créées par un SDF.

    d du quotidien d'un homme qui vit dans la rue.

Vrai (V) ou faux (F) (d'après l'introduction) ? Justifiez vos réponses.

2 Éric a dormi dans la rue.   V   F

Justification _____

3 Avant d'être à la rue, Éric était au chômage.   V   F

Justification _____

4 Éric et ses amis aiment passer leurs journées dehors.   V   F

Justification _____

4.1 Communauté, lien social et engagement

En vous basant sur les lignes 20 à 59 :

5 Choisissez les trois affirmations qui résument les idées du texte. _____
- **a** Éric n'a pas réussi à trouver refuge dans un centre d'hébergement.
- **b** Éric a toujours beaucoup de choses à faire et ne s'ennuie jamais.
- **c** L'une des préoccupations les plus importantes d'Éric est de trouver un centre qui pourra héberger un de ses amis pour la nuit.
- **d** Jean-Marc dort toujours dans la rue.
- **e** Éric pense que s'entraider entre SDF c'est important.
- **f** Ce soir, Éric va pouvoir manger convenablement.

En vous basant sur les lignes 48 à 59 :

6 Donnez l'une des raisons pour lesquelles Éric aime aller dans l'accueil de jour.

_____

7 Que signifie l'expression « Il ne fait pas la manche » ?
- **a** Il ne porte jamais de T-shirts à manches longues.
- **b** Il ne reste jamais assis longtemps au même endroit.
- **c** Il ne mendie pas.

Femme sans abri

1 Observez la photo. Complétez les phrases suivantes avec vos mots à vous.

Elles vivent dans la rue et racontent la dureté d'une vie de SDF. Une vie précaire et trop souvent fragile.

En tant que femme et SDF,

- **a** je suis … _____
- **b** les gens me … _____
- **c** il m'est difficile de… _____
- **d** il est essentiel que je… _____
- **e** je n'ai pas d'autre choix que de… _____

2 Lisez le texte et remplissez le tableau qui se trouve à la page 161.

Le 12 juillet 2019

Cher journal,

Je n'ai que toi comme compagnon, alors ce soir encore, c'est à toi que je me confie. M'écrire me fait du bien. Ça me soulage un peu. Tu es le seul qui fasse attention à moi et qui m'écoute d'ailleurs, car il a fallu peu de temps pour que je devienne invisible. Les gens ne vous voient plus quand vous passez vos journées assise par terre dans un coin, et tout ce que vous voyez, ce sont des chaussures passer devant vous ! C'est pour ça que je te garde toujours sur moi. Te laisser dans un coin dans mon sac serait risquer de te perdre. Il y a tellement de vols de sacs et d'affaires ! Nous qui avons si peu de biens matériels, il faut encore que nous réussissions à nous piquer nos affaires entre nous ! Le désespoir mène vraiment à des actes incivils et dégradants.

4 Organisation sociale

Aujourd'hui, ça fait un an jour pour jour que la galère a commencé... un an que je me suis retrouvée à la rue et sans personne sur qui compter. Une année entière ! ! Je n'en reviens pas ! ! Comment est-ce possible ? ! Moi qui menais une vie normale. J'avais un travail, un appartement, un petit-ami... Quand je pense qu'il a suffi d'une rupture sentimentale pour que je tombe dans la dépression, perde mon travail et me retrouve à la rue ! ! Tout ça en l'espace de trois mois. J'ai l'impression d'avoir pris 10 ans depuis que suis dans la rue.

C'est tellement difficile pour une femme de conserver sa dignité et de continuer à prendre soin de soi quand on vit dehors. Et la honte... Si tu savais comme j'ai honte, journal ! Honte de me retrouver dans cette situation de précarité. Honte de cette perte de dignité. Alors j'évite... j'évite le regard des gens que je croise, et je refuse de faire la manche. Ça m'aiderait à récolter un peu d'argent, mais j'essaie à tout prix de conserver un peu de dignité et de ne pas m'abaisser à ce geste désespéré. Tu comprends ?

Je suis tellement fatiguée de vivre avec la peur au ventre tous les jours aussi. Peur de me lever et d'affronter une autre journée d'errance. Peur de ne pas réussir à manger et de passer une autre journée avec le ventre creux. Peur de faire une mauvaise rencontre. Peur de me faire insulter, attaquer ou même violer... C'est tellement difficile pour une femme dans une situation de vulnérabilité et précarité, comme celle dans laquelle je me trouve, de se protéger. La plupart des autres femmes essaie de former des amitiés avec certains des hommes qui assurent alors leur protection. Ça serait plus rassurant, c'est sûr, mais je n'ai confiance en personne. Tu crois que je devrais oublier ma fierté et chercher un « protecteur » ? Est-ce que je me mets encore plus dans une situation de danger en m'entêtant à rester seule... ?

Bon, je vais essayer de trouver un lit dans un centre d'hébergement réservé aux femmes pour ce soir. Ce sera plus confortable que mes cartons et mon sac de couchage. Mais c'est plus difficile de trouver un lit l'été que l'hiver. L'été la plupart des centres sont fermés. Comme si la chaleur faisait disparaître la misère ! Tu trouves ça normal, journal ? L'hiver on meurt de froid dans l'indifférence la plus totale. L'été, on meurt de chaud dans l'indifférence la plus totale ! Pire encore l'été, on nous interdit parfois d'aller en centre-ville pour ne pas salir l'image de la ville aux yeux des touristes. Quelle hypocrisie ! !

Merci de m'avoir écoutée, journal.

À plus tard.

🔍 Grammaire en contexte : Le subjonctif présent » p.171

« Tu es le seul qui fasse attention à moi »

« il a fallu peu de temps pour que je devienne invisible »

Le subjonctif n'est pas un temps mais un mode. Il peut s'employer dans un contexte présent, passé ou futur.

Contexte présent

Il <u>faut</u> que **j'apprenne** le subjonctif

(<u>présent</u>)   (**subjonctif**)

Contexte passé

Il <u>fallait</u> que **j'apprenne** le subjonctif

(<u>imparfait</u>)   (**subjonctif**)

Il <u>a fallu</u> que **j'apprenne** le subjonctif

(<u>passé composé</u>)   (**subjonctif**)

Contexte futur

Il <u>faudra</u> que **j'apprenne** le subjonctif

(<u>futur</u>)   (**subjonctif**)

4.1 Communauté, lien social et engagement

Formation

Prendre la forme *ils* des verbes au présent ; ou pour les formes *nous* et *vous*, prendre la forme *nous* du verbe au présent.

Enlever la terminaison **-ent / -ons**

Ajouter les terminaisons suivantes :

je ... **-e**		*nous* ... **-ions**	
tu ... **-es**		*vous* ... **-iez**	
il / elle / on ... **-e**		*ils / elles* ... **-ent**	

Au subjonctif, il est recommandé de se baser sur la forme *nous* du verbe au présent.

Exemples : *ils boivent*   Il faut que tu **boives**.

nous buvons   Il faut que nous **buvions**.

Il existe bien sûr des exceptions :

aller (**j'aille**) – avoir (**j'aie**) – être (**je sois**) – faire (**je fasse**) – prendre (**je prenne**) – savoir (**je sache**) – vouloir (**je veuille**)

Utilisation

Le subjonctif s'utilise après certains verbes, certaines expressions ou conjonctions. Voici quelques exemples :

il est urgent que	avant que
craindre que	bien que
redouter que	jusqu'à ce que
il est impensable que	à moins que
j'ai bien peur que	pourvu que
exiger que	
souhaiter que	
vouloir que	
il est utile que	

Compréhension conceptuelle

De quel type de texte s'agit-il ? (page 159) _____

Relisez le texte et remplissez le tableau de compréhension conceptuelle ci-dessous. Justifiez dans la colonne de droite à l'aide du texte.

Destinataire ? C'est pour qui ?		
Contexte ? Situation		
But ? C'est pourquoi ?		
Sens ? Comment ?		

Manipulation du texte :

Variation : imaginez : vous n'êtes pas SDF, mais leur situation vous touche. Réécrivez le deuxième paragraphe du texte précédent (page 160, *Aujourd'hui*...) en l'adaptant pour ce nouveau contexte. Quels changements, quelles variations observez-vous ?

4 Organisation sociale

Portrait Robot

Nom : (page de) journal intime

Buts : réfléchir, exprimer des opinions et émotions

Signes particuliers :

✓ Date
✓ Cher journal,
✓ Narration à la première personne *(je)*
✓ Formule de conclusion
✓ Expression d'opinions

Autres caractéristiques :

✓ Structuré mais on utilise peu de connecteurs logiques
✓ Utilisation d'un langage expressif : exclamations, structures en "si" / questions rhétoriques, etc.
✓ Utilisation des pronoms pour s'adresser directement au journal *(tu)*
✓ Ponctuation

Registre : familier et personnel quels que soient le contexte et le but

Vers l'Épreuve 1 : Expression écrite

NM 250–400 mots

NS 450–600 mots

Conseil exam
Remplissez une grille de compréhension conceptuelle avant de vous lancer !

Vous passez tous les jours devant plusieurs SDFs en vous rendant au travail le matin. Leur situation vous révolte. Vous pensez souvent à les aider, mais vous ne savez pas quoi faire. Vous n'êtes pas sûr(e) que ce soit une bonne idée non plus. Tracassé(e) par ce dilemme, vous écrivez une page de votre journal intime pour exprimer votre indignation et réfléchir à ce que vous pourriez faire pour faire une différence.

🎤 Mini débat

Voici plusieurs suggestions de mini débats. Avec un(e) camarade, choisissez l'un de ses débats et argumentez. Chaque mini débat doit durer 6 minutes. Une fois les 6 minutes écoulées, changez de partenaire et de débat. Renouvelez la rotation trois fois.

4.1 Communauté, lien social et engagement

1. Faut-il forcer les sans-abris à aller dans les centres d'hébergements ?
2. Les tentes pour les sans-abris est une bonne initiative car cela contribue à rendre les sans-abris visibles.
3. Il est impossible d'aider un sans-abri.
4. S'ils sont à la rue ; c'est entièrement leur faute ! Pourquoi devrais-je les aider ?
5. Il est inadmissible que certains maires déclarent les sans-abris hors-la-loi !

4.1.3 S'engager pour aider

Agir

Lisez le blog qui parle de l'engagement des étudiants de l'université de Laval au Québec.

Répondez aux questions.

1. Parmi les raisons pour s'engager listées dans le texte, laquelle vous paraît être la plus valide ? Expliquez pourquoi.

2. En vous inspirant des exemples présentés dans le texte, avec un(e) camarade, préparez le poster pour une association que vous aimeriez créer.

    Expliquez :
    - son but
    - le public visé
    - comment cette association fera une réelle différence
    - les qualités que les bénévoles devront avoir
    - les compétences que les bénévoles pourront développer

Une solution à l'isolement des personnes âgées

Replacez les mots dans l'encadré dans le texte. Utilisez la grammaire et le contexte pour vous aider.

La colocation intergénérationnelle

Le vivre ensemble entre jeunes et vieux fait tout à fait sens et semble une parfaite solution de 1 _____ . Seniors et personnes d'autres tranches d'âge parviennent plus facilement à faire face à la 2 _____ économique et aux difficultés croissantes liées au logement s'ils partagent. Que ce soit pour les étudiants, les jeunes actifs ou les familles monoparentales, la colocation intergénérationnelle est parfois une solution de 3 _____ ingénieuse.

La colocation intergénérationnelle répond ainsi aux 4 _____ de logement des jeunes colocataires car ils 5 _____ ainsi d'un logement à bas prix, et en même temps, des seniors qui, en échange, obtiennent quelques 6 _____ rendus comme des courses, de petites réparations ou le partage de repas, etc...

Il s'établit alors un dialogue et un 7 _____ intergénérationnel. Les colocataires apprennent à se connaître en 8 _____ leurs expériences et leurs 9 _____ des choses.

4 Organisation sociale

Pour l'instant, ce genre de colocation se fait surtout entre seniors et étudiants. Ces derniers étant en effet souvent financièrement 10 _____ trouvent difficile de se loger convenablement. Partager avec un senior est de ce fait, très avantageux.

logement	bénéficient	échangeant	partagée	vulnérables
services	crise	problèmes	lien	visions

À l'oral

Discutez avec un(e) partenaire.

1 Quels sont selon vous les bénéfices pour les personnes âgées ?

2 Quels sont les bénéfices pour les étudiants ?

3 Y a-t-il des risques à ce genre d'initiative ?

À l'oral ou à l'écrit

Discutez ou argumentez :

1 Pour quelle cause humanitaire ou association caritative seriez-vous prêt(e) à tout quitter pour vous engager ? Expliquez.

2 Pensez-vous que nous vivons à l'ère de l'égoïsme et individualisme, ou plutôt à l'ère de l'altruisme ? Expliquez à l'aide d'exemples concrets.

3 Beaucoup de personnes disent qu'il ne faut jamais donner de l'argent à un SDF. Qu'en pensez-vous ?

4 Faire un don pour une association n'a pas la même valeur que de s'engager activement en se portant volontaire. Qu'en pensez-vous ?

Vocabulaire

1. Se construire un lexique

Français	Votre langue maternelle
Les relations sociales	
un proche	
un voisin	
le voisinage	
l'amitié	
un ami / un copain / un pote (*fam*)	
bien / mal s'entendre avec quelqu'un	
tisser des liens	
fréquenter / côtoyer quelqu'un	
couper les liens avec ses proches	
se brouiller avec quelqu'un	
avoir des relations amicales, difficiles, tendues etc. avec quelqu'un	
être sociable	
être renfermé(e) sur soi-même	
vivre en communauté	
avoir l'esprit communautaire	

TDC

1 "L'engagement est un acte, pas un mot" (Jean Paul Sartre). Expliquez.

2 Selon un sondage réalisé par l'INSEE (Institut de sondage), 18,3 millions de Français seraient engagés comme bénévoles dans des associations caritatives ou pour des causes humanitaires ; 2,4% de ces engagés seraient les jeunes âgés entre 15 et 24 ans, contre 5,9% des plus de 65 ans. Comment expliquez-vous cette différence ? Cela signifie-t-elle que la jeunesse française est "désengagée" ?

4.1 Communauté, lien social et engagement

appartenir à un groupe social	
s'identifier à un groupe social	
faire partie d'une secte	
Problèmes de société	
la solitude	
seul(e)	
solitaire	
la misère sociale	
se retrouver à la rue	
un sans-abri / un SDF	
un clochard	
mendier / faire la manche	
être / se retrouver isolé(e)	
être dans le besoin	
être démuni	
l'aide sociale	
un centre d'hébergement	
une banque alimentaire	
recevoir l'aide à domicile	
la précarité	
la pauvreté	
la misère	
mourir de faim ou de froid	
être affamé(e)	
le harcèlement	
éveiller les consciences	
libérer la parole de quelqu'un	
se battre contre	
mettre en garde contre	
s'acharner contre quelqu'un	
endurer un calvaire	
faire subir un calvaire à quelqu'un	
insulter quelqu'un	
se moquer de quelqu'un	
cracher sur quelqu'un (un crachat)	
racketter quelqu'un	
pousser / bousculer quelqu'un dans les escaliers	
faire des croche-pieds à quelqu'un	
sombrer dans une dépression	
se voir au travers des yeux de quelqu'un	
faire subir des violences morales, physiques ou verbales à quelqu'un	
un souffre-douleur	
laisser des séquelles (à vie)	

165

4 Organisation sociale

Engagement social	
se porter bénévole	
un(e) bénévole	
faire du bénévolat	
apporter de l'aide aux personnes sinistrées lors d'une catastrophe naturelle (inondations / cyclones etc.)	
gratuitement / non rémunéré	
aider	
porter assistance	
s'engager	
solidaire	
la solidarité	
une association caritative	
une association à but non lucratif	
une campagne de sensibiliser	
recruter	
collecter (de l'argent / des fonds)	
faire un don	

2 Vocabulaire en contexte

Complétez les phrases ci-dessous avec des mots (ou des dérivés) qui se trouvent dans la liste de vocabulaire.

1 Je n'ai pas d'amis. Je n'arrive pas à aller vers les autres. Je me sens si _____ . La _____ me pèse.

2 Je _____ avec un ami hier. Je ne peux jamais lui faire confiance. J'en ai eu marre et je lui ai dit ses quatre vérités. Maintenant, on se parle plus.

3 Quand j'allais à l'école primaire, un grand de la classe supérieure me rackettait tous les jours et m'insultait. Les autres le regardaient faire et _____ de moi. Pourtant ce n'était vraiment pas marrant. Le _____ n'est pas une blague.

4 Les jeunes _____ de plus en plus dans des associations caritatives. Ils se portent _____ pour aider les autres. Ils font du _____ .

5 Ils n'ont pas assez d'argent pour se nourrir. Leur père est au _____ . Ils vont chercher de la nourriture dans des _____ .

Vers l'Épreuve 1 : Expression écrite

NM 250–400 mots

NS 450–600 mots

Vous venez d'apprendre qu'une vielle dame qui habite dans votre quartier vient d'être retrouvée dans son appartement. Elle était décédée depuis deux semaines. Attristé(e) et indigné(e) que des personnes puissent encore mourir seules chez elles au 21ème siècle, vous décidez d'écrire un texte dans lequel vous exprimez vos émotions et tentez de sensibiliser les gens à cette situation en proposant des solutions.

4.1 Communauté, lien social et engagement

Choisissez l'un des types de textes ci-dessous :

journal intime	éditorial	tract

Étape 1 : Pour vous aider à préparer

Compréhension conceptuelle	
Destinataire – C'est pour qui ?	
Contexte – Situation / registre	
Le but – Pourquoi ?	
Le sens – Comment ? Des exemples ?	
Variation ?	

Types de textes	
À quelle catégorie de textes (**personnels** ? **professionnels** ? **textes des médias de masse** ?) chacun des trois types de textes proposés appartient-il ?	
D'après le contexte, le but et le destinataire, quel **type de texte** sera le plus **efficace** ? Justifiez votre réponse.	

Étape 2 : Brouillon d'idées

Faites un remue-méninges du vocabulaire spécifique à ce contexte.

Faites une liste de solutions possibles pour remédier à la solitude des personnes âgées.

   Exemple : la colocation intergénérationnelle

_____

_____

_____

_____

Étape 3 : Rédigez votre texte

Étape 4 : Fiche d'auto-évaluation

Points à vérifier		Exemples
Critère A (langue /12)		
Relecture grammaire : temps des verbes accords pronoms etc. Ai-je varié mon vocabulaire ?		

4 Organisation sociale

Critère B (message /12)		
Mes idées son : pertinentes et adaptées à la tâche ? variées ? développées ? justifiées ?		
Critère C (compréhension conceptuelle et format /6)		
Prise en compte du **destinataire** ?		
Prise en compte du **contexte** ?		
But(s) atteint(s) ?		
Procédés utilisés pour : atteindre mon but et pour respecter mon contexte et mon audience		
Toutes les **conventions** de forme du texte choisis sont remplies ?		

Étape 5 : Réflexions finales

Points positifs dans mon devoir
Points à améliorer
Objectifs à atteindre lors du prochain devoir

4.1 Communauté, lien social et engagement

Vers l'examen oral individuel

NM

Des pistes pour parler de ce dessin...

a   Que se passe-t-il sur ce dessin ? C'est où ? C'est quand ?

b   Décrivez la scène.

c   Quelles émotions / réflexions suscite-t-il en vous ?

d   Problématique ?

e   Exprimez des opinions sur ce sujet.

Conseil exam

Pour les trois parties de l'examen oral individuel (NM), voir page 24.

169

4 Organisation sociale

Point Info

Antoine de St Exupéry (1900–1944)

Pilote et auteur français

Vers l'examen oral individuel

NS

Lisez l'extrait suivant tire du livre intitulé *Le Petit Prince*, d'Antoine de St Exupéry.

Mais le renard revint à son idée :

« Ma vie est monotone. Je chasse les poules, les hommes me chassent. Toutes les poules se ressemblent, et tous les hommes se ressemblent. Je m'ennuie donc un peu. Mais, si tu m'apprivoises, ma vie sera comme ensoleillée. Je connaîtrai un bruit de pas qui sera différent de tous les autres. Les autres pas me font rentrer sous terre. Le tien m'appellera hors du terrier, comme une musique. Et puis regarde ! Tu vois, là-bas, les champs de blé ? Je ne mange pas de pain. Le blé pour moi est inutile. Les champs de blé ne me rappellent rien. Et ça, c'est triste ! Mais tu as des cheveux couleur d'or. Alors ce sera merveilleux quand tu m'auras apprivoisé ! Le blé, qui est doré, me fera souvenir de toi. Et j'aimerai le bruit du vent dans le blé... »

Le renard se tut et regarda longtemps le petit prince :

« S'il te plaît... apprivoise-moi ! » dit-il.

« Je veux bien, » *répondit le petit prince*, « mais je n'ai pas beaucoup de temps. J'ai des amis à découvrir et beaucoup de choses à connaître. »

« On ne connaît que les choses que l'on apprivoise, dit le renard. Les hommes n'ont plus le temps de rien connaître. Ils achètent des choses toutes faites chez les marchands. Mais comme il n'existe point de marchands d'amis, les hommes n'ont plus d'amis. Si tu veux un ami, apprivoise-moi ! »

« Que faut-il faire ? » dit le petit prince.

« Il faut être très patient, répondit le renard. Tu t'assoiras d'abord un peu loin de moi, comme ça, dans l'herbe. Je te regarderai du coin de l'œil et tu ne diras rien. Le langage est source de malentendus. Mais, chaque jour, tu pourras t'asseoir un peu plus près... »

Le lendemain revint le petit prince.

« Il eût mieux valu revenir à la même heure, dit le renard. Si tu viens, par exemple, à quatre heures de l'après-midi, dès trois heures je commencerai d'être heureux. Plus l'heure avancera, plus je me sentirai heureux. À quatre heures, déjà, je m'agiterai et m'inquiéterai ; je découvrirai le prix du bonheur ! Mais si tu viens n'importe quand, je ne saurai jamais à quelle heure m'habiller le cœur... Il faut des rites. »

Avant de préparer la présentation de l'extrait, posez-vous les questions suivantes...

Dans l'extrait,...

1 C'est qui ?	Comment je le sais ?

2 C'est où ?	Comment je le sais ?

3 C'est quand ?	Comment je le sais ?

4 C'est quoi ?	Comment je le sais ?

4.1 Communauté, lien social et engagement

5 Quel est le thème principal ? Comment est-il traité dans l'extrait ?

_____

_____

6 Quel est / quels sont le(s) sous-thème(s) ? Comment est-il / sont-ils traités ?

_____

_____

_____

> **Conseil exam**
> Votre présentation doit être centrée sur l'extrait, mais n'oubliez pas d'introduire l'auteur et l'extrait.
>
> Votre présentation doit être structurée, logique et claire, et s'appuyer sur l'extrait.

> **Conseil exam**
> Pour les trois parties de l'examen oral individuel (NS), voir page 25.

Grammaire en contexte : Le subjonctif » p.160

Un exercice pour mettre la grammaire de ce chapitre en action.

Conjuguez les verbes et surlignez la raison pour laquelle le subjonctif est utilisé.

1. Il est urgent que nous _____ (*agir*) pour enrayer la précarité.
2. Je doute que le gouvernement _____ (*débloquer*) assez de fonds pour remédier aux problèmes sociaux.
3. Je ne pense pas qu'il _____ (*être*) judicieux de donner de l'argent aux sans-abris.
4. Qu'ils le _____ (*vouloir*) ou non, la misère sociale est une réalité !
5. Bien que nous _____ (*avoir*) un travail, nous ne gagnons pas assez d'argent pour pouvoir payer un loyer.
6. Je fais tout ce que je peux pour que mes enfants _____ (*pouvoir*) manger à leur faim tous les jours.
7. J'aimerais que les associations caritatives _____ (*recevoir*) plus de dons.
8. Il faut qu'elle _____ (*aller*) à la mairie pour demander de l'aide.

Références

Anciennes épreuves de compréhension écrite pour vous entraîner :

Mai 2013 – NS – Texte A – Lettre à mon petit fils (lettre personnelle)

Novembre 2014 – NS – Texte D – Il vivait dans un mobil-home, ses voisins lui ont construit une maison (article)

Mai 2015 – NS – Texte D – Le retour de l'enfant préférée (texte littéraire)

Novembre 2014 – NM – Texte A – Appel aux bénévoles : missions éducatives en Afrique (appel)

Novembre 2014 – NM- Texte A – Appel aux bénévoles : missions solidaires en Afriques (appel)

Mai 2015 – NM – Texte D – Les diners en famille (témoignages)

Novembre 2016 – NM – Texte C – L'ère de l'altruisme (interview)

Mai 2017 – NM – Texte D – Les jeunes aujourd'hui : engagés ou désengagés (article)

171

4 Organisation sociale

4.2 Des comportements trop souvent anti-sociaux

Séance échauffement

Activité 1 : Restons polis !

Quelques idées pour emmerder les gens…

1 Quelle est la chose que vous faites qui irrite le plus…

- **a** vos parents ?
- **b** vos amis ?
- **c** vos profs ?
- **d** vos voisins ?

Expliquez au reste de la classe.

> **Compréhension conceptuelle**
>
> Le verbe « emmerder » appartient au registre de langue familier. Il est donc possible de l'utiliser dans les types de textes tels que le journal intime, la lettre à un ami, un discours destiné à un public adolescents.
>
> Synonymes du registre courant : embêter / agacer / casser les pieds de quelqu'un
>
> Synonyme du registre soutenu : incommoder quelqu'un

Activité 2 : Le hit-parade des incivilités

Recherchez la signification des verbes suivants avant de commencer l'activité ci-dessous :

tondre		ramasser		monter	
allumer		remplir		céder	
rouler		essayer		plonger	
éclabousser		allonger		abandonner	
jeter		obliger		laisser	

Choisissez les trois actions que vous trouvez les plus inciviles et expliquez pourquoi.

Chez soi :

– Tondre la pelouse tous les dimanches matin de bonne heure

– Allumer la télé et monter le volume à fond pour faire le plus de bruit possible

Dans la rue :

– Marcher au milieu du trottoir et obliger les autres à faire un écart pour nous éviter

– Rouler dans les flaques d'eau pour éclabousser les passants

– Ne pas ramasser les crottes se son chien

– Jeter ses papiers par terre

Dans les magasins :

– Remplir son caddie à ras-bord au supermarché et l'abandonner à la caisse sous prétexte que l'on a oublié son porte-monnaie ou son portefeuille.

– Essayer une dizaine de vêtements, les laisser dans la cabine d'essayage et sortir sans rien acheter

Dans les transports en commun :

– Parler fort au téléphone

– Monter dans le bus ou le métro avant que tous les autres n'en soient descendus

– Écouter sa musique à fond

– Ne pas céder sa place assise à une personne âgée, une femme enceinte ou une personne handicapée

> Normalement une femme se sert d'un *porte-monnaie*, un homme d'un *portefeuille*, pour contenir son argent liquide et ses cartes bancaires

4.2 Des comportements trop souvent anti-sociaux

À la plage :
– Courir dans le sable pour envoyer du sable aux gens allongés sur leur serviette
– Plonger juste à côté d'une personne qui a du mal à entrer dans l'eau et l'éclabousser

Au cinéma :
– Manger son pop-corn bruyamment
– Rire ou parler pendant tout le film
– Jeter tous les emballages bonbons par terre
– Arriver en retard et obliger tout le monde à se lever pour vous laisser passer

_____
_____
_____
_____
_____
_____

Grammaire en contexte : Connecteurs logiques

sous prétexte que exprime la cause.

pour + infinitif exprime le but. Synonyme = *afin de* + infinitif

avant que + subjonctif exprime la chronologie.

Attention ! *après que* n'est pas suivi du subjonctif

Activité 3 : Incivilités : le ras-le-bol de tous !

YVELINES. LES COURS ANNULÉS POUR LA JOURNÉE AU LYCÉE POQUELIN DE SAINT-GERMAIN-EN-LAYE POUR CAUSE D'INCIVILITÉS ENVERS LES PROFESSEURS

INCIVILITÉS : LES CHAUFFEURS DE BUS EN ONT MARRE !

ALPES : AGRESSIONS, INCIVILITÉS ET INSÉCURITÉ À LA GARE ROUTIÈRE

TOULOUSE : UN MONUMENT AUX MORTS VANDALISÉ ET RECOUVERT DE GRAFFITI

1. Lisez les Unes ci-dessus et répondez aux questions.

   a (Yvelines) Citez deux exemples d'incivilités commises par des élèves envers des professeurs.

   b (Incivilités) Donnez deux exemples d'incivilités dont les chauffeurs de bus sont victimes au quotidien.

   c Donnez deux exemples supplémentaires d'incivilités qui peuvent être commises dans une ville.

   Exemple : garer sa voiture sur une place réservée aux handicapées

4 Organisation sociale

Approches de l'apprentissage

Compétences de recherche et de communication et collaboration

2. Regardez le dessin de presse ci-dessous.

   Cochez la phrase qui représente le mieux ce que vous pensez en regardant ce dessin et expliquez votre choix au reste de la classe.

Ce dessin me met hors de moi …			
Je le trouve amusant …			
Je le trouve ironique …		parce que	
Je ressens de la colère …			
Je le trouve efficace …			

3. Consultez la liste des amendes pour actes d'incivilités imposées par la ville de Bruxelles.

Incivilité	Amende administrative (police)
Dépôt clandestin (de déchets ou encombrants)	De 62,50 à 625 euros
Sac poubelle ou conteneur sorti en dehors des heures et lieux autorisés	De 75 à 150 euros
Sac non autorisé	De 75 à 150 euros
Tags et graffitis	350 euros maximum
Affiches et autocollants	350 euros maximum
Salissures (hors mégot et crachat)	350 euros maximum
Mégot ou crachat	350 euros maximum

Que pensez-vous de ces sanctions ? Vous paraissent-elles justes ? trop élevées ? pas assez sévères ? Discutez avec un(e) camarade. Justifiez vos réponses.

4. Avec un(e) camarade, vous décidez de réaliser un balado (podcast) dans le cadre d'une campagne de sensibilisation aux incivilités.

   Choisissez l'un des parcours ci-dessous et réalisez votre balado de 3 minutes maximum.

   Avec le reste de votre classe, vous pourrez ensuite voter et décider à qui attribuer le prix du meilleur balado.

4.2 Des comportements trop souvent anti-sociaux

Parcours A
Audience : jeunes de votre âge
Contexte : le lycée
But : informer et sensibiliser

Parcours B
Audience : tout public
Contexte : la voie publique
But : informer et sensibiliser

Parcours C
Audience : jeunes de votre âge
Contexte : les transports publics
But : informer et sensibiliser

Parcours D
Audience : tout public
Contexte : chez soi
But : informer et sensibiliser

4.2.1 Histoire du racisme ordinaire

Regardez ces photos.

1 Pour chacune d'elles, écrivez les trois premiers mots qui vous viennent à l'esprit.

2 En vous basant sur les photos précédentes, répondez aux questions suivantes instinctivement :

    a À qui confieriez-vous vos enfants ? ☐

    b À qui prêteriez-vous de l'argent ? ☐

    c À qui feriez-vous confiance ? ☐

4 Organisation sociale

1. Faites une liste de tous les éléments que vous considérez (consciemment ou inconsciemment) pour vous faire une opinion sur une personne que vous rencontrez pour la première fois. Ex : la tenue vestimentaire

2. Est-il possible de se débarrasser de tout préjudice et stéréotype social avant de se forger une opinion sur quelqu'un ?

TDC

3. Maintenant, justifiez les choix que vous avez fait précédemment.

_____
_____
_____

4. Réflexion…
   a. Qu'est-ce qui a influencé vos choix et réponses précédentes selon vous ?
   b. Les choix que vous avez faits vous surprennent-ils ? Quelle(s) réflexion(s) faites-vous sur vous-même à la suite de vos choix précédents ?

Vers l'Épreuve 2 : Compréhension écrite

Une Sénégalaise au Maroc : lisez ce texte et répondez aux questions.

Pas facile d'être noir(e) au quotidien dans les pays du Maghreb

1. Au Maroc, il n'est pas toujours facile de trouver un logement quand l'on vient de l'Afrique Subsaharienne. En effet, nombreux sont les propriétaires qui refusent de louer aux « Africains ». Ce phénomène, pourtant loin d'être nouveau, continue à persister aujourd'hui en Afrique du nord. Pour beaucoup d'étudiants, venus d'Afrique subsaharienne, trouver un logement se transforme souvent en parcours du combattant. Certains propriétaires d'immeubles vont même jusqu'à afficher ouvertement des pancartes discriminatoires sur lesquelles on peut lire « on ne loue pas aux Africains ». Difficile de se sentir les bienvenus dans un tel contexte.

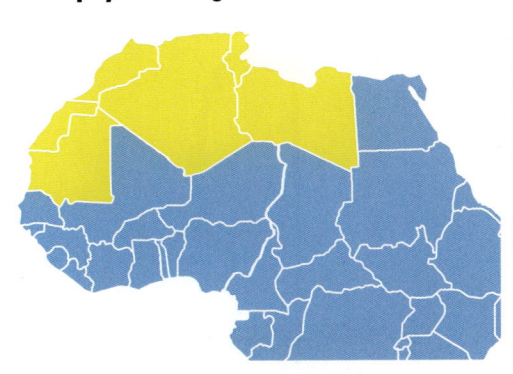

2. Les propriétaires qui osent braver ces interdits et louer à des Africains sont parfois menacés par des voisins et autres propriétaires. Face à une telle pression, ces propriétaires n'ont souvent d'autres choix que de céder à ces menaces et expulser leurs locataires.

3. Au-delà de cette difficulté à trouver un toit dans les pays d'Afrique du nord, force est de constater que la vie y est beaucoup moins agréable quand vous êtes noir(e). Il n'est en effet pas rare de se faire insulter dans la rue quand l'on est noir(e). Il faut aussi reconnaître que le comportement permissif de la police marocaine, qui ferme les yeux et n'agit pas lorsque des actes de racisme sont commis, n'aide en rien à la résolution de cette situation. Par ailleurs, le décès par traumatisme crânien d'un Congolais jeté d'un fourgon de police le 14 août dernier n'a rien fait pour redorer le blason des forces de l'ordre.

4. Aisha, une jeune Malienne venue à Casablanca pour étudier, qui dit que ce pays pas très loin de chez elle l'a toujours fascinée, a été confrontée à ce racisme dès son arrivée. Entre les chauffeurs de taxi qui ont refusé de la prendre et les passagers d'un train qui ont osé l'interpeller alors qu'elle s'apprêtait à monter un wagon première classe pour lequel elle avait un billet, elle a pu constater le comportement intolérant des marocains et la place des préjugés dans le Royaume du Maroc. Aujourd'hui, quand elle repense au Maroc, c'est avec un pincement au cœur.

4.2 Des comportements trop souvent anti-sociaux

5 Paradoxalement, le Maroc qui se veut pays d'accueil, ne cesse de n'accorder qu'une place de migrants à toute population originaire d'autres pays africains. Le racisme envers ces populations y est donc omniprésent. Même si le déni de la part des Marocains est persistant. Le traitement brutal par les forces de l'ordre ayant entraîné la mort d'un Congolais et l'assassinat récent d'un ressortissant sénégalais par un Marocain à la gare routière de Rabat ont mis en évidence la nécessite d'agir pour essayer de changer les mentalités. Pour beaucoup, la lutte contre le racisme doit avant tout passer par la sensibilisation. La première campagne contre le racisme intitulée : « Je ne m'appelle pas « un noir », j'ai un nom » a donc été lancée le 21 mars dernier. En espérant que cet intitulé choc face réagir une fois pour toute une population pour qui accepter la diversité ne semble pas encore une évidence.

Grammaire en contexte : L'accord du participe passé avec avoir » p.191

« ce pays pas très loin de chez elle l'a toujours fascinée »

Exemple :

Les employeurs ont discriminé Samira à cause de ses origines maghrébines.

Au passé composé : les employeurs l'ont discriminée

Au plus-que-parfait : les employeurs l'avaient discriminée

Au conditionnel passé : Les employeurs l'auraient discriminée

Avec *avoir*, le participe passé ne s'accorde jamais avec le sujet : Les employeurs (sujet) ont discriminé Samira.

Mais, le participe passé s'accorde avec le *complément d'objet direct* lorsque celui-ci est placé *devant* le verbe : Les employeurs l'ont discriminée.

NB : **l'** = pronom complément d'objet direct (= Samira (féminin singulier, donc **la**) placé devant le verbe au passé composé avec *avoir*.

Questions de compréhension

Répondez aux questions suivantes.

En vous basant sur le paragraphe 1 :

1 Quel mot signifie « habitation » ? _____

2 Pourquoi est-il difficile de se sentir bienvenu au Maroc quand on est africain ?

_____

Les affirmations suivantes, basées sur les paragraphes 2 et 3, sont soit vraies soit fausses. Cochez la bonne réponse et justifiez votre réponse par des mots du texte.

3 Les propriétaires qui louent à des Africains sont loués par les autres pour leur bravoure.   V   F

   Justification _____

4 Les forces de l'ordre du Royaume sont très réactifs face aux actes racistes.   V   F

   Justification _____

5 Quelle expression du troisième paragraphe signifie « redonner une image positive » ?

_____

4 Organisation sociale

Répondez aux questions en vous basant sur le quatrième paragraphe.

6 Pourquoi Aisha essayait-elle de monter en première classe ?

 _____

7 L'expression « avec un pincement au cœur » veut dire que :
   a Aisha est malade en pensant au Maroc.
   b Aisha a un pacemaker qui lui envoie parfois des électrochocs. ☐
   c La pensée du Maroc suscite des émotions en elle.

Répondez aux questions en vous basant sur le cinquième paragraphe.

8 À qui ou à quoi se réfère « y » dans la phrase « Le racisme envers ces populations y est donc omniprésent. » ? _____

4.2.2 Discriminations au travail

1 Faites une liste des types de discriminations représentés sur cette affiche.

2 Pour chaque type identifié, donnez un exemple concret.

Type de discrimination	Exemple concret
Trop vieux / trop jeune = âgisme	Refuser un emploi à une personne très qualifiée à cause de son âge

3 Quel type de discrimination vous révolte le plus, personnellement ? Expliquez.

Discriminations à l'emploi

1 Quiz : Des pratiques discriminatoires ? Oui ou non ? Justifiez.
   Discutez des situations ci-dessous avec un(e) partenaire. Sont-elles discriminatoires ? Mettez ensuite en commun avec le reste de la classe. Ensuite, voir les résultats en bas de la page 179.

   a La gérante d'un salon de beauté refuse de recruter une femme noire, qui a pourtant le diplôme et l'expérience requis, sous prétexte que ses clientes ne voudront pas avoir à faire à une personne de couleur pour leurs soins. ✓ ☐ ✗ ☐

   b Le directeur des ressources humaines d'une chaîne de boutiques de vêtements pour femmes refuse automatiquement les candidats hommes pour la vente en magasin. ✓ ☐ ✗ ☐

   c Le concours de la fonction publique n'est ouvert qu'aux citoyens de nationalité française ou d'un pays membres de l'Union européenne. ✓ ☐ ✗ ☐

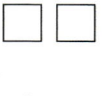

4.2 Des comportements trop souvent anti-sociaux

> **Grammaire en contexte : Connecteur logique**
>
> *sous prétexte que* sert à exprimer la cause / la raison
>
> Elle n'est pas venue travailler hier parce qu'elle était malade. = c'est un fait. Elle était malade. Il n'y a pas de doute.
>
> Elle n'est pas venue travailler hier **sous prétexte qu**'elle était malade. = C'est la raison qu'elle a avancée, mais l'utilisation de « sous prétexte que » implique le doute quand même. Était-elle réellement malade ?

2 Avec un(e) camarade, faites une liste de critères de discrimination à l'emploi. Partagez-la ensuite avec le reste de la classe.

3 Expliquez en quoi / comment les critères listés ci-dessous peuvent être discriminatoires.
   – patronyme
   – apparence physique
   – capacité de s'exprimer dans une langue autre que le français
   – exercice du droit de grève
   – convictions religieuses
   – lieu de résidence

TDC

1 Les annonces suivantes peuvent être jugées comme discriminatoires. Pourriez-vous expliquer pourquoi ?
   a Recherche jeune cadre dynamique pour un poste au sein de notre société.
   b Recherche femme de ménage. Horaires flexibles.
   c Recherche diplômé(e) de grande école pour poste à responsabilités.

2 On parle du concept de discrimination positive.
   a Faites des recherches : que veut dire ce concept ? Donnez deux exemples.
      Pour vous aider, allez regarder le clip suivant :
   b Une discrimination, quelle qu'elle soit, peut-elle vraiment être qualifiée de « positive » ? Expliquez.

3 Le langage utilisé lorsque l'on parle de discrimination peut-il donc avoir le pouvoir de changer la vision que l'on peut porter sur les discriminations ? Expliquez.

Les résultats du quiz …

1 ✓ Le refus de recrutement d'une femme noire est discriminatoire. On constate bien que les critères d'embauche ne sont pas basés sur les compétences de la personne mais sur son origine et son apparence physique.

2 ✓ Le rejet des hommes comme vendeurs est bien discriminatoire puisqu'il est établi selon le sexe des candidats.

3 ✗ L'obligation de la nationalité française (ou de celle d'un pays de l'union européenne), pour faire partie de la fonction publique est une loi française, elle est donc légale même si discriminatoire. C'est une exception à la règle fixée par la loi sur les discriminations du 16 novembre 2000.

D'après la fiche sur la discrimination réalisée par la Mairie de Paris

179

4 Organisation sociale

Voici deux exemples de slogans utilisés dans des campagnes de sensibilisation aux discriminations :

Si tu prends ma place, prends aussi mon handicap

ÇA SUFFIT ! Je m'engage contre les violences homophobes et transphobes.

Avec un(e) camarade, choisissez un type de discrimination et rédigez un slogan.

_____

_____

Vers l'Épreuve 2 : Compréhension orale

Allez chercher sur YouTube le clip intitulé « RMC Story – Révélations – discrimination au travail ». C'est un clip de Mozaik RH. Répondez aux questions.

NM NS Écoutez du début jusqu'à 2 min 46.

Complétez les phrases suivantes avec au maximum trois mots par phrase.

1. En France de nos jours, les personnes qui ont un nom d'origine _____ doivent envoyer 4 fois plus de CV.

2. En plus d'une injustice, Mariame pense que c'est un _____ .

3. Sa société essaie de changer la vision _____ .

4. D'après Mariame, la cause principale de ces injustices sont _____ .

5. Aujourd'hui, les CV ne sont pas _____ en profondeur par les recruteurs.

6. _____ est à la fois une réalité et un avantage.

NS Continuez l'écoute jusqu'à 3 min 35.

Répondez aux questions suivantes.

7. Que risque une entreprise non diversifiée ?

_____

8. Pourquoi les entreprises ont-elles besoin, selon Mariame, de regards différents ?

_____

9. Citez deux conséquences négatives d'avoir des équipes qui ne sont pas assez diversifiées.

_____

4.2 Des comportements trop souvent anti-sociaux

Vers l'Épreuve 1 : Expression écrite

Lisez le texte et remplissez le tableau qui se trouve en dessous du texte.

La Gazette du Monde

Editorial   Rédigé par Marie-Laure Bonnemin   Le 12 juillet 2018

Discriminations à l'emploi : le traitement injuste des jeunes des quartiers populaires !

Fait numéro 1 : Les jeunes diplômés issus de quartiers populaires sont ceux les plus souvent victimes de discrimination.

Fait numéro 2 : Les jeunes diplômés issus de l'immigration sont parmi ceux dont les employeurs se méfient le plus.

Fait numéro 3 : Les jeunes diplômés issus de l'immigration et des quartiers populaires ceux parmi les profils les plus discriminés à l'embauche.

Prenons l'exemple suivant : deux jeunes ayant le même âge, le même parcours scolaire, le même diplôme, les mêmes qualifications et à compétences égales postulent pour le même emploi. Seules différences : l'origine sociale et la couleur de peau. L'un a trois fois moins de chances de se faire recruter que l'autre. Pouvez-vous deviner lequel ?

Selon un rapport de l'Observatoire national de la politique de la ville publié en 2016, « *un diplômé bac + 5 de plus de 30 ans a 22% de chances de moins d'occuper un emploi de cadre lorsqu'il est issu des quartiers prioritaires* ». Le taux de chômage, selon une enquête de L'Institut National d'études démographiques, est 4 à 5 fois plus élevé chez les enfants d'immigrés non européens que chez les jeunes nés en France de parents français.

En France, en 2018, la discrimination à l'embauche reste une réalité. Si ces inégalités ne sont pas nouvelles, elles auraient même plutôt tendance à s'accentuer.

Alors j'ai honte. Honte de vivre dans un pays dont la devise « Liberté, Egalité, Fraternité » s'affiche dans toutes les mairies, mais où la couleur de peau, l'origine sociale ou géographique d'une personne, son sexe ou encore son apparence physique restent encore aujourd'hui des obstacles à l'égalité et des excuses à l'injustice.

Malgré la honte ressentie, je m'efforce tout de même de rester positive, et j'ose croire en cette jeunesse aujourd'hui discriminée, mais qui saura demain, je l'espère, faire taire les inégalités.

Compréhension conceptuelle

De quel type de texte s'agit-il ? _____

Remplissez le tableau de compréhension conceptuelle ci-dessous. Justifiez à l'aide du texte.

Destinataire ? C'est pour qui ?		
Contexte ? Situation		
But ? C'est pourquoi ?		
Sens ? Comment ?		

Manipulation du texte :

Variation : imaginez que cet éditorial est publié dans un magazine pour enfants pour les informer. Réécrivez le quatrième paragraphe du texte (Prenons l'exemple ... lequel ?). Quels changements, quelles variations observez-vous ? Quels choix avez-vous faits ? Pourquoi ?

_____

_____

_____

4 Organisation sociale

Conseil exam
À l'oral comme à l'écrit, il faut toujours justifier vos arguments pour être convaincant(e).

Trouvez dans le texte :
– deux exemples de faits
– deux exemples de justifications
– deux exemples d'expression d'une opinion.

Portrait Robot

Nom : Éditorial

Signes particuliers :
- ✓ Date
- ✓ Nom du journal ou magazine
- ✓ Nom du journaliste
- ✓ Editorial / édito
- ✓ Titre (optionnel)
- ✓ Expressions d'opinions justifiées
- ✓ Conclusion

NB : L'éditorial se concentre en principe sur un seul thème / problème sur lequel des opinions fortes sont exprimées, en général par le rédacteur / la rédactrice en chef du journal dans lequel il est publié.

Autres caractéristiques :
- ✓ Structurée (connecteurs logiques)
- ✓ Registre formel ou informel selon l'audience et le contexte
- ✓ Utilisation de procédés stylistiques adaptés au but / au destinataire et au contexte.

Vers l'Épreuve 1 : Expression écrite

NM 250–400 mots

NS 450–600 mots

1. Choisissez l'un des trois contextes suivants :
   a. discrimination au quotidien pour cause de handicap
   b. discrimination au travail : femme enceinte à qui on n'accorde pas une promotion pourtant méritée
   c. discrimination : un homme de 55 ans qui n'arrive pas à retrouver un travail

2. Rédigez un éditorial dans lequel vous exprimez votre opinion face à la discrimination choisie.

Conseil exam
Remplissez une grille de compréhension conceptuelle avant de vous lancer !

Destinataire : des lecteurs adultes (hommes et femmes)

4.2 Des comportements trop souvent anti-sociaux

4.3.3 D'actes discriminatoires à des actes de violence

La violence des mots

- T'es bête ou quoi ?
- Heureusement que tu es jolie.
- Tu ne devrais pas mettre ce pantalon ; ça te fait des grosses jambes.
- Tu as toujours été beaucoup plus lent que ton frère.
- Qu'est-ce qu'on a fait pour mériter un fils comme toi ? !
- Heureusement qu'on a ta sœur ; ça rattrape un peu !

1. Qui pourrait prononcer ces phrases, d'après-vous ? Justifiez votre réponse.
2. Vos parents et vos amis vous ont-ils déjà dit des phrases que vous avez trouvées blessantes ? Qu'avez-vous ressenti à ce moment-là ?
3. Certaines personnes disent que les phrases prononcées et répétées pendant l'enfance peuvent blesser à vie. Qu'en pensez-vous ?
4. La violence des mots peut-elle être plus marquante que la violence physique ? Devrait-elle être condamnée de la même façon que la violence physique.

Faits divers

Faits divers

JUSTICE – Le tribunal correctionnel de Poitiers punit un papa, qui a donné la fessée à son fils, à une amende de 500 euros …

Une fessée qui fait mal.
Jeudi dernier, le tribunal condamne donc un père à une amende de 500 euros avec sursis pour avoir ainsi frappé son fils de 8 ans. La punition aurait été incombée parce que le fils refusait de dire bonjour à son père depuis quelques jours. Le tribunal a en effet jugé la punition humiliante.

VAUD – Une enseignante condamnée pour avoir giflé une élève : la prof reçoit une amende de 200 francs suisses.

Une « petite gifle ».
L'enseignante vaudoise devrait se réjouir que la sanction pénale n'ait pas été plus sévère. Un cas similaire s'était produit il y a deux ans où une prof quinquagénaire avait donné « une légère gifle » à une fille de 9 ans mais la mère de l'élève avait, peu après, porté plainte.

À l'oral

Lisez les deux faits divers. Qu'en pensez-vous ?

1. Ces amendes vous paraissent-elles sévères ?
2. Les parents devraient-ils avoir le droit de recourir à la fessée lorsque leurs enfants désobéissent ? Les profs qui s'emportent et donnent une gifle à des élèves indisciplinés sont-ils en faute ?
3. Dans certains pays, les châtiments corporels existent encore. Le châtiment corporel est souvent considéré comme la solution pour montrer le droit chemin aux enfants. Le châtiment corporel peut-il donc être parfois justifié et justifiable ?

4 Organisation sociale

Les violences conjugales

1 Écrivez trois phrases sur la violence conjugale à l'aide des mots listés ci-dessous.

Exemple : Les coups peuvent pleuvoir lorsque la victime ose répondre à son agresseur.

insultes	tabasser	souffrance
coups	enfer	subir
sévices	silence	soumission
viols	honte	peur
violence	culpabilité	bourreau
injures	tyrannique	victime
frapper	humiliations	rapport de force

_____

_____

_____

2 Étude de cas : Jacqueline Sauvage. Lisez le résumé.

L'affaire Jacqueline Sauvage

Nom : Jacqueline Sauvage

Age : 64 ans au moment des faits.

Description physique : petite, yeux pâles, petites lunettes à monture métallique, cheveux blancs coiffés en chignon.

Situation familiale : mariée depuis l'âge de 17 ans avec Norbert Marot, homme robuste d'une centaine de kilos. Trois filles et un garçon sont nés de cette union.

Pendant des années, Jacqueline et ses enfants ont été victimes de violences verbales et physiques aux mains de son mari. Homme violent et souvent sous l'emprise de l'alcool, il battait sa femme et ses enfants quotidiennement. Il a même commis des actes d'attouchements sur ses filles.

Les faits

L'acte commis : le 10 septembre 2012, fatiguée et à bout de nerf après 47 ans de violences conjugales répétées, Jacqueline Sauvage, terrorisée, tue de trois coups de fusil de chasse son mari. Son mari lui tournait le dos lorsqu'elle lui a tiré dessus. Il était assis à la terrasse et buvait un verre de whisky au moment des faits. Il venait de la battre une nouvelle fois.

Jacqueline plaide la légitime défense lors de son procès. Argument avancé : « C'était lui ou moi ».

3 À vous !

– Divisez la classe en deux camps : le camp de la défense et le camp de l'accusation.

– Préparez une liste d'arguments que vous pourriez avancer pour la défense ou l'accusation de Jacqueline.

– Lancez la discussion afin de répondre à la question suivante : Jacqueline Sauvage : Coupable ou innocente ?

Point Info

Jacqueline Sauvage

Jacqueline a été condamnée à 10 ans de prison pour avoir tué son mari. Toutefois, en 2016, le Président de la République François Hollande, lui accorde la grâce présidentielle. Le Président dit avoir décidé de gracier la condamnée en réponse à « une situation humaine exceptionnelle ». Jacqueline Sauvage a donc été libérée.

L'article 122-5 du code pénal français stipule :

« N'est pas pénalement responsable la personne qui, devant une atteinte injustifiée envers elle-même ou autrui, accomplit, dans le même temps, un acte commandé par la nécessité de la légitime défense d'elle-même ou d'autrui, sauf s'il y a disproportion entre les moyens de défense employés et la gravité de l'atteinte. »

Profil de l'apprenant

Informé, Chercheur

4.2 Des comportements trop souvent anti-sociaux

Vocabulaire
1 Se construire un lexique

Français	Votre langue maternelle
Incivilité	
un comportement asocial	
embêter	
emmerder *(fam)*	
gêner quelqu'un	
bousculer quelqu'un	
éclabousser quelqu'un	
se garer en double file	
cracher par terre	
faire des graffiti	
taguer	
intimider quelqu'un	
injurier quelqu'un	
La discrimination	
un stéréotype	
un préjugé	
discriminatoire	
la discrimination (positive)	
juger	
un jugement erroné	
plaisanter	
une blague	
se moquer	
rire de quelqu'un	
se méfier de quelqu'un	
se tromper sur quelqu'un	
une boutade	
un CV anonyme	
La violence	
une insulte	
un coup	
un sévice	
un viol	
une injure	
une gifle / une claque	
gifler quelqu'un	
lever la main sur quelqu'un	
une fessée	
se prendre une correction	
un châtiment corporel	
frapper	
tabasser	
rouer quelqu'un de coups	
l'enfer	

4 Organisation sociale

le silence	
la honte	
la culpabilité	
tyrannique	
une humiliation	
une souffrance	
subir	
une soumission	
la peur	
un bourreau	
une victime	
un rapport de force	
rouer quelqu'un de coups	
coupable	
innocent	
retenir ses larmes	
pleurer	
porter plainte	

2 Vocabulaire en contexte

Complétez les phrases ci-dessous avec des mots (ou des dérivés) qui se trouvent dans la liste de vocabulaire.

1 Il existe de nombreuses associations d'aide aux _____ de violence conjugale. Les numéros d'appel sont gratuits.

2 La _____ crée des inégalités. Tout le monde n'a pas les mêmes chances d'avoir un emploi par exemple.

3 Jacqueline Sauvage a tué son mari. Elle a été poussée à bout par toutes les _____ subies pendant des années. Il l'a _____ régulièrement. Je comprends son geste, mais elle aurait pu _____ au lieu de se faire justice elle-même.

4 Les personnes victimes de violence conjugale ont souvent _____ . Elles préfèrent donc se taire et cacher les violences qui leur sont infligées.

5 Il pleuvait à verse ce matin. Je marchais sur le trottoir quand un automobiliste a fait exprès de rouler dans une énorme flaque d'eau. Je me suis fait _____ . J'étais trempé en arrivant au travail.

6 Les parents qui avaient donné une _____ à leur enfant de cinq ans ont reçu une amende de 200 euros.

Vers l'Épreuve 1 : Expression écrite

NM 250–400 mots

NS 450–600 mots

Vous êtes un(e) citoyen(ne) agacé(e) par tous les actes d'incivilités que vous constatez au quotidien. Vous décidez de rédiger un texte pour dénoncer ces incivilités, exprimer votre ras-le-bol et inciter les gens à faire preuve de plus de civisme.

4.2 Des comportements trop souvent anti-sociaux

Choisissez l'un des types de textes ci-dessous :

proposition	courriel	éditorial

Étape 1 : Pour vous aider à préparer

Compréhension conceptuelle	
Destinataire – C'est pour qui ?	
Contexte – situation / registre	
Le but – Pourquoi ?	
Le sens – Comment ? Des exemples ?	
Variation ?	

Types de textes	
À quelle catégorie de textes (**personnels ? professionnels ? textes des médias de masse ?**) chacun des trois types de textes proposés appartient-il ?	
D'après le contexte / le but et le destinataire, quel **type de texte** sera le plus **efficace** ? Justifiez votre réponse.	

Étape 2 : Brouillon d'idées

Dressez une liste des incivilités que vous avez observé. C'était où ? C'était qui ?

Pour chacune des incivilités relevées, exprimez un sentiment (qu'avez-vous ressenti / que ressentez-vous ?) et une cause pour justifier ce sentiment (Pourquoi ?).

Situation	Sentiment
Exemple : Dans le train, un homme d'affaire qui parlait fort au téléphone	agacé(e) : c'est un comportement très égoïste. Personne n'avait envie d'entendre sa conversation, mais il l'a imposée à tout le monde. C'est un manque de respect pour les autres passagers.

Pour aller plus loin

Chercher sur franceinfo pour "une brigade traque les incivilités" et regarder le reportage.

4 Organisation sociale

Étape 3 : Rédigez votre texte

Étape 4 : Fiche d'auto-évaluation

Points à vérifier		Exemples
Critère A (langue /12)		
Relecture grammaire : temps des verbes, accords, pronoms etc. Ai-je varié mon vocabulaire ?		
Critère B (message /12)		
Mes idées sont : pertinentes et adaptées à la tâche ? variées développées ? justifiées ?		
Critère C (compréhension conceptuelle et format /6)		
Prise en compte du **destinataire** ?		
Prise en compte du **contexte** ?		
But(s) atteint(s) ?		
Procédés utilisés pour : atteindre mon but et pour respecter mon contexte et mon audience		
Toutes les **conventions** de forme du texte choisis sont remplies ?		

Étape 5 : Réflexions finales

Points positifs dans mon devoir

Points à améliorer

Objectifs à atteindre lors du prochain devoir

4.2 Des comportements trop souvent anti-sociaux

Vers l'examen oral individuel

NM

Des pistes pour parler de cette photo …

a Que se passe-t-il sur cette photo ? C'est où ? C'est quand ?

b Décrivez la scène.

c Quelles émotions / réflexions suscite-t-elle en vous ?

d Problématique ?

e Exprimez des opinions sur ce sujet.

Conseil exam

Pour les trois parties de l'examen oral individuel (NM), voir page 24.

189

4 Organisation sociale

Vers l'examen oral individuel

NS

Lisez l'extrait ci-dessous tiré du livre intitulé *La tresse*, de Laetitia Colombani (éditions Grasset). Ce livre raconte l'histoire de trois femmes qui vivent sur trois continents différents mais dont les destins vont être liés malgré elles.

L'extrait est au sujet de Sarah, une avocate réputée qui vit au Canada.

> Elle place la perruque sur son crâne lisse, selon les gestes montrés, et ajuste ces cheveux qui sont devenus les siens. Devant son image dans la glace, Sarah est prise d'une certitude : elle va vivre. Elle va voir grandir ses enfants. Elle les verra devenir adolescents, adultes, parents. Plus que tout, elle veut savoir quels seront leurs goûts, leurs aptitudes, leurs amours, leurs talents. Les accompagner sur le chemin de la vie, être cette mère bienveillante, tendre et attentionnée qui marche à leur côté. 5
>
> Elle sortira vainqueur de ce combat, exsangue peut-être, mais debout. Qu'importe le nombre de mois, des années de traitement, qu'importe le temps qu'il faudra, elle consacrera désormais toute son énergie, chaque minute, chaque seconde, à lutter corps et âme contre la maladie. Elle ne sera plus jamais Sarah Cohen, cette femme puissante et sûre d'elle que beaucoup admiraient. Elle ne sera plus jamais invincible, plus jamais une super héroïne. Elle sera elle, Sarah, une femme que la vie a malmenée, entamée, mais elle sera là, avec ses cicatrices, ses failles et ses blessures. Elle ne cherchera plus à les cacher. Sa vie d'avant était un mensonge, celle-ci sera la vraie. 10 15
>
> Lorsque la maladie lui laissera du répit, elle montera son propre cabinet, avec les quelques clients qui croient encore en elle et voudront bien la suivre. Elle engagera une procédure contre Johnson & Lockwood. Elle est une bonne avocate, l'une des meilleures de la ville. Elle rendra publique la discrimination dont elle a fait l'objet, au nom de ces milliers d'hommes et de femmes que le monde du travail à trop vite condamnés, et qui comme elle endurent une double peine. Pour eux, elle se battra. C'est ce qu'elle sait faire de mieux. Tel sera son combat. 20
>
> Elle apprendra à vivre autrement, elle profitera de ses enfants, posera des jours de congé pour les kermesses, les spectacles de fin d'année. Elle ne ratera plus un seul de leurs anniversaires. Elle les emmènera en vacances, l'été en Floride, l'hiver au ski. Plus personne ne lui prendra ça, ces moments d'eux, qui sont aussi sa vie. Il n'y aura plus de mur, plus jamais de mensonges. Elle ne sera plus jamais une femme coupée en deux. 25

Conseil exam

Votre présentation doit être centrée sur l'extrait, mais n'oubliez pas d'introduire l'auteur et l'extrait.

Votre présentation doit être structurée, logique et claire, et s'appuyer sur l'extrait.

Avant de préparer la présentation de l'extrait, posez-vous les questions suivantes…

Dans l'extrait,…

1 C'est qui ?	Comment je le sais ?

2 C'est où ?	Comment je le sais ?

4.1 Communauté, lien social et engagement

3 C'est quand ?	Comment je le sais ?
4 C'est quoi ?	Comment je le sais ?

5 Quel est le thème principal ? Comment est-il traité dans l'extrait ?

_____

_____

6 Quel est / quels sont le(s) sous-thème(s) ? Comment est-il / sont-ils traités ?

_____

_____

> **Conseil exam**
>
> Pour les trois parties de l'examen oral individuel (NS), voir page 25.

Grammaire en contexte : L'accord du participe passé avec avoir ≫ p.177

Un exercice pour mettre la grammaire de ce chapitre en action.

Attention ! Les phrases 1–4 peuvent contenir des fautes grammaticales.

Accord (✓) ou pas accord (✗) ? Justifiez. Corrigez les fautes.

Exemple : Jacqueline Sauvage est actuellement en prison. Ses filles l'ont appelé hier soir pour lui parler.
Ses filles l'ont appelé**e** : l' = Jacqueline (féminin singulier) = objet direct

1 Jules ne faisait que désobéir à ses parents. Son père l'a giflé devant tout le monde.
☐ _____

2 Lorsque Isabelle est tombée enceinte, ses patrons l'ont convoqué pour lui signifier son licenciement. C'est tout à fait illégal !
☐ _____

3 Djamel et Aisha auraient été victimes de discrimination à l'embauche. Les employeurs les auraient renvoyé chez eux, sans même les avoir interviewé, après les avoir vu, sans leur donner d'explication.
☐ _____

4 Elle est super contente. L'employeur lui a offert le poste malgré son handicap.
☐ _____

Références

Anciennes épreuves de compréhension écrite pour vous entraîner :

Mai 2014 – NS – Contrôles d'identités discriminatoires (Texte D) – article

Mai 2015 – NS – Lettre ouverte d'AR (Texte E) – lettre

Mai 2015 – NM – Le civisme raconté aux enfants (Texte A) – article

Novembre 2015 – NM – Une cravate pour trouver un job (Texte B) – article

Mai 2017 – NM – Hommes, femmes, tous égaux ? (Texte B) – proposition

Partage de la planète

5

5 Partage de la planète

5.1 Un monde en guerre

Séance échauffement

Activité 1 : Les mots du conflit

e	r	r	e	u	g	t	i	l	f	n	o	c
x	y	t	a	r	m	é	e	o	n	n	v	h
m	e	n	s	o	l	d	a	t	j	o	i	m
o	u	a	w	m	o	r	t	z	x	i	o	e
e	q	l	f	j	l	q	r	e	u	t	l	v
r	a	g	e	r	a	b	r	a	b	a	e	i
c	t	n	e	c	o	n	n	i	d	i	n	c
a	t	a	f	o	r	e	m	r	a	c	c	t
s	a	s	l	k	p	a	i	x	k	o	e	i
s	b	o	m	b	a	r	d	e	r	g	s	m
a	l	z	é	t	i	a	r	t	y	é	o	e
m	a	c	o	u	p	a	b	l	e	n	j	j
q	t	e	r	r	o	r	i	s	t	e	b	d

conflit	attaque
guerre	mort
paix	coupable
arme	victime
armée	innocent
soldat	sanglant
tuer	négociation
massacre	traité
bombarder	barbare
terroriste	violence

Activité 2 : Les causes du conflit

Faites une liste des raisons / des causes qui peuvent être à l'origine de conflits et du type de conflit ou de guerres.

Cause / source du conflit	Type de conflit
Exemple : je ne m'entends pas bien avec mes parents = relation conflictuelle parents–ados	Conflit intergénérationnel

Activité 3 : Guerre ou paix ?

À l'aide des mots de l'activité 1 (ou de leurs dérivés : ex : la paix – paisible), rédigez un texte de 250 à 300 mots sur la guerre ou la paix.

Indiquez d'abord votre audience et le but de votre texte.

5.1 Un monde en guerre

5.1.1 Un monde de terreur

Le terrorisme

1. Expliquez comment le sous-thème du TERRORISME peut être relié à chacun des thèmes prescrits au programme.

Partage de la planète	Exemple : réseaux terroristes et filières internationales. Le terrorisme affecte tous les pays
Identités	
Expériences	
Organisation sociale	
Ingéniosité humaine	

2. Faites une liste des ACTES TERRORISTES que des terroristes peuvent commettre au nom d'une cause.

   Exemple :

   un attentat à la bombe _____ _____ _____

   _____ _____ _____ _____

   _____ _____

La France endeuillée par des actes terroristes

V endeuillé = touché par la mort de quelqu'un

1. Avec un(e) partenaire, choisissez l'un des événements listés ci-dessous. Faites des recherches et présentez le fruit de vos recherches au reste de la classe.
   - Les attentats de Charlie Hebdo
   - L'attentat du Bataclan
   - L'attentat du 14 juillet à Nice

Profil de l'apprenant

Informé, Chercheur, Ouvert d'esprit, Réfléchi, Sensé

5 Partage de la planète

Pour aller plus loin

Il est toujours enrichissant d'avoir plusieurs perspectives sur un même sujet. Voici quelques suggestions de lectures. Chacun choisit et lit un livre et le résume au reste de la classe. Il s'agit de témoignages, donc d'histoires vraies.

Mon Djihad – iténeraire d'un repenti (Dounia Bouzar et Farid Benyettou)

Dans la peau d'une Djihadiste (Anne Erelle)

La vie après Daesh (Dounia Bouzar)

Embrigadée (Valérie de Boisrolin)

Approches de l'apprentissage

Compétences de recherche, d'autogestion, de communication et collaboration

À la fin de la pièce de théâtre *Djihad* d'Ismail Saidi, le personnage Ismaël revenu à Bruxelles après être parti rejoindre un groupe terroriste, n'arrive pas à trouver de travail et donc à se réintégrer dans la société. De même, les gouvernements se posent la question du rapatriement ou non de leurs citoyens partis au Djihad.

1 Un pays doit-il réouvrir ses frontières à d'anciens Djihadistes ?

2 Un Djihadiste repenti peut-il réussir à se réintégrer dans la société ? Comment ?

---

2 Lisez les déclarations ci-dessous. Qui parle, d'après vous ?

A Un(e) terroriste convaincu(e) de sa cause

B Un(e) jeune qui s'est fait embrigadé(e)

C Un parent d'un(e) jeune qui s'est fait embrigadé(e)

D Un(e) proche d'une victime

E Une victime d'un acte terroriste

1. Les tirs ont commencé à pleuvoir. J'ai vu la fille qui se tenait debout à côté de moi s'effondrer.

2. Au début, je n'ai rien vu. Il agissait comme d'habitude.

3. Ici on se bat pour la justice. C'est un combat sanglant mais nécessaire.

4. Je n'oublierai jamais ce sentiment d'impuissance face à ce qui était en train de se passer. Cet attentat m'a marqué à vie, mais je suis encore là pour le raconter. D'autres n'ont pas eu cette chance.

5. Avec eux, j'ai trouvé une famille. Chez moi, je me sentais seule et isolée.

6. Dès que je sortais de chez moi, j'enfilais une burqua.

7. C'est une idéologie à laquelle j'adhère à 100%. Il n'y a rien de plus noble que de se battre pour ses idées.

8. Aujourd'hui encore, je me demande comment j'ai fait pour ne pas voir les signes de sa dérive ? Comment peut-on changer autant sans que personne autour de soi ne s'en rende compte ? Je me sens coupable. Mon rôle était de la protéger. J'ai échoué.

TDC

3 « Le terrorisme est-il justifiable puisque les actes sont commis au nom d'une cause ? »

Avec vos camarades, répartissez-vous les rôles suivants :

Un(e) terroriste convaincu(e) de sa cause

Un(e) jeune qui s'est fait embrigadé(e)

Un parent d'un(e) jeune qui s'est fait embrigadé(e)

Un(e) proche d'une victime

Une victime d'un acte terroriste

Un(e) terroriste repenti(e) (ancien(ne) terroriste)

Préparez des arguments et lancez-vous dans le débat. Le but du débat et de confronter les vues de chacun sur le terrorisme.

5.1.2 Un monde en guerre

1 Cherchez trois endroits dans le monde où il y a la guerre en ce moment et donnez deux informations sur chacun de ces pays.

5.1 Un monde en guerre

2 Avec un(e) partenaire, faites une liste des conséquences d'une guerre sur les populations locales et l'environnement local.

Exemple : manque de nourriture

_____
_____
_____
_____
_____

Profil de l'apprenant

Chercheur, Informé, Sensible, Ouvert d'esprit, Réfléchi

Vers l'Épreuve 2 : Compréhension orale

Vous allez entendre une interview avec Omar Ouahmane, un journaliste radio qui s'est rendu plusieurs fois en Syrie. Il a répondu au journalistes de France Info Junior, l'émission partenaire d'1jour1actu.

Écoutez l'interview et répondez aux questions.

1 Quand il part en reportage, le journaliste …

   a se munit d'un gilet de sauvetage.

   b n'a jamais d'escorte.

   c a un garde du corps.

   d prend un gilet pare-balles.

2 Quand on part en zone de guerre, on a besoin…

   a d'un ami.

   b d'une personne locale qui puisse trouver à manger.

   c de quelqu'un qui parle la langue.

   d de quelqu'un qui puisse appeler un médecin.

197

5 Partage de la planète

Complétez les phrases avec un maximum de trois mots.

3 La hiérarchie connaît très bien _____ .

4 _____ appartient au Président de la radio.

5 Tous les journalistes ne sont pas _____ d'aller sur une zone de guerre.

Répondez aux questions suivantes.

6 Citez deux détails sur le métier de journaliste.

_____

7 Le journaliste est souvent la seule personne qui a quoi ?

_____

8 Qu'est-ce qui est omniprésente quand le journaliste est en zone de guerre ?

_____

9 Qu'est-ce qu'un journaliste ne fait jamais ?

_____

10 Qu'est-ce que le jounaliste a vu ?

_____

Vers l'Épreuve 2 : Compréhension écrite

NS

Lisez l'extrait littéraire suivant tiré de *Les corps et le temps* d'Andrée Chedid, puis répondez aux questions de compréhension.

Point Info

Andrée Chedid (1920-2011)
Poète et écrivaine franco-égyptienne
Pourquoi ne pas aller découvrir son œuvre, ainsi que son poème intitulé « Espérance » ?

Profil de l'apprenant

Chercheur
Vous pourriez aussi lire le roman graphique de Zeina Abirached intitulé *Le jeu des Hirondelles*. Ce roman graphique traite d'un sujet similaire à celui de « Un jour, l'ennemie ».

Un jour, l'ennemie

Depuis des mois, l'explosion des obus, le crépitement des armes automatiques ne l'impressionnent plus. Comme la plupart des habitants de cette ville, elle a fini par s'y habituer. Elle a même appris à distinguer la décharge caractéristique qui accompagne certains projectiles ; à reconnaître un fusil d'un autre, et même à en citer la provenance. 5

Avec un plaisir évident qui lui fait mal, ses fils, ses petits-fils, et jusqu'à son arrière-petit-fils, ont essayé de l'initier au maniement d'une arme à feu.

« Pourquoi faire ? Jamais je ne m'en servirai. »

« Et si l'on abattait l'un d'entre nous devant toi ? »

À cet argument, elle ne sait que répliquer. Elle n'a jamais éprouvé de haine. Elle a toujours 10
cru, espéré que cette terre-ci, la sienne, était faite, avant d'autres, pour sortir des ornières qui séparent. Elle la pensait capable d'inventer l'union, le partage, cette terre millénaire qui en avait tant vu !

« Et si l'on menaçait l'un de nous ? »

Elle ne parvenait pas à comprendre ce qui s'était passé, et ne détestait que cette folie qui 15
s'emparait de la plupart, les dressant, aveuglément, les uns contre les autres.

« Alors, tu laisserais faire si on nous assassinait ? »

Non, elle ne laisserait pas faire. Bien sûr, elle ne laisserait pas faire. Se servirait-elle alors d'un de ces instruments exécrables, si un jour ?...

Pour défendre, pas pour attaquer. 20

Défendre, c'est souvent attaquer. Même dans la Bible…

5.1 Un monde en guerre

Non, non.

« Alors, si l'on abattait l'un des tiens… »

Les siens. Qui étaient les siens ? Ils étaient ici, là-bas, ailleurs. Elle tentait de remonter à la racine du mal. Mais les mots, tout de suite déviés, ne pouvaient plus rien éclaircir. 25

« Enfin, de quel côté es-tu ? »

« Je n'appartiens à personne. Je vous aime, je ne vous appartiens pas. »

Grammaire en contexte : Les pronoms possessifs » p.210

Les miens, les tiens = pronoms possessifs. Ils s'accordent en genre et en nombre.

le mien	la mienne	les miens	les miennes
le tien	la tienne	les tiens	les tiennes
le sien	la sienne	les siens	les siennes
le nôtre	la nôtre	les nôtres	les nôtres
le vôtre	la vôtre	les vôtres	les vôtres
le leur	la leur	les leurs	les leurs

C'est ma voiture → c'est la mienne
C'est leur maison → c'est la leur
Ce sont nos chiens → ce sont les nôtres

Questions de compréhension

Répondez aux questions ci-dessous en vous basant sur les lignes 1–10 :

1 Citez une des choses auxquelles le personnage principal a fini par s'habituer.

2 « on a essayé de l'initier au maniement d'une arme à feu » suggère qu' :
   a on a tenté de l'apprendre à reconnaitre les différents types d'armes.
   b on a tenté de lui apprendre à utiliser une arme.
   c on a tenté de l'apprendre à nettoyer une arme.

3 Que n'a-t-elle jamais ressenti ?

Les questions 4–6, c'est vrai (V) ou faux (F) ? Justifiez vos réponses.

4 Elle a réponse à tout.   V F
   Justification

5 La terre où elle vit est un nouveau territoire.   V F
   Justification

6 Elle n'arrive pas comprendre les causes du conflit.   V F
   Justification

7 Quel mot de la ligne 11 signifie « fossés » ou « séparations » ?

8 Dans ce texte, le personnage principal :
   a n'est pas certaine d'aimer ses proches.
   b a des doutes sur la façon dont elle agirait si l'un de ses proches était menacé.
   c n'a aucun doute sur l'obligation d'utiliser des armes en cas de conflit.

5 Partage de la planète

TDC

1. Pensez-vous qu'avoir recours à la violence pour défendre un proche ou se défendre soit justifiable ?
2. Si vous avez répondu oui à la question précédente, comment alors est-il possible de briser le cycle de la violence ? Avec un(e) camarade, faites une liste de suggestions pour aider des citoyens touchés par une guerre à sortir du cycle de la violence.
3. Jean Jaurès, homme politique français du début du XXIème siècle, a dit « L'humanité serait maudite si, pour faire preuve de son courage, elle était forcée de tuer éternellement ».
   a. Avoir recours aux armes et à la violence est-il une preuve de courage ?
   b. Discutez de l'affirmation de Jean Jaurès.

5.1.3 Et les enfants dans tout ça ?

Lisez l'extrait ci-dessous tiré du livre intitulé *Une arme dans la tête* de Claire Mazard.

> Depuis quatre années, depuis l'âge de onze ans, je suis la fierté de mes chefs, le soldat Conan, un tueur, un effaceur, qui n'a peur de rien. À treize ans, mes chefs, malgré mon jeune âge, m'ont nommé « lieutenant », et il y a trois ans, le jour de mon quinzième anniversaire, j'ai été élevé au grade de « capitaine ». J'ai un commando de très jeunes recrues sous mes ordres, dont je suis la terreur.
>
> Depuis quatre années, je n'ai pas prononcé mes vrais nom et prénom. Interdit de les utiliser dans le campement. Je suis devenu le soldat Conan l'Effaceur. Ce nom de guerrier, c'est moi qui l'ai choisi. Rapport au film avec Schwarzenegger, que j'ai vu plusieurs fois avec Cobra, mon ami, du temps où…

Profil de l'apprenant
Chercheur, Informé

Et pourtant, les enfants ont des droits !

L'un de ces droits est le droit à la protection : le gouvernement a pour devoir de protéger les enfants contre toute forme de violences et maltraitances, contre la prostitution, contre l'exploitation et toute forme d'esclavage, contre la guerre.

Voici les autres domaines dans lesquels les enfants ont des droits. Avec un(e) camarade, formulez une phrase pour expliquer en quoi consiste ce droit.

- ✓ l'identité _____
- ✓ la famille _____
- ✓ les loisirs _____
- ✓ la santé _____
- ✓ l'éducation _____
- ✓ le travail _____
- ✓ la justice _____
- ✓ la liberté d'expression _____

Pour aller plus loin
Regardez le clip « C'est quoi les droits de l'enfant ? » pour vous aider.

Vers l'Épreuve 2 : Compréhension écrite

De nombreux enfants blessés en Syrie

Patricia Loriel est chargée de communication auprès d'une ONG connue. Elle est allée rencontrer des réfugiés syriens en Syrie, mais également en Jordanie et au Liban.

5.1 Un monde en guerre

(1)
Avant la guerre, la vie des Syriens ressemblait à la nôtre. Ce qu'il y a de plus pénible maintenant pour eux, c'est de se retrouver dans des camps. Nombreux d'entre eux y semblent désœuvrés, ils ne savent plus vers qui ni quoi se tourner.

(2)
Heureusement, la plupart des réfugiés vivent loin de chez eux mais avec des populations locales. Et là, il y a une vraie solidarité. Malgré tout, on voit bien que la situation arrive à saturation.

(3)
Les enfants continuent quand même à jouer. C'est juste quand ils sont blessés, qu'ils ne peuvent pas sortir. Mais même quand un enfant est sur le point d'avoir une prothèse, si on lui demande ce qu'il en pense, il dira presque toujours que ce qui l'importe, c'est qu'il pourra aller jouer dehors avec les autres. Quelques fois, quand leurs parents ont été blessés, ils ont la tâche de s'occuper d'eux. Et là on voit que c'est une responsabilité vraiment trop lourde pour eux, ça les empêche de vivre en enfant.

Y a-t-il des écoles ?
Oui de plus en plus mais encore peu y vont. Mais on espère qu'à la rentrée prochaine les choses vont changer, plus d'enfants réfugiés iront à l'école. Quand ils sont dans le camp depuis longtemps, les réfugiés parviennent à reprendre quelques habitudes. S'ils sont hors de Syrie, ils envoient en général leurs enfants à l'école dans leur pays d'accueil.

Et les enfants blessés ?
Il y en a beaucoup. C'est sans précédent et très choquant. C'est un conflit où peu de différence n'a été faite entre civils et militaires, c'est affreux.

(4)
On fait ce qu'on peut. Un kiné leur fait faire de la rééducation à fin de refaire bouger les membres qui ont été touchés. Mais il y a aussi quelqu'un qui est là pour leur parler à eux et à leur famille, échanger des sourires.

Questions de compréhension

1. Quel mot de l'introduction signifie « aussi » ? _____

2. Quel mot de la première réponse signifie « ne font rien » ? _____

Parmi les propositions de la colonne de droite, choisissez celle qui correspond à chacune des questions manquantes dans le texte. Un exemple vous est donné.

Exemple : Question (1) : D

3. Question (2) ☐
4. Question (3) ☐
5. Question (4) ☐

A Comment les aidez-vous ?
B Comment la population les accueille-t-elle ?
C Est-il possible de les aider ?
D Quelle est la situation des réfugiés dans les camps ?
E Ont-ils accès à l'éducation ?
F Les enfants ont-ils accès à la nourriture régulièrement ?
G Pourquoi la population locale les rejette-t-elle ?
H Quelle est la journée d'un enfant dans un camp ?

5 Partage de la planète

Conseil exam
un mot = un mot
une expression = 2 à 4 mots maximum

6 Quelle expression de la deuxième réponse signifie « à son maximum » ?

_____

Vrai (V) ou faux (F) ? Justifiez vos réponses.

7 Les gens ne s'entraident pas.   V ☐   F ☐

Justification _____

_____

8 Les enfants blessés ont perdu le goût du jeu.   V ☐   F ☐

Justification _____

_____

9 Les enfants gardent leur insouciance malgré les conditions.   V ☐   F ☐

Justification _____

_____

10 Les enfants reçoivent un soutien psychologique.   V ☐   F ☐

Justification _____

_____

Conseil exam
N'oubliez pas …
✓ de cocher la case et de justifier vos réponses.
✓ d'utiliser les mots du texte pour justifier
✓ de n'utiliser que ce qui est nécessaire pour justifier

Compréhension conceptuelle

1 De quel type de texte s'agit-il ? _____

2 Relisez le texte et remplissez le tableau de compréhension conceptuelle ci-dessous. Justifiez dans la colonne de droite à l'aide du texte.

Destinataire ? C'est pour qui ?		
Contexte ? Situation		
But ? C'est pourquoi		
Sens ? Comment ?		

3 Manipulation du texte

Variation : imaginez que vous interviewez un enfant qui vit dans l'un de ces camps de réfugiés. Reformulez la première question de l'interview et réécrivez la réponse en adaptant votre langage. Quels changements, quelles variations observez-vous ?

_____

_____

_____

_____

_____

5.1 Un monde en guerre

Portrait Robot

Nom : Interview

Signes particuliers :

✓ Intro (dans laquelle on présente la personne interviewée)

✓ Nom du magazine et date si publiée dans un magazine

✓ Nom de la personne qui interviewe

✓ Un jeu de questions-réponses qui s'enchaînent logiquement et clairement

✓ Une conclusion

✓ Eventuellement des remerciements

Registre : cela dépend de la personne interviewée et de sa relation avec la personne qui interviewe. S'agit-il un contexte formel ? semi formel ? familier ?

Vers l'Épreuve 1 : Expression écrite

NM 250–400 mots

NS 450–600 mots

Choisissez l'un des scénarios proposés ci-dessous et rédigez l'interview.

1. Vous êtes un(e) journaliste et vous interviewez un terroriste célèbre sur les motivations de ses actions.
2. Vous êtes un(e) adolescent(e) et vous interviewez un enfant soldat.

Remue-méninges d'idées avant de commencer :

Compréhension conceptuelle	
Destinataire – C'est pour qui ?	
Contexte – Situation / registre	
Le but – Pourquoi ?	
Le sens – Comment ? Des exemples ?	
Variation ?	

Pour aller plus loin

Finissons sur une note positive et optimiste !

Certaines personnes œuvrent pour la paix. Trouvez sur Internet le site du journal Ouest-France (ouest-france.fr) et cherchez l'article « Les enfants battent tambour pour la paix ».

Vocabulaire

1 Se construire un lexique

Le français	Votre langue maternelle
Le conflit	
la paix	
paisible	
la guerre	
un guerrier	
faire rage	
la violence	
un conflit	
une arme	
faire taire les armes	

5 Partage de la planète

œuvrer pour la paix	
des négociations	
signer un traité de paix	
tirer sur quelqu'un	
poignarder quelqu'un	
une arme blanche	
abattre quelqu'un	
piéger quelqu'un	
coupable	
innocent	
une victime	
un soldat	
un combattant	
des dégâts matériels	
une frontière	
meurtrier	
Le terrorisme	
un acte terroriste	
revendiquer	
bombarder	
faire exploser	
une bombe	
une voiture piégée	
un attentat	
un détournement d'avion	
une rançon	
une prise d'otages	
se sacrifier	
l'auteur présumé	
un réseau / une filière	
une explosion	
une menace	
le financement	
un pirate	
la mise en place d'une cellule de crise	
la sécurité renforcée	
le renforcement des effectifs de police	
des contrôles renforcés	
la vigilance	
le plan vigie pirate	
Droits et devoirs	
interdire / bannir	
autoriser	
fondamental	
vulnérable	
respecter	
bafouer	

5.1 Un monde en guerre

protéger		
l'enfance		
la maltraitance		

2 Vocabulaire en contexte

Complétez les phrases ci-dessous avec des mots (ou des dérivés de ces mots) qui se trouvent dans la liste de vocabulaire. N'oubliez pas d'adapter votre vocabulaire en contexte.

1 Le groupe _____ qui a revendiqué l'_____ de ce matin avait déjà fait exploser une _____ à Strasbourg la semaine dernière.

2 Ishmael Beah est un enfant _____ très célèbre qui a réussi à échapper aux horreurs de la _____ .

3 On vient d'apprendre que l'avion franco-canadien qui avait été _____ hier au dessus-de Haiti, vient d'être intercepté. Les _____ seraient tous sains et saufs.

4 La seconde guerre mondiale reste le conflit le plus _____ de l'histoire avec plus de 60 millions de _____ .

5 Les droits humains sont trop souvent _____ dans le monde. Les personnes les plus _____ , comme les enfants, devraient être _____ par les gouvernements.

Vers l'Épreuve 1 : Expression écrite

NM 250–400 mots

NS 450–600 mots

NM Vous avez été nommé(e) ambassadeur / ambassadrice d'une association de défense des droits humains qui agit dans les pays en guerre. Vous trouvez que les jeunes ne se préoccupent pas assez de la situation des gens touchés par la guerre et aimeriez les y sensibiliser davantage. Écrivez un texte dans lequel vous expliquez votre rôle et informez les jeunes sur les réalités de la guerre. Choisissez l'un des types de textes ci-dessous :

NS Vous avez été nommé(e) ambassadeur / ambassadrice d'une association de défense des droits humains qui agit dans les pays en guerre. Vous trouvez que les jeunes ne se préoccupent pas assez de la situation des gens touchés par la guerre et aimeriez les y sensibiliser davantage. Écrivez un texte dans lequel vous expliquez votre rôle, informez les jeunes sur les réalités de la guerre et essayez de les convaincre d'agir à leur niveau. Choisissez l'un des types de textes ci-dessous :

| blog | courriel | article |

Étape 1 : Pour vous aider à préparer

Compréhension conceptuelle	
Destinataire – C'est pour qui ?	
Contexte – Situation / registre	
Le but – Pourquoi ?	
Le sens – Comment ? Des exemples ?	
Variation ?	

205

5 Partage de la planète

Types de textes	
À quelle catégorie de textes (**personnels ? professionnels ? textes des médias de masse ?**) chacun des trois types de textes proposés appartient-il ?	
D'après le contexte / le but et le destinataire, quel **type de texte** sera le plus **efficace** ? Justifiez votre réponse.	

Étape 2 : Brouillon d'idées

Faites une liste des difficultés rencontrées par les gens qui vivent dans un pays en guerre, et une liste des actions que des jeunes non touchés par la guerre pourrait entreprendre pour leur venir en aide.

Difficultés	Actions

Étape 3 : Rédigez votre texte

Étape 4 : Fiche d'auto-évaluation

Points à vérifier		Exemples
Critère A (langue /12)		
Relecture grammaire : temps des verbes accords pronoms etc. Ai-je varié mon vocabulaire ?		
Critère B (message /12)		
Mes idées sont : pertinentes et adaptées à la tâche ? variées ? développées ? justifiées ?		

5.1 Un monde en guerre

Critère C (compréhension conceptuelle et format /6)		
Prise en compte du **destinataire** ?		
Prise en compte du **contexte** ?		
But(s) atteint(s) ?		
Procédés utilisés pour : atteindre mon but et pour respecter mon contexte et mon audience		
Toutes les **conventions** de forme du texte choisis sont remplies ?		

Étape 5 : Réflexions finales

Points positifs dans mon devoir

Points à améliorer

Objectifs à atteindre lors du prochain devoir

TDC Lisez les extraits tirés de la chanson intitulée « Le Blues de l'Instituteur » de Grands Corps Malade.

> **« Le Blues de l'Instituteur » de Grands Corps Malade**
>
> Les enfants écoutez-moi, je crois que je ne vais pas bien.
> J'ai mal quand je vois le monde et les hommes me font peur.
> Les enfants expliquez-moi, moi je ne comprends plus rien.
> Pourquoi tant d'injustice, de souffrance et de malheurs ?

1. Avec un(e) camarade, faites une liste des injustices qui vous viennent à l'esprit (à l'échelle mondiale, nationale ou locale)
2. À votre avis, « Pourquoi tant d'injustice, de souffrance et de malheurs ? » Pourquoi les mots « injustice » et « souffrance » sont-ils utilisés au singulier ?
3. Un monde sans injustice(s), est-ce possible ?
4. L'injustice est-elle nécessairement source de souffrance ?

Point Info

Grand Corps Malade : slammeur francais

Pour écouter ce texte en entier :

5 Partage de la planète

5 « les hommes me font peur », comment comprenez-vous cette phrase ?

> Hier soir une fois de trop j'ai allumé la télévision,
> Sur les coups de 20H, c'était les informations.
> Et tout à coup dans la pièce s'est produit comme une invasion
> De pleurs et de douleurs, c'était pire qu'une agression.
> Hier soir l'actualité comptait beaucoup plus de morts
> Que de cheveux sur le crâne de Patrick Poivre d'Arvor. (= célèbre journaliste français)
>
> C'est comme ça tous les jours un peu partout sur Terre.
> Je crois qu'il fait pas bon vivre au troisième millénaire.

6 Trouvez-vous qu'il fasse bon vivre « au troisième millénaire », ou partagez-vous l'avis de Grand Corps Malade ?

> Comme aux pires heures de l'histoire, les hommes se font la guerre,
> Des soldats s'entretuent sans même savoir pourquoi.
> S'ils s'étaient mieux connus, ils pourraient être frères.
> Mais leurs présidents se sentaient les plus forts, c'est comme ça.

7 Pensez-vous qu'un monde sans guerre soit possible un jour ? Pourquoi ?

8 La course au pouvoir est-elle systématiquement synonyme de tensions et conflits ?

> J'ai mal au ventre, les enfants, quand je vois l'argent mis dans les armes,
> Dans les fusées, les sous-marins et dans les porte-avions,
> Pendant que des peuples entiers manquent d'eau, comme nos yeux manquent de larmes.

9 Les gouvernements devraient-ils arrêter de s'armer et de vendre des armes à d'autres pays ? Pourquoi ? Pourquoi pas ? Qu'ont-ils à y perdre et gagner ?

10 Les pays qui vendent des armes aux pays en guerre ont-ils donc une part de responsabilité dans le conflit ?

11 Ce pays a-t-il donc le devoir d'intervenir et d'agir pour la paix ?

Vers l'examen oral individuel

NM

Des pistes pour parler de cette photo …

a Que se passe-t-il sur cette photo ? C'est où ? C'est quand ?

5.1 Un monde en guerre

b Décrivez la scène.

_____
_____
_____

c Quelles émotions / réflexions suscite-t-elle en vous ?

_____
_____
_____

d Problématique ?

_____
_____
_____

e Exprimez des opinions sur ce sujet.

_____
_____
_____

Vers l'examen oral individuel

NS

Relisez l'extrait tiré de la nouvelle d'Andrée Chedid intitulée *Un jour, l'ennemie* qui se trouve à la page 198. Le contexte de la nouvelle est un pays divisé par un conflit. On ne sait pas où se passe l'action, ni qui s'affronte.

Avant de préparer la présentation de l'extrait, posez-vous les questions suivantes…

Dans l'extrait,…

1 C'est qui ?	Comment je le sais ?
2 C'est où ?	Comment je le sais ?
3 C'est quand ?	Comment je le sais ?
4 C'est quoi ?	Comment je le sais ?

> **Conseil exam**
> Pour les trois parties de l'examen oral individuel (NM), voir page 24.

> **Conseil exam**
> Votre présentation doit être centrée sur l'extrait, mais n'oubliez pas d'introduire l'auteur et l'extrait.
>
> Votre présentation doit être structurée, logique et claire, et s'appuyer sur l'extrait.

5 Partage de la planète

Conseil exam

Conseil exam

Pour les trois parties de l'examen oral individuel (NS), voir page 25.

5 Quel est le thème principal ? Comment est-il traité dans l'extrait ?

_____

_____

6 Quel est / quels sont le(s) sous-thème(s) ? Comment est-il / sont-ils traités ?

_____

_____

_____

_____

Grammaire en contexte : Les pronoms possessifs » p.199

Réécrivez la phrase en remplaçant le groupe de mots soulignés par un pronom possessif.

Exemple : C'est <u>le fusil de mon frère</u>. C'est le sien.

1 C'est <u>le micro du reporter</u>. _____

2 C'est <u>la voiture des reporters</u>. _____

3 Ce sont <u>les chiens de garde de nos voisins</u>. _____

4 Ce sont <u>tes idées</u>. _____

5 C'est <u>l'armée de ce pays</u>. _____

6 C'est <u>notre victoire</u>. _____

7 C'est <u>leur défaite</u>. _____

8 Ce sont <u>ses ennemis</u>. _____

Références

Anciennes épreuves de compréhension écrite pour vous entraîner :

Mai 2015 – NS – Profession : manipulateur d'images (Texte A) – article

Novembre 2016 – NS – Enfants soldats : au-delà des préjugés (Texte A) – article

Mai 2015 – NM – Crise de la presse : les journaux papier condamnés à disparaître (Texte C) – article

Novembre 2015 – NM – Une cravate pour trouver un job (Texte B) – article

Mai 2017 – NM – Hommes, femmes, tous égaux ? (Texte B) – proposition

210

5.2 Une planète en voie d'extinction ?

Séance échauffement

Activité 1 : 10 catastrophes naturelles de plus en plus fréquentes

1 Remettez les lettres dans le bon ordre pour retrouver les mots liés au thème de l'environnement.

   a btmnetrmeel ed rreet = un _____
      ou isemés = un _____
   b granoua = un _____
      ou rotnade = une _____
   c lcucinae = une _____
      ou guvae ed haclrue = une _____
   d tnofe sed lagces = la _____
   e srcheréses = une _____
   f onitnoadni = une _____
   g tpiouérn loacinvqeu = une _____
   h locueé de ubeo = une _____
      ou slgeenmtis ed rtiaren = un _____
   i imeipédé = une _____
   j rmeéa ioner = une _____

2 Laquelle de ces catastrophes est la conséquence directe des actions de l'homme ? Expliquez pourquoi.

_____
_____
_____
_____

3 Associez un pays avec chacune de ces catastrophes naturelles : où ces catastrophes naturelles ce sont-elles produites depuis 2016 ?

a	Exemple : au Japon
b	
c	
d	
e	
f	
g	
h	
i	
j	

5 Partage de la planète

> **Grammaire en contexte : Prépositions devant les noms de pays**
>
> | Devant un nom masculin **au** | Devant un nom féminin **en** | Devant un nom qui commence par une voyelle **en** | Devant un nom pluriel **aux** |
> |---|---|---|---|
> | le Canada → au Canada
le Gabon → au Gabon | la France → en France
la Belgique → en Belgique | Italie → en Italie
Angleterre → en Angleterre | les États-Unis → aux États-Unis
les Pays-Bas → aux Pays-Bas |
>
> Devant des noms d'îles, on utilise principalement *à la* ou *aux* (si pluriel).
> Exemple : à la Guadeloupe / à la Martinique / à la Réunion / aux Antilles
> Devant une ville, on utilise « à ».
> Ex : à Genève, à Bamako, à Yaoundé, à Ouagadoudou, à Lomé

Profil de l'apprenant

Chercheur et informé

Pourquoi ne pas essayer de situer ces villes, îles ou pays sur une carte, si vous les découvrez pour la première fois ?

Activité 2 : Devinettes écologiques…De quoi on parle ?

Choisissez les réponses correctes pour ces questions.

- le compost
- la déshydratation
- le réchauffement climatique
- l'empreinte écologique
- la fonte des glaces ou le réchauffement climatique
- l'eau
- biodégradable
- un tremblement de terre sous la mer

1. Comment s'appelle la conséquence de l'effet de serre causé par la pollution ?
   _____

2. Comment s'appelle ce qui permet de mesurer l'effet des activités humaines sur l'environnement ?
   _____

3. Comment s'appelle l'engrais naturel produit à partir des déchets organiques ?
   _____

4. Quel adjectif utilise-t-on pour qualifier un objet qui se décompose facilement et rapidement dans la nature ?
   _____

5. Qu'est-ce qui cause un raz-de marée (ou tsunami) ?
   _____

6. Qu'est-ce qui, par son manque, peut provoquer des coupures d'électricités car les centrales d'électriques ne peuvent pas fonctionner sans ?
   _____

7. Si on ne boit pas assez quand il fait chaud, quelle condition développe-t-on rapidement ?
   _____

8. Qu'est ce qui provoque une hausse du niveau des océans ?
   _____

5.2 Une planète en voie d'extinction ?

Activité 3 : Poèmes verts

1 Voici le début de six haïkus sur l'environnement créés à l'occasion du concours « Un haïku pour le climat » par le réseau pour la transmission écologique. Associez chaque fin qui se trouve dans la colonne de droite au Haïku qui lui correspond.

Exemple : **1 d**

1	Une femme jette Des bouteilles à la mer …	**a**	Des villes désertes
2	Repas de plastique Les poissons sont tous malades …	**b**	Les poissons sont morts
		c	En noir
3	J'aime les mers propres Ne jetez plus vos déchets …	**d**	Les baleines mangent
		e	Ça me rend trop triste
4	De grands incendies Des maisons toutes brûlées …	**f**	Car nous la tuons
5	Elle pleure, elle souffre… Elle nous noie dans ses larmes …		
6	Naufrage La marée était …		

2 À votre tour de devenir poète / poétesse. Écrivez trois Haïkus pour le climat.

> **un haïku** = poème japonais très court (3 lignes / vers). Il permet généralement l'expression d'émotions.

Activité 4 : Mini débat

1 Avec un(e) camarade, choisissez l'un des problèmes environnementaux listés ci-dessous.

   a La pénurie d'eau dans le monde
   b La crise alimentaire
   c La fonte des glaces
   d La disparition de certaines espèces animales et végétales
   e La création d'un septième continent de plastique

> **Approches de l'apprentissage**
>
> Compétences de recherche, de communication et collaboration

> **la pénurie de** = le manque de

213

5 Partage de la planète

2 Réfléchissez à une liste d'arguments et de justifications pour défendre cette cause.

3 Vous avez deux minutes (chacun d'entre vous doit parler une minute) pour présenter vos arguments à vos camarades. Votre discours doit être convaincant et clair et se terminer par la phrase suivante :

« Et voilà pourquoi nous pensons que ……(insérer la cause choisie ici) est la cause écologique la plus importante ».

4 Chaque groupe vote pour le discours qui l'a le plus convaincu et justifie son vote.

5.2.1 Un monde affamé et assoiffé

1 Complétez le quiz ci-dessous.

QUIZ

Combien de litres d'eau faut-il pour … ?

- **a** produire un T-shirt en coton : 2 000 litres / 5 000 litres / 7 500 litres
- **b** produire une paire de chaussures en cuir : 500 litres / 3 000 litres / 8 000 litres
- **c** produire un kilo de viande : 8 000 litres / 15 400 litres / 20 000 litres
- **d** produire un kilo de blé : 360 litres / 590 litres / 800 litres
- **e** produire un kilo de riz inondé : 2 800 litres / 3 900 litres / 5 000 litres
- **f** faire une tasse de café de 125 ml : 70 litres / 140 litres / 210 litres

Pour vérifier vos réponses, rendez-vous sur le site de Rfl :

2 Regardez aussi le clip « Les ressources en eau sur Terre » sur cette même page et prenez quelques notes.

_____
_____
_____
_____

3 À l'aide du vocabulaire de l'activité « échauffement » (page 211), écrivez quatre phrases que ces documents vous inspirent, et partagez-les avec le reste de la classe.

_____
_____
_____
_____

Profil de l'apprenant
Informé

5.2 Une planète en voie d'extinction ?

> **Point Info**
>
> Le saviez-vous ?
>
> Chaque français consomme en moyenne 151 litres d'eau par jour, alors qu'au XVIIIème siècle la consommation était de 15 à 20 litres par jour.
>
> Pour produire 1 tonne de papier, il faut en moyenne 40 000 litres d'eau.
>
> Pour produire 1 tonne de plastique, il faut en moyenne 2 millions de litres d'eau.
>
> 11% de la population mondiale, soit 844 millions d'individus, n'a pas accès à l'eau potable en 2015, selon le rapport 2017 sur les progrès en matière d'assainissement et d'alimentation en eau de l'Organisation mondiale de la santé (OMS) et de l'Unicef. De réels progrès ont été réalisés dans les dernières décennies : par rapport à 2000, le nombre de personnes ayant accès à l'eau potable est passé de 5 à 6,5 milliards.

Vers l'Épreuve 1: Expression écrite

Lisez le texte et remplissez le tableau qui se trouve en dessous du texte. À noter: le contexte fictif se situe dans un pays d'Afrique.

Lettre ouverte au Ministre de l'environnement

« Il est temps d'agir pour trouver une solution à la pénurie d'eau. »

(Lieu d'envoi,) 2 mars 2019

Monsieur le Ministre,

Par le biais de cette lettre, je me fais aujourd'hui le porte-parole de nos populations assoiffées et désespérées et je vous demande d'agir pour mettre fin a cette privation d'eau aux souffrances qui lui sont associées.

Que ferons-nous lorsque l'eau viendra à manquer totalement ? Cette eau si précieuse, indispensable à toutes les activités tant sociales qu'économiques ou environnementales. Que ferons-nous lorsque toutes les sources seront taries, asséchées ?

L'eau est la ressource la plus importante de l'humanité ! L'eau est un facteur de croissance, et sa pénurie est un facteur de limitation au développement. L'eau est aussi un enjeu politique, un facteur de paix ou de guerre. Elle est à la fois source de conflits et de coopérations. Elle est vectrice de bien-être ou de difficultés.

Sans eau, notre industrie agricole est en péril. La sécheresse gagne du terrain. La situation n'est pas encore désespérée, mais la baisse des précipitations ces deux dernières années, et les vagues de chaleur successives qui ont touché notre pays, n'ont rien arrangé. Dans plusieurs régions, la corvée d'eau endossée par nos femmes, corvée d'eau témoin de cette situation critique qui gagne du terrain, se fait désormais 4 fois par jour.

Or, il y a des solutions… Pourquoi aucun des projets d'irrigations soumis à votre ministère n'a encore commencé ? Pourquoi nos agriculteurs ne suivent-ils pas des formations visant à leur apprendre des méthodes d'irrigations écologiques et de gestion des eaux ? Pourquoi le projet de construction de barrages sur nos réservoirs de taille moyenne n'a-t-il pas été retenu et mis en action ? Pourquoi n'a-t-on pas encore encouragé nos agriculteurs à adopter des variétés de semences nouvelles, améliorées et plus résistantes qui demandent moins d'eau ?

Pourquoi tant d'indifférence de la part des autorités publiques face à la menace d'une catastrophe à la fois écologique, humaine et économique ? Pourquoi ?

Et comment ? Comment peut-on parler de développement, croissance et paix dans un contexte où le minimal vital censé être assuré par l'État fait cruellement défaut ?

5 Partage de la planète

> Chaque jour, ce sont des milliers d'enfants, d'hommes et de femmes – nos citoyens – qui en souffrent. L'eau est un droit. Personne ne devrait souffrir de son manque. Êtes-vous conscient que le nombre d'enfants qui quittent les bancs de l'école pour aller aider leurs parents à trouver de l'eau est en augmentation ?
>
> Rien ne justifie une telle indifférence et inaction devant tant de souffrance ! Rien ne donne le droit de rester insensible face à cette situation !
>
> Monsieur le Ministre,
>
> Il est de votre devoir d'agir, et d'agir maintenant ! Le futur de nos enfants et de ce pays en dépend. Vos citoyens comptent sur vous.
>
> Je vous prie d'agréer, Monsieur le Ministre, l'expression de mes sentiments distingués.
>
> *Moussa Djembe*
>
> Président de l'association pour la protection de l'environnement

Compréhension conceptuelle

De quel type de texte s'agit-il ? _____

Remplissez le tableau de compréhension conceptuelle ci-dessous. Justifiez dans la colonne de droite à l'aide du texte.

Destinataire ? C'est pour qui ?		
Contexte ? Situation		
But ? C'est pourquoi		
Sens ? Comment ?		

Manipulation du texte

Variation : Imaginez que vous êtes l'un des agriculteurs ou des parents d'enfants mentionnés dans le texte. Réécrivez quelques phrases ou quelques arguments de cette lettre. Quels changements, quelles variations observez-vous ? Quels choix avez-vous faits ? Pourquoi ?

5.2 Une planète en voie d'extinction ?

Faites une liste de tous les arguments avancés dans ce texte et leur justification.

Argument	Justification
Ex : L'eau est la ressource la plus importante	c'est la condition de toute vie sur la planète

Conseil exam

À l'oral comme à l'écrit, il faut toujours justifier vos arguments pour être convaincant(e).

Portrait Robot

Nom : Lettre formelle

Signes particuliers :

- ✓ Date (lieu d'envoi souhaitable)
- ✓ Formule d'appel : « **M**onsieur le **M**inistre, »
- ✓ Introduction (Pourquoi on écrit ?)
- ✓ Formule de politesse : « Je vous prie d'agréer, Monsieur le Ministre, l'expression de mes sentiments distingués »
- ✓ Signature

Note : les adresses sont optionnelles

Autres caractéristiques :

- ✓ Structurée (connecteurs logiques)
- ✓ Registre formel
- ✓ Utilisation de procédés stylistiques adaptés au but / au destinataire et au contexte.

Lettre formelle

Pour aller plus loin

Relisez la lettre, page 215.

Notez les deux conventions de forme manquantes.

Faites une liste des connecteurs employés pour structurer la lettre.

Faites une liste des procédés rhétoriques utilisés pour convaincre. Ex : question rhétorique.

Vers l'Épreuve 2 : Compréhension orale

Travaillez avec un(e) partenaire en binôme.

1. Chacun choisit l'un des deux clips ci-dessous. Regardez-le et prenez des notes (chiffres clés, causes, conséquences etc.).

2. Résumez le clip choisi à votre binôme après l'avoir regardé. Votre binôme vous résumera le sien.
   La faim dans le monde : (3 min 39)

   Le gaspillage alimentaire : (4 min 41)

217

5 Partage de la planète

La faim dans le monde	Le gaspillage alimentaire

Vers l'Épreuve 1 : Expression écrite

NM 250–400 mots

NS 450–600 mots

Vous avez remarqué que de nombreux produits alimentaires invendus sont mis à la poubelle tous les jours par le responsable du supermarché de votre ville. Outré(e) par ce constat, vous décidez de lui écrire une lettre dans laquelle vous exprimez ce que vous ressentez, tentez de sensibiliser le responsable au problème du gaspillage alimentaire et lui proposez des solutions.

Mini débat : La faim dans le monde

1 « Quiconque meurt de faim meurt assassiné ». Comment comprenez-vous cette affirmation ?

2 Partagez-vous la même opinion ? L'homme est-il seul responsable de la faim dans le monde ? Expliquez.

Partagez vos idées avec vos camarades.

5.2.2 Une planète envahie par le plastique

Lisez la lettre du pélican aux humains.

Conseil exam

Remplissez une grille de compréhension conceptuelle et faites un brouillon d'idées avant de vous lancer !

« La faim est donc la principale cause de mort sur notre planète. Et cette faim est faite de main d'homme. Quiconque meurt de faim meurt assassiné. » *L'empire de la honte*, Jean Ziegler (Professeur de sociologie à l'université de Genève et à la Sorbonne)

5.2 Une planète en voie d'extinction ?

Océan Atlantique, au large de la Bretagne, année 2020

Chers Humains,

Je vous écris aujourd'hui car il est grand temps que vous preniez enfin conscience des conséquences de vos actions inconsidérées. Il y a urgence.

Autrefois, je pouvais pêcher dans une eau pure et bleue. Les poissons étaient tous en bonne santé et aucun n'était intoxiqué. Mes ancêtres ne savaient pas ce qu'est la pollution.

Aujourd'hui je pêche dans une grande décharge car la mer est devenue une immense poubelle. N'avez-vous pas honte d'y jeter tous vos déchets, et en particulier vos déchets en plastique si pollueurs et nocifs ? Savez-vous combien de temps certains plastiques peuvent mettre à se décomposer ? Plus d'un siècle ! Jeter vos déchets en plastique dans la mer année après année est donc un crime ! Un crime contre l'environnement, la nature, la vie ! Vous nous tuez, nous la faune et la flore aquatique et tous les animaux et organismes vivants qui en dépendent. Chaque année, c'est plus de 18 tonnes de déchets en plastique qui se retrouvent dans les océans. 18 tonnes !! Est-ce que vous vous rendez compte de l'ampleur des dégâts que vous causez ? Les courants emportent ces déchets plastiques qui finissent par s'accumuler sur des superficies de plus en plus grandes. D'ailleurs ne parlez-vous pas vous-même d'un septième continent ? Sauf que qui dit continent dit vie, or votre septième continent ne peut être que synonyme de mort... mort de l'univers marin (poissons, tortues, crustacés, oiseaux et mammifères marins) qui avalent toute votre saleté de plastique, mort de notre belle planète bleue.

Dois-je encore apporter des preuves et éléments charge à ce dossier brûlant et déjà bien lourd pour que vos consciences se réveillent enfin ? Pas difficile, remarque, il me suffit d'évoquer les recherches effectuées par les scientifiques dans le Pacifique nord où ils ont dénombré plus d'un million de fragments de plastique par kilomètre carré. Un chiffre et une réalité effroyables !

Ai-je vraiment besoin d'en dire plus ?

Alors, entendez mon appel à l'aide. Vous avez le pouvoir de mettre fin à nos souffrances en cessant de disposer de vos déchets en plastique n'importe où et sans le moindre égard pour votre environnement. Vous avez déjà pris des dispositions dans le bon sens, puisque les sacs en plastique sont désormais interdits dans les supermarchés et magasins. De même l'interdiction récente des gobelets, couverts en plastique, pailles et coton-tige est aussi porteuse d'espoir. Toutefois, aussi importants que soient ces gestes, ils ne suffisent et ne suffiront pas.

Montrez-vous responsables. Cessez de produire et d'acheter des objets en plastique et boycottez les objets emballés dans du plastique. Et si lors de l'un de vos balades vous tombez sur un sac ou un emballage en plastique, arrêtez-vous, ramassez-le et recyclez-le. Qui sait ? Votre geste me sauvera peut-être la vie.

Votre ami (énervé par vos actions)

Le pélican

(Texte inspiré par 'Lettres des animaux à ceux qui les prennent pour des bêtes, d'Allain Bougrain Dubourg)

Compréhension conceptuelle

1. Quel est le but de cette lettre d'après vous ? Justifiez votre réponse.

2. À qui ce texte est-il adressé ? Justifiez.

3. Si vous étiez l'un de ces « jeteurs de plastique », comment vous sentiriez-vous après la lecture de cette lettre ? Pour choisir entourez l'un des adjectifs listés ci-dessous, et expliquez votre choix.

    désemparé(e)   indifférent(e)   triste   incompris(e)   agacé(e)

    honteux/euse   désintéressé(e)   coupable

219

5 Partage de la planète

> **4** Dressez une liste de tous les procédés stylistiques employés dans cet extrait.
> _____
> _____

🎤 Mini débat : Les lâchers de ballons

Les lâchers de ballons sont souvent organisés lors de célébrations ou commémorations. Ils sont souvent symboliques. Toutefois, leur impact écologique est de plus en plus pointé du doigt.

LÂCHER DE BALLONS À REIMS EN MÉMOIRE DE LA GRANDE GUERRE

LÂCHER DE BALLONS EN MÉMOIRE DE MAËLYS, FILLETTE DE 9 ANS ENLEVÉE ET ASSASSINÉE

UN LÂCHER DE BALLONS À LA MÉMOIRE DE MAXENCE ET FABIAN, DÉCÉDÉS DANS UN INCENDIE TRAGIQUE

Lisez l'article : « Lâchers de ballons et environnement ».

Mini débat : « Les lâchers de ballons sont néfastes pour l'environnement. Il faut les interdire. »

1 Préparez une liste des arguments pour et des arguments contre. Faites plus de recherches si nécessaire.

_____
_____
_____
_____

2 Choisissez d'être pour ou contre, et débattez de ce problème avec un(e) camarade.

5.2 Une planète en voie d'extinction ?

5.2.3 Tout espoir n'est pas perdu pour l'avenir

Avec un(e) partenaire, complétez les phrases suivantes avec un mot de votre choix et avancez une justification pour expliquer votre choix.

Exemple : Protéger l'environnement, c'est préserver l'avenir de l'homme, parce que le réchauffement climatique menace la vie sur terre.

1 Protéger l'environnement, c'est protéger notre source de _____, parce que _____

2 Protéger l'environnement, c'est préserver _____ que nous respirons, parce que _____

3 Protéger l'environnement, c'est conserver _____ que nous connaissons parce que _____

4 Protéger l'environnement, c'est préserver _____ dont nous avons besoin, parce que _____

5 Protéger l'environnement concerne _____, parce que _____

Profil de l'apprenant

Chercheur, Informé, Intègre

S'engager pour l'environnement

Initiative numéro 1 :

> Réduisons notre consommation d'eau : 7 gestes simples à faire au quotidien
> L'eau est une ressource précieuse. Tous ensemble, protégeons-là …
> - en prenant une douche plutôt qu'un bain
> - en ne laissant pas couler l'eau lorsque vous vous brossez les dents
> - en ne tirant la chasse d'eau après être allé/e aux toilettes que si nécessaire, ou en appuyant moins longtemps sur le bouton de la chasse d'eau
> - en optant pour une douche économique (ça existe !)
> - en lavant votre sol avec de l'eau de pluie récupérée
> - en utilisant le lave-vaisselle que lorsqu'il est rempli
> - en arrosant les fleurs que lorsque c'est strictement nécessaire

🔍 Grammaire en contexte : En + participe présent » p.231

« en prenant une douche » / « en optant pour une douche économique »

Pour le former :
- forme nous du verbe au présent : nous prenons / nous optons / nous allons / nous faisons, etc.
- garder le radical du verbe : **pren-** / **opt-** / **all-** / **fais-**
- en **pren**ant / en **opt**ant / en **all**ant / en **fais**ant

Exceptions : en étant (être) / en ayant (avoir), en sachant (savoir)

5 Partage de la planète

Initiative numéro 2 :

> **Halte au gaspillage alimentaire !**
>
> L'association « Foodhero » vient de développer une application pour lutter contre le gaspillage alimentaire.
>
> Comment ça marche ?
>
> C'est très simple… suivez le mode d'emploi !
>
> 1. téléchargez l'appli sur votre téléphone
> 2. ouvrez l'appli et précisez le nom de l'épicerie ou supermarché où vous voulez aller faire vos courses
> 3. consultez la liste des produits dont la date de péremption est proche
> 4. ajoutez ceux dont vous avez besoin à votre panier virtuel et votre épicerie ou supermarché les emballera et les mettra de côté pour vous
> 5. collectez-les une fois sur place
>
> Vous aurez ainsi bénéficié d'un rabais (car tous les aliments dont la date de péremption est proche sont vendus à prix réduits) et évité le gâchis (car les produits dont la date de péremption est très proche, bien que mangeables, deviennent invendables et finissent souvent à la poubelle) !

Initiative numéro 3 :

> Stop aux pailles en plastique jetables à usage unique !
>
> **Y avez-vous pensé ?** Chaque fois que vous utilisez une paille en plastique pour siroter votre jus de fruit ou boisson alcoolisée, c'est un morceau de plastique à usage unique que vous utilisez…
>
> **Le saviez-vous ?** En France, ce sont près de 8.8 millions de pailles qui sont jetées tous les jours. On ne parle ici que de l'industrie du fast-food !
>
> **Y avez-vous pensé ?** Ces pailles en plastique jetables, certes pratiques, ne sont pas du tout écologiques. Elles ne sont pas recyclables et ne disparaissent pas dans la nature.
>
> **Le saviez-vous ?** En 2050, le plastique sera plus nombreux dans les océans que les poissons si nous n'agissons pas maintenant.
>
> Stop aux pailles en plastique ! Stop à la pollution !
>
> Adoptez la paille naturelle… en paille !
>
> Leurs avantages ? Ces pailles sont réutilisables et biodégradables… donc écologiques ! Elles peuvent même se laver au lave-vaisselle.

Approches de l'apprentissage

Compétences sociales (de communication et de collaboration), et d'autogestion : projet CAS

Discutez.

1. Si vous deviez voter pour l'une des initiatives présentées ci-dessus, laquelle choisiriez-vous ? Expliquez votre choix.
2. Avec un(e) partenaire devenez « inventeurs » ! Choisissez un problème écologique et réfléchissez à un projet, une initiative, une invention, qui pourrait permettre de limiter ses effets. Ceci pourrait etre un projet pour votre programme CAS. Préparez un poster et le texte de la mini présentation (1 min 30 à 2 min) qui vous permettra de présenter (et vendre) votre idée au reste de vos camarades. Vous avez 30 minutes pour préparer.

5.2 Une planète en voie d'extinction ?

« L'arbre va tomber »

Lisez les deux faits divers.

Beaune

Le Mans

Un arbre abattu, des riverains en colère.

L'abattage d'arbres le long de la voie ferrée, à proximité du parc Saint-Jacques, a déclenché la colère du maire mais aussi de certains riverains. Les travaux du projet immobilier n'ont pas encore commencé mais les prochaines réunions d'information promettent d'être mouvementées.

Les opposants au projet déplorent l'abattage de ces arbres sur le plan environnemental et écologique.

Paris XIXe

Les riverains réagissent à l'abattage d'arbres

Une protestation s'est déroulée le weekend dernier pour dire Non au fait que 28 arbres vont disparaître pour donner place à la construction d'un centre commercial. En réponse, la mairie fait valoir qu'après un diagnostic phytosanitaire « aucun arbre n'était en bon état » et précise que 134 arbres seront plantés, « soit un bilan très positif ».

1 Après avoir lu ces faits divers, discutez avec un(e) partenaire. Trouvez-vous ces réactions justifiées ? Excessives ? Inappropriées ? Justifiez.

2 Avec un(e) camarade, faites une liste de raisons pour lesquelles on pourrait décider d'abattre un arbre, et une liste de raisons qu'un citoyen pourrait avancer pour combattre cette décision.

5 Partage de la planète

> **Pour aller plus loin**
>
> Allez chercher sur Internet le clip de la chanson « L'arbre va tomber » de Francis Cabrel. Cherchez aussi les paroles et lisez-les.
>
> Quel est le message que l'auteur-compositeur essaie de faire passer?

Raisons pour abattre	Raisons pour combattre la décision
Exemple : L'arbre a souffert durant la dernière tempête et risque de tomber.	Exemple : Les arbres sont essentiels dans une ville. Ils combattent la pollution.

Un arbre, un jour de Karine Lambert

Dans ce livre, les habitants d'un village se mobilisent, à l'initiative d'un garçon de 10 ans, pour tenter de sauver un arbre qui va être abattu. Ils laissent tour à tour des messages sur l'arbre. L'un de ces messages dit : « un arbre qui tombe fait plus de bruit qu'une forêt qui pousse ».

1 Comment comprenez-vous ce message ? Partagez-vous cet avis.

2 Abattre un arbre, est-ce vraiment un problème ? Pourquoi se battre pour empêcher l'abattage d'un arbre ? Est-ce une cause valide ou une perte de temps et d'efforts ? Faut-il se battre pour tenter de sauver un arbre ?

L'homme qui plantait des arbres de Jean Giono

À l'inverse, le personnage principal de *L'homme qui plantait des arbres*, de Jean Giono, passe sa vie à planter des graines pour faire pousser une forêt.

3 Cette action est-elle plus valide que de se battre pour protéger un seul arbre ? Justifiez vos réponses.

Initiative : Un enfant, un arbre

À Montréal, le conseil d'arrondissement a mis en place une initiative de plantation d'un arbre à chaque naissance d'un enfant nord-montréalais ou adoption d'un enfant. Le but est de célébrer cette naissance ou adoption, et donc de célébrer la vie car l'arbre est souvent considéré comme le symbole de la vie.

4 Pensez-vous que ce geste symbolique puisse faire une différence ? Si oui, comment et quelle différence ?

5 Quelle autre signification ce geste pourrait-il avoir ?

6 Devrait-on / pourrait-on faire d'autres gestes symboliques qui contribueraient à la préservation de l'environnement à d'autres occasions ? Lesquels ? Quand et pourquoi ? Avancez au moins deux idées.

5.2 Une planète en voie d'extinction ?

Vocabulaire

1 Se construire un lexique

Français	Votre langue maternelle
L'environnement	
défendre / soutenir une cause environnementale	
la planète	
la Terre	
la pollution / polluer / polluant	
un déchet	
une poubelle	
protéger la nature	
la faune et la flore	
une saison (printemps / été / automne / hiver)	
l'écologie / écologique	
une centrale nucléaire	
Les catastrophes naturelles	
une intempérie	
une inondation	
la sécheresse	
un tremblement de terre	
une coulée de boue	
une éruption volcanique = un séisme	
une tornade = un ouragan	
une tempête	
un tsunami	
une vague de chaleur = une canicule	
une marée noire	
la déforestation / le déboisement	
Les conséquences	
le réchauffement climatique	
la fonte des glaces	
la montée du niveau des océans	
un territoire immergé	
la désertification	
la famine	
une épidémie	
une espèce menacée ou en voie de disparition	
l'épuisement des ressources naturelles	
le manque de / la pénurie de	
une récolte détruite / dévastée	
le trou dans la couche d'ozone	
les émissions de gaz	
les gaz à effet de serre	
une décharge sauvage	
La faim et la soif	
le gaspillage alimentaire	

225

5 Partage de la planète

un gâchis de nourriture	
manger à sa faim	
se coucher le ventre vide	
étancher sa soif	
l'eau potable	
contaminer	
une carence alimentaire	
la déshydratation	
Des solutions	
recycler / le recyclage	
le tri sélectif	
le co-voiturage	
sensibiliser / une campagne de sensibilisation	
une énergie verte / une énergie renouvelable	
l'énergie solaire / éolienne / hydraulique	
reboiser / le reboisement	
le développement durable	
une espèce protégée	
agir	
responsable / la responsabilité	

2 Vocabulaire en contexte

Complétez les phrases ci-dessous avec des mots (ou des dérivés) qui se trouvent dans la liste de vocabulaire.

1 Les effets du _____ sont de plus en plus inquiétants. Les températures ne cessent de monter et il n'y a plus de _____ . Il fait chaud en hiver et il neige en été !

2 La _____ d'eau _____ est une réalité. Certains pays sont obligés d'importer de l'eau.

3 La _____ menace notre planète car le niveau des océans ne cesse de monter. Certains territoires sont en danger ; ils seront bientôt _____ par les eaux.

4 La _____ a des conséquences dévastatrices. Les agriculteurs voient leurs récoltes perdues. Dans certains pays du sud, la _____ qui en résulte _____ des milliers de gens chaque jour car ils n'ont rien à manger.

5 Des pluies torrentielles ont pour conséquences de nombreuses _____ .

6 Il faut prendre l'habitude de _____ le papier, le verre, le carton etc. Nous devons réagir et agir afin de sauver notre _____ .

5.2 Une planète en voie d'extinction ?

Vers l'Épreuve 1 : Expression écrite

NM 250–400 mots

NS 450–600 mots

NM Vous venez de rentrer d'une action humanitaire organisée par la Croix-Rouge française dans un pays francophone. Vous vous étiez porté(e) volontaire pour aider la population locale suite à une catastrophe naturelle. Cette action vous a fait prendre conscience de l'urgence d'agir pour le futur de la planète. Écrivez un texte pour sensibiliser les jeunes aux conséquences de leurs actions quotidiennes sur le futur de la planète et leur proposer des solutions.

NS Vous venez de rentrer d'une action humanitaire organisée par la Croix-Rouge française dans un pays francophone. Vous vous étiez porté(e) volontaire pour aider la population locale suite à une catastrophe naturelle. Cette action vous a fait prendre conscience de l'urgence d'agir pour le futur de la planète. Écrivez un texte pour sensibiliser les jeunes aux conséquences de leurs actions quotidiennes sur le futur de la planète, leur proposer des solutions et les inciter à agir.

Choisissez l'un des types de textes ci-dessous :

rapport	blog	lettre

Étape 1 : Pour vous aider à préparer

Compréhension conceptuelle	
Destinataire – C'est pour qui ?	
Contexte – Situation / registre	
Le but – Pourquoi ?	
Le sens – Comment ? Des exemples ?	
Variation ?	

Types de textes	
À quelle catégorie de textes (**personnels ? professionnels ? textes des médias de masse ?**) chacun des trois types de textes proposés appartient-il ?	
D'après le contexte / le but et le destinataire, quel **type de texte** sera le plus **efficace** ? Justifiez votre réponse.	

Étape 2 : Brouillon d'idées

Dressez une liste de ce que vous avez vu / observé durant votre séjour dans le pays.

Pour chaque observation, associez une action qui pourrait être faite au quotidien pour minimiser les problèmes liés à ces problèmes.

5 Partage de la planète

Observations	Actions
Exemple : la famine causée par la sécheresse	Ne pas jeter systématiquement les produits périmés afin d'éviter le gâchis alimentaire

Étape 3 : Rédigez votre texte

Étape 4 : Fiche d'auto-évaluation

Points à vérifier		Exemples
Critère A (langue /12)		
Relecture grammaire : temps des verbes accords pronoms etc. Ai-je varié mon vocabulaire ?		
Critère B (message /12)		
Mes idées sont : pertinentes et adaptées à la tâche ? variées ? développées ? justifiées ?		
Critère C (compréhension conceptuelle et format /6)		
Prise en compte du **destinataire** ?		
Prise en compte du **contexte** ?		
But(s) atteint(s) ?		
Procédés utilisés pour : atteindre mon but et pour respecter mon contexte et mon audience		
Toutes les **conventions** de forme du texte choisis sont remplies ?		

5.2 Une planète en voie d'extinction ?

Étape 5 : Réflexions finales

Points positifs dans mon devoir

Points à améliorer

Objectifs à atteindre lors du prochain devoir

🎤 Vers l'examen oral individuel

NM

Des pistes pour parler de cette photo…

a Que se passe-t-il sur cette photo ? C'est où ? C'est quand ?

_____

_____

b Décrivez la scène.

_____

_____

c Quelles émotions / réflexions suscite-t-elle en vous ?

_____

_____

5 Partage de la planète

d Problématique ?

_____
_____
_____

Conseil exam

Pour les trois parties de l'examen oral individuel (NM), voir page 24.

e Exprimez des opinions sur ce sujet.

_____
_____
_____

Vers l'examen oral individuel

NS

Cherchez sur Internet les paroles de la chanson de Francis Cabrel intitulée « L'arbre va tomber ».

Avant de préparer la présentation de la chanson, posez-vous les questions suivantes…

Dans la chanson,…

1 C'est qui ?	Comment je le sais ?
2 C'est où ?	Comment je le sais ?
3 C'est quand ?	Comment je le sais ?
4 C'est quoi ?	Comment je le sais ?

Conseil exam

Votre présentation doit être centrée sur l'extrait, mais n'oubliez pas d'introduire l'auteur et l'extrait.

Votre présentation doit être structurée, logique et claire, et s'appuyer sur l'extrait.

5 Quel est le thème principal ? Comment est-il traité dans l'extrait ?

_____
_____

5.2 Une planète en voie d'extinction ?

6 Quel est / quels sont le(s) sous-thème(s) ? Comment est-il / sont-ils traités ?

_____

_____

_____

> **Conseil exam**
> Pour les trois parties de l'examen oral individuel (NS), voir page 25.

🔍 Grammaire en contexte : En + participe présent » p.221

Trouvez dans l'encadré le verbe approprié et complétez chaque phrase avec la forme *en* + participe présent du verbe sélectionné.

> distribuer   remplacer   vendre   agir   fournir   aider   limiter   manger

1 On arrivera à limiter les effets de la crise alimentaire _____ des matières premières aux populations touchées par la famine et _____ les agriculteurs à mieux gérer leurs cultures.

2 _____ la flambée de la hausse des prix des matières premières, les gouvernements réussiront à minimiser les problèmes engendrés par la crise alimentaire.

3 _____ les produits alimentaires de base à un pris plus raisonnable, les gouvernements permettront aux populations de pouvoir continuer à se nourrir adéquatement.

4 Mes voisins combattent les effets de la crise alimentaire _____ régulièrement des insectes. Ils affirment que _____ la viande par les insectes régulièrement, cela fera une différence.

5 Ce n'est pas _____ de façon agressive que tu réussiras à convaincre les gens d'arrêter de gaspiller l'eau.

6 _____ aux supermarchés les moyens de gérer de façon responsable leur stock d'invendu, les autorités contribueront positivement au problème du gaspillage alimentaire.

TDC « Vous êtes inconséquents, rétrogrades, bigots, vous avez sacrifié la planète, affamé le tiers-monde !

En 80 ans, vous avez fait disparaître la quasi-totalité des espèces vivantes, vous avez épuisé les ressources, bouffé tous les poissons ! Il y a 50 milliards de poulets élevés en batterie chaque année dans le monde, et les gens crèvent de faim ! Historiquement, vous... Vous êtes la pire génération de l'histoire de l'humanité ! »

Les vieux fourneaux, Tome 1, Lupano et Cauuet (Quatrième de couverture)

Répondez à ces questions sur le résumé de cette BD.

1 D'après ce résumé, qui s'adresse à qui ? Expliquez.
2 Ce résumé soulève un paradoxe. Lequel ? Expliquez.
3 Est-il juste / moral d'accuser une génération d'avoir « saccagé » notre planète et mis notre futur en péril ?
4 Est-ce vraiment la « pire génération » de l'histoire ? Expliquez.

> **V**
> **bouffer** (fam) = manger
> **crever** (fam) = mourir
> Ces deux mots appartiennent au registre de langue familier
> **BD** = bande dessinée
> **saccagé** = abimé – détruit
> **mettre en péril** = mettre en danger
> Pour plus d'infos sur les registres de langue, rendez-vous page 85

Mini débat : L'environnement

« Coupable ou innocente ? Que justice soit faite ! »

5 Partage de la planète

Divisez la classe en deux et faites le procès de cette génération.

Cette génération est-elle (seule) responsable, et donc coupable, des changements climatiques qui menacent l'avenir de la planète ?

1. Établissez une liste des actions néfastes, des « crimes » contre l'environnement commis par cette génération.

    Exemple : l'introduction des sacs en plastique pour mettre les courses dedans – ils polluent la nature et mettent des années à se dégrader.

    _____

    _____

    _____

2. Établissez une liste de justifications qui pourraient justifier ces actions et / ou « excuser » ces actions.

    Exemple : les sacs en plastiques étaient plus pratiques pour transporter les courses faites en grandes surfaces / supermarchés. C'était logique car ils étaient robustes et ne prenaient pas de place.

    _____

    _____

    _____

Choisissez votre camp (défense ou accusation ?) et entamez le débat.

Variante : Pourquoi ne pas configurer la salle de classe tribunal et assigner des rôles à chacun ?

    Exemple : avocats de l'accusation et de la défense, des accusés de cette génération, des témoins, des jeunes etc.

> ### Références
>
> Anciennes épreuves de compréhension écrite pour vous entraîner :
>
> Mai 2013 – NS –Texte C – La désertification : causes et conséquences (Article)
>
> Mai 2014 – NS – Texte D – La porteuse d'eau (Texte littéraire)
>
> Mai 2017 – NS – Texte B – Pêche durable a Madagascar (Rapport)
>
> Mai 2012 – NM – Texte A – Journée Mondiale de l'eau
>
> Mai 2013 – NM – Texte D – Protégeons la nature de l'Ile Maurice (Article)
>
> Novembre 2017 – NM – Texte D – Le 7ème « continent » (Article)

Réponses

1 Identités

1.1 IDENTITÉ ET DISCRIMINATION

SÉANCE ÉCHAUFFEMENT

Activité 3 : Stéréotypes et préjugés
4 1 = un déca ; 2 = un thé ; 3 = un jus de fruit

1.1.1 Femmes du monde
Le combat pour l'égalité hommes / femmes
1924 – f ; 1944 – a ; 1946 – l ; 1965 – m ; 1967 – i ; 1968 – d ; 1970 – n ; 1972 – p ; 1975 – e et k ; 1980 – c ; 1983 – q ; 1992 – h ; 2000 – b ; 2001 – o ; 2006 – j ; 2019 – g

Vers l'Épreuve 2 : Compréhension écrite
1 Sa femme gagnait bien sa vie, il était entre deux jobs et ils avaient deux petits enfants ; **2** d ; **3** j ; **4** f ; **5** h ; **6** e ; **7** b ; **8** pas dans l'air du temps ; **9** j'ai trouvé un certain épanouissement dans ces tâches plus « masculines », et aussi de participer sur le plan financier m'a aidé à ne pas me sentir débiteur par rapport à ma femme ; **10** a germé ; **11** Vrai. j'ai même contemplé m'orienter vers les métiers de l'enseignement ; **12** Faux. Il en va de même pour l'éducation des enfants. Même si je ne considère pas cela comme une tâche ingrate ! ; **13** Faux. Ma femme rapporte bien l'argent du foyer mais j'ai le sentiment de le mériter autant qu'elle ; **14** Vrai. On apparaît plutôt comme des pionniers, c'est plus valorisant.

Vers l'Épreuve 2 : Compréhension orale
pilote ; pharmacien ; médecin ; militaire ; secrétaire ; restaurateur ; photographe ; architecte ; cosmonaute ; femme de ménage ; magasinier ; pompier ; chef d'entreprise

1.1.2 Zoom sur la Guinée
Une journée pour célébrer les femmes
1 (très) historique ; **2** grève des ouvrières ; **3** égalité ; **4** responsabilité ; **5** commandant ; **6** formation ; **7** B ; **8** C ; **9** C ; **10** B

Vers l'Épreuve 2 : Compréhension écrite

Les Nana Benz

1 croissance ; **2** le pagne ; **3** une période de crise dans les années 90 et l'incendie du marché de Lomé en 2013 ; **4** la créativité de ces femmes / les tissus attirent l'attention des touristes comme des autochtones ; **5** elles nouent les billets à leurs pagnes ; **6** dans les années 70, elles affichaient / se plaisaient à afficher leur fortune en circulant dans la ville dans des Mercedes Benz ; **7** b d e ; **8** la banalisation des Mercedes a rendu ce sobriquet insupportable à certaines de ces femmes.

1.1.4 Langage, langue et identité
Théorie de connaissance
1 foie gras ; **2** rêver ; **3** bus rouge / vert (etc selon le pays) ; **4** grand cru ; **5** pull en acrylique

Vers l'Épreuve 2 : Compréhension écrite

Mon pays, c'est la langue

1 C ; **2** D ; **3** A ; **4** B ; **5** professeurs des écoles ; **6** éphémères ; **7** une identité / son identité ; **8** la langue française ; **9** l'amour du français ; **10** Elle ne parlait pas le français de France. Son français était rigoureux / plus classique.

Vers l'Épreuve 2 : Compréhension écrite

Pur polyester

1 au Canada / au Québec ; d'origine espagnole, ou d'un pays de l'Amérique centrale ou du sud où l'on parle espagnol ; le référendum de 1995 sur la souveraineté du Québec.

Réponses

2 à la télévision les personnes qui réagissent au résultat pleurent
3 les Québécois / les Canadiens
4–6 Les réponses vont varier.

Vocabulaire en contexte

1 marginalisée ; **2** mère patrie ; **3** publicité, stéréotypes ; **4** enceinte, injuste

Grammaire en contexte : Les verbes au présent

1 finissent, parle ; **2** connais ; **3** vont, écrivent, trouvent ; **4** doit, véhiculent, interdis ; **5** buvons

1.2 JE SUIS RESPONSABLE DE MES CHOIX

1.2.1 La santé avant tout

Le stress

Comment gérer le stress des examens ?

7 Les connecteurs logiques replacés dans le texte : 1 = lorsque ; 2 = ainsi ; 3 = donc ; 4 = en premier lieu ; 5 = au contraire ; 6 = avant ; 7 = d'autant plus ; 8 = en outre ; 9 = si ; 10 = afin qu'

1.2.2 Des choix personnels

Identité et choix alimentaires

Vers l'Épreuve 2 : Compréhension orale

1 Les cinq affirmations vraies : c ; e ; f ; i ; j
2 **1** mannequin ; **2** un casting ; **3** des photos ; **4** deux contrats publicitaires ; **5** centre commercial local ; **6** popularité ; **7** des nouveaux amis

Identité et choix vestimentaires

Vers l'Épreuve 2 : Compréhension écrite

1 C ; **2** D ; **3** a 8, b 11, c 4, d 9, e 2, f 1 ; **4** fringues ; **5** chemisiers (du même style) ; **6** code / langage ; **7** c, e

1.2.3 Des choix ou habitudes excessives

Les comportements addictifs à la loupe

Vers l'Épreuve 2 : Compréhension orale

1 parce qu'il en parle tout le temps / il y consacre ses soirées (et même une partie de ses weekends)
2 le nombre d'heures consacrées au travail par jour / si vous travaillez tous les jours / si vous pensez à votre travail en dehors su travail
3 l'épanouissement
4 vigilant
5 honnête
6 fuir les problèmes personnels / obtenir plus de reconnaissance / la peur de quelque chose
7 la motivation (personnelle)
8 couper / coupure de l'entourage / limitation des sources de plaisir

La recherche du corps parfait : une question de génération ?

Vers l'Épreuve 2 : Compréhension écrite

1 pour plaire à son homme ; **2** régimes ; **3** une créature de clip ; **4** non ; toutes les tentatives ont été des échecs complets

Vers l'Épreuve 2 : Compréhension écrite

Les millénniaux accros à la médecine et à la chirurgie esthétique

1 C
2 faux – Sans vraiment se soucier du coût, les millénniaux n'hésitent pas
3 vrai – Au départ, ces patients désiraient simplement préserver leur jeunesse, retarder les effets du vieillissement, éviter rides et ridules
4 faux – ils se caractérisent par leurs désirs… Certain(e)s… D'autres…

5 sur les réseaux sociaux (Instagram et YouTube)
6 les experts en cosmétique, les chirurgiens et les médecins
7 d'envoyer des messages privés aux chirurgiens
8 de pousser de plus en plus de jeunes à se tourner vers la chirurgie, dans le but d'améliorer leur apparence à l'écran

Vocabulaire en contexte

1 faim, grignote, prenne du poids / grossisse ; **2** accro aux ; **3** médicament / traitement, incurable ;
4 symptômes, tousser ; **5** brevet de secouriste, du service des urgences

Grammaire en contexte : Les pronoms

1 Nous les avons préparés hier.
2 il les passe derrière son écran d'ordinateur enfermé dans sa chambre.
3 il les achetait deux fois par semaine.
4 Nous l'avons regardée tard hier soir. Résultat, je n'ai pas réussi à m'endormir tout de suite.
5 Nous ne la connaissons pas.
6 Je ne pourrai jamais lui en parler. Ça serait beaucoup trop embarrassant.
7 Je les ai préparés pour mes parents la semaine dernière.
8 Je ne leur ai jamais conseillé de se coucher tard.
9 Il faut que je lui parle pour l'aider à le gérer.
10 Je les ai retrouvées sur le balcon de la chambre de mon fils.

Grammaire en contexte : L'impératif

1 arrête ; **2** soyez ; **3** buvez ; **4** prenons ; **5** lave-toi ; **6** faites ; **7** ayez ; **8** habille-toi ; **9** n'envoie pas ;
10 lis / lisons / lisez : trois possibilités car le contexte n'est pas précisé.

2 Expériences

2.1 DES CHOIX QUI GUIDENT MA VIE

2.1.1 Le sport : une véritable expérience !

Vers l'Épreuve 2 : Compréhension écrite

S'adonner à des sports extrêmes, pourquoi ?

1 me faire cauchemarder ; **2** lâche ; **3** affronter ; **4** fortes poussées d'adrénaline ; **5** seraient plus sensibles aux émotions que la plupart du commun des mortels ; **6** leur sensibilité ; **7** rocambolesque ;
8 la vraie vie

Le sport pour combattre le handicap

Vers l'Épreuve 2 : Compréhension orale

1 quelques mois ; **2** goûter au plaisir ; **3** association ; **4** valoriser ; **5** vert ; **6** après son accident ;
7 du plaisir ; **8** Ils s'essayent à des sports autrefois inaccessibles.

2.1.2 Rites de passage et autres initiations : une tradition francophone

Traditions au Sénégal

1 d, f, b, h, g, e, a, c

Vocabulaire en contexte

1 vestiaires ; **2** respectes, déshonores, sacrifié(e) ; **3** s'entraîne, partie de l'équipe ; **4** sports extrêmes, avec le feu ; **5** loisirs, s'adonner

Grammaire en contexte : La voix passive

1 Leur mariage avait été célébré par le prêtre.
2 Il est difficile de croire aujourd'hui que des enfants étaient sacrifiés par les sorciers à cette époque.
3 Des animaux sont encore sacrifiés dans certains pays pour des raisons culturelles.
4 Ce rituel est moins célébré aujourd'hui.

Réponses

Grammaire en contexte : Les pronoms relatifs

Niveau 1 : Dans cette nouvelle, il s'agit de l'histoire d'une jeune musulmane qui tente de fuir la France. Elle essaye de sauver sa vie en fuyant son frère qui veut la punir. Elle compte se rendre dans un pays. Ce pays est le Canada. Elle a commis une faute. Cette faute est de tomber amoureuse d'un garçon. Ce garçon n'est pas musulman. Son frère veut la punir pour une raison. Cette raison est parce qu'elle ne s'est pas pliée aux coutumes et traditions ancestrales. Elle parle d'une amie, Zarmeena. Cette amie a déjà été punie par sa famille. Il y a des traditions et il ne faut pas plaisanter avec ces traditions. Elle avait rêvé à une vie avec Nicolas. Elle ne vivra sûrement jamais cette vie.

Niveau 2 : qui ; qui ; où ; qu' ; qui ; pour laquelle ; avec laquelle ; avec lesquelles ; dont

2.2 L'IMMIGRATION EN QUESTION

SÉANCE ÉCHAUFFEMENT

Activité 2

1 d ; **2** f ; **3** e ; **4** h ; **5** b ; **6** g ; **7** i ; **8** j ; **9** a ; **10** c

2.2.1 Immigration : positive ou négative ?

Avantages et problèmes

Vers l'Épreuve 2 : Compréhension écrite

Regardez-les

1 esquinte ; **2** ils ont peur d'être pris ; **3** C, E, F ; **4** F ; **5** B ; **6** I ; **7** E ; **8** G

2.2.2 Immigration : à chacun son opinion

Les registres de langue

conneries D ; flics B ; coincer A ; fringues C

Vers l'Épreuve 2 : Compréhension écrite

Héberger un migrant à la maison, est-ce possible ?

1 sur Internet ; **2** héberger ; **3** F – Permettre aux particuliers d'héberger facilement des migrants, pendant un mois, un trimestre ou un an. **4** F – 200 personnes se seraient déjà portées volontaires. **5** F – la loi n'a pas toujours été permissive quant à la possibilité d'héberger un migrant chez soi. Elle n'a, en réalité, été assouplie qu'en janvier 2013. **6** La loi autorise un individu à héberger un étranger en situation irrégulière, quand bien même il ne disposerait d'aucun lien avec lui. **7** Les ascendants ou les descendants / les frères et sœurs de l'étranger ou de leur conjoint / le conjoint de l'étranger peut / peuvent proposer un hébergement. **8** pour assurer des conditions de vie dignes et décentes à un étranger / pour préserver sa dignité ou son intégrité ; **9** F il est absolument interdit de chercher à obtenir une contrepartie « directe ou indirecte » de la part d'un migrant ; **10** V des conseils juridiques, de la nourriture, des soins médicaux, l'hébergement ; **11** F on pouvait venir en aide aux migrants pour faire face à un danger actuel ou imminent.

2.2.3 La jungle de Calais

Bonjour Stabilité, Adieu Afrique !

1. Parce qu'ils laissent tout derrière eux : parents, famille, enfants et amis. Ils sont persuadés qu'il leur sera possible un jour de rentrer au pays.
2. Même si ce n'était pas leur intention, ils vont passer le reste de leur vie en Europe.
3. Leurs enfants sont plus européens qu'africains, même si les parents voudraient qu'ils gardent la culture du pays.
4. Exemples : Ils vivent difficilement et ne sont pas heureuses. / Ils n'ont pas la vie qu'ils espéraient gagner.

Vocabulaire en contexte

1 d'accueil / d'asile ; **2** frontières ; **3** extrader dans leurs pays ; **4** a émigré ; **5** immigrés / demandeurs d'asile / clandestins / sans papiers, fuient / ont fui

Grammaire en contexte : Adjectifs démonstratifs

1 Cet ; **2** cette ; **3** Cette, ces, ces ; **4** cet, ces, ces

3 Ingéniosité humaine

3.1 DU PAPIER AU CLAVIER… UNE SOCIÉTÉ INFORMÉE ET CONNECTÉE

3.1.1 Presse : fiabilité et liberté

Vers l'Épreuve 2 : Compréhension écrite

Faites-vous confiance aux journalistes ?
1 Marie / Fatima ; **2** Clotilde ; **3** Fatima ; **4** Medhi ; **5** Xavier ; **6** Alexandra

3.1.2 Jamais sans mon portable !

Vers l'Épreuve 2 : Compréhension orale

1 (des jeunes) de 12 à 18 ans ; **2** (état de) stress ; énervement / on s'énerve (contre n'importe qui) ; devenir fou ; **3** c ; **4** Bruxelles et Wallonie ; **5** 67% ; **6** sensibiliser les jeunes / adolescents aux dangers d'un usage abusif ; **7** discuter sur les réseaux sociaux ; envoyer des SMS ; regarder des vidéos

Vers l'Épreuve 2 : compréhension écrite

Témoignage : « Trois semaines sans mon portable ! »
1 ancré ; **2** j'ai bien dû m'y résoudre ; **3** c ; **4** e ; **5** h ; **6** b ; **7** f ; **8** mine de rien ; **9** lire des livres (elle lit des livres) / Elle a redécouvert le plaisir de la lecture. / Elle fait plus attention à ce qui l'entoure ; **10** Le fait de ne pas être joignable apporte la sérénité.

Vers l'Épreuve 2 : Compréhension écrite

Le portable à table…
1 D, G, I, J ; **2** les portables ; **3** ces amis ; **4** les profiteroles / les glaces ; **5** à cause de la fumée

3.1.3 Utile, mais quel gâchis !

Vers l'Épreuve 2 : compréhension écrite

1 aux enfants ou aux jeunes / « tu peux t'exprimer » / la photo d'un copain ; **2** un journal intime ; **3** Faux – le blog est un site facile à créer ; **4** Faux – tout le monde peut lire ; **5** Vrai – évite donc d'y donner des informations trop personnelles ; **6** Ce que les autres y écrivent ; **7** S'il / Si elle ne respecte pas le droit à la propriété intellectuelle ; **8** musiques / paroles de chansons / vidéos / dessins / photographies

Grammaire en contexte : Les comparatifs
Les réponses vont varier.

3.2 SCIENCE SANS CONSCIENCE

3.2.1 Nos amis les bêtes et la science

Vers l'Épreuve 2 : Compréhension orale

1 c ; **2** b ; **3** b ; **4** a ; **5** c

Vers l'Épreuve 2 : Compréhension écrite

Devenez cobaye humain
1 b ; **2** apporter votre pierre à ; **3** rémunéré ; **4** puisque les volontaires mettent potentiellement leur santé et leur vie en danger ; **5** e ; **6** c ; **7** a ; **8** ne pas souffrir d'asthme / ne pas fumer / ne pas boire / ne pas souffrir d'excès de poids ; **9** pour / afin de s'assurer que le profil d'un candidat concorde avec les exigences de l'étude.

Réponses

Vers l'Épreuve 2 : Compréhension écrite

Pour aller plus loin : Les registres de langue

a dégueulasses ; **b** je te pète la tronche ; **c** mecs / type ; **d** en taule ; **e** fric

Vocabulaire en contexte

1 progrès, avancées ; **2** atteint d'une maladie génétique ; **3** clonée, débat ; **4** repousser les limites ; **5** laboratoire(s), inhumains

Grammaire en contexte : Les formes négatives

1 Personne n'est… ; **2** n'a pas encore interdit ; **3** Ils ne mangent que… ; **4** n'acceptez rien ; **5** ne s'est pas passée ; **6** ne sont plus en danger

Grammaire en contexte : Tout ? toute ? tous ? toutes ?

1 tout ; **2** toutes ; **3** tous ; **4** toutes ; **5** tout ; **6** tous, tout ; **7** tout ; **8** toute, toute

4 Organisation sociale

4.1 COMMUNAUTÉ, LIEN SOCIAL ET ENGAGEMENT

4.1.1 Isolement social

Vers l'Épreuve 2 : Compréhension orale

1 a rejetée, l'insulter ; **b** nom ; **c** dansais ; **d** pauses ; **e** impuissante ; **f** difficiles ; **g** drôle, blague ;
h choquée

3 1 responsabilité ; **2** encourager ; **3** agresseur ; **4** spectateur ; **5** rien ; **6** intimide ; **7** agis ; **8** sécurité ; **9** important ; **10** muet

Vers l'Épreuve 1 : Expression écrite

a T, V, 1, 2 ; **b** T, V, 1 ; **c** V, 2 ; **d** V, 2 ; **e** T, 1, 2 ; **f** T, V, 2 ; **g** T, 1 ; **h** V, 1 ; **i** T, 1 ; **j** T, 2

4.1.2 De l'isolement social à la déchéance sociale : une vie dans la rue

Vers l'Épreuve 2 : Compréhension écrite

Une journée dans la vie d'Eric, SDF à Paris

1 d ; **2** Faux – il se laisse glisser au pied du lit superposé ; **3** Faux – cet ancien fonctionnaire de police ; **4** Faux – condamnés à errer de squares en stations de métro ; **5** c, e, f ; **6** on se fait son café soi-même / on y trouve des jeux de société ; **7** c

4.1.3 S'engager pour aider

Une solution à l'isolement des personnes âgées

1 partagée ; **2** crise ; **3** logement ; **4** problèmes ; **5** bénéficient ; **6** services ; **7** lien ; **8** échangeant ; **9** visions ; **10** vulnérables

Vocabulaire en contexte

1 seul(e), solitude ; **2** me suis brouillé(e) ; **3** se moquaient, harcèlement ; **4** s'engagent, volontaires, bénévolat ; **5** chômage, banques alimentaires

Grammaire en contexte : Le subjonctif

1 agissions ; **2** débloque ; **3** soit ; **4** veuillent ; **5** ayons ; **6** puissent ; **7** reçoivent ; **8** aille

4.2 DES COMPORTEMENTS TROP SOUVENT ANTI-SOCIAUX

4.2.1 Histoire du racisme ordinaire

Vers l'Épreuve 2 : Compréhension écrite

Pas facile d'être noir(e) au quotidien dans les pays du Maghreb

1 logement ; **2** (à cause des) pancartes discriminatoires ; **3** Faux – Les propriétaires qui osent braver ces interdits et louer à des Africains sont parfois menacés par des voisins et autres propriétaires ; **4** Faux – le comportement permissif de la police marocaine ; **5** redorer le blason ; **6** elle avait un billet ; **7** c ; **8** le Maroc

4.2.2 Discriminations au travail

Vers l'Épreuve 2 : Compréhension orale

1 étrangère ; **2** gâchis économique / de talent ; **3** des recruteurs / de l'entreprise ; **4** les stéréotypes ; **5** lus ; **6** la diversité ; **7** de s'asphyxier / de ne plus exister ; **8** (pour) faire progresser les projets ; **9** c'est contreproductif / freine l'innovation / freine le niveau de créativité

Vocabulaire en contexte

1 victimes ; **2** discrimination ; **3** violences, frappée / tabassée / rouée de coups, porter plainte ; **4** honte ; **5** éclabousser ; **6** fessée

Grammaire en contexte : L'accord du participe passé avec avoir

1 ✗ Jules est masculin singulier
2 ✓ l' = complément objet direct = Isabelle = féminin singulier = l'ont convoquée
3 ✓ les = complément d'objet direct = Djamel et Aisha = masculin pluriel = les auraient renvoyés / les avoir interviewés / les avoir vus
4 ✗ lui = complément d'objet Indirect

5 Partage de la planète

5.1 UN MONDE EN GUERRE

5.1.1 Un monde de terreur

La France endeuillée par des actes terroristes

1 E ; **2** C ; **3** A / B ; **4** D / E ; **5** B ; **6** A / B ; **7** A / B ; **8** C

5.1.2 Un monde en guerre

Vers l'Épreuve 2 : Compréhension orale

1 d ; **2** c ; **3** le terrain ; **4** La décision ; **5** capables ; **6** chercher une information / vérifier une information / rendre une information publique ; **7** un véhicule ; **8** la peur ; **9** s'habituer aux choses dures de la guerre ; **10** des cadavres / des enfants morts / des jeunes adultes morts

Vers l'Épreuve 2 : Compréhension écrite

Un jour, l'ennemie

1 l'explosion des obus / le crépitement des armes automatiques ; **2** b ; **3** (de / la) haine ; **4** Faux – elle ne sait que répliquer ; **5** Faux – Cette terre millénaire ; **6** Vrai – elle ne parvenait pas à comprendre ce qui s'était passé ; **7** ornières ; **8** b

Réponses

5.1.3 Et les enfants dans tout ça ?

Vers l'Épreuve 2 : Compréhension écrite

De nombreux enfants blessés en Syrie

1 également ; **2** désœuvrés ; **3** B ; **4** H ; **5** A ; **6** à saturation ; **7** Faux : il y a une vraie solidarité ; **8** Faux : Mais même quand un enfant est sur le point d'avoir une prothèse si on lui demande ce qu'il en pense, il dira presque toujours que ce qui l'importe c'est qu'il pourra aller jouer (dehors) ; **9** Faux : Et là on voit que c'est une responsabilité vraiment trop lourde pour eux, ça les empêche de vivre en enfant.
10 Vrai : il y a aussi quelqu'un qui est là pour leur parler à eux (et à leur famille, échanger des sourires).

Vocabulaire en contexte

1 terroriste, attentat, bombe ; **2** soldat, guerre ; **3** détourné, otages ; **4** meurtrier, morts ; **5** bafoués, vulnérables, protégées

Grammaire en contexte : Les pronoms possessifs

1 C'est le sien. **2** C'est la leur. **3** Ce sont les leurs. **4** Ce sont les tiennes. **5** C'est la sienne. **6** C'est la nôtre. **7** C'est la leur. **8** Ce sont les siens.

5.2 UNE PLANÈTE EN VOIE D'EXTINCTION ?
SÉANCE ÉCHAUFFEMENT

Activité 1 : 10 catastrophes naturelles de plus en plus fréquentes

1 **a** tremblement de terre, séisme ; **b** ouragan, tornade ; **c** canicule, vague de chaleur ; **d** fonte des glaces ; **e** sécheresse ; **f** inondation ; **g** éruption volcanique ; **h** coulée de boue, glissement de terrain ; **i** épidémie ; **j** marée noire
2 Les réponses vont varier
3 Suggestions de réponses possibles : au Japon, aux États-Unis, au Canada, en France, en Italie, aux Caraïbes, en Chine, au Mexique, à La Réunion, en Chine, en Éthiopie

Activité 3 : Poèmes verts

1 **1** d ; **2** b ; **3** e ; **4** a ; **5** f ; **6** c

5.2.1 Un monde affamé et assoiffé

1 **a** 2 000 litres ; **b** 8 000 litres ; **c** 15 400 litres ; **e** 5 000 litres ; **f** 140 litres

Vocabulaire en contexte

1 réchauffement climatique, saisons ; **2** pénurie, potable ; **3** fonte des glaces, immergés ; **4** sécheresse, famine, tue ; **5** inondations ; **6** recycler / trier, planète / terre

Grammaire en contexte : En + participe présent

1 en distribuant, en aidant ; **2** en limitant ; **3** en vendant ; **4** en mangeant, en remplaçant ; **5** en agissant ; **6** en fournissant